智能制造
大规模个性化定制案例集

中国电子技术标准化研究院　主编

电子工业出版社
Publishing House of Electronics Industry
北京·BEIJING

内 容 简 介

为推动我国智能制造的发展，梳理大规模个性化定制的典型模式，归纳整理大规模个性化定制的标准化需求，特此征集和编写了《智能制造大规模个性化定制案例集》。

本书中的 8 个大规模个性化定制案例，从家电、服装、计算机、家具、汽车、客车、炊具等离散型制造行业，以及化妆品等流程型制造行业的大规模个性化定制实践经验出发，梳理了不同行业案例的实施步骤，并进一步对大规模个性化定制中需求交互、模块化设计、生产技术与信息安全等方面的标准化需求进行了分析。本案例集全面展示了不同行业的企业开展大规模个性化定制探索与实践的具体做法和取得的成效，系统整理了来自技术研发、生产制造、产品营销等第一线的标准化现状和需求。

本书读者对象包括各行业智能制造整体规划和建设主管部门的负责人、智能制造标准化工作研究人员、智能制造解决方案提供人员、软硬件开发研究人员、系统集成从业人员，以及其他与大规模个性化定制相关的从业者。

未经许可，不得以任何方式复制或抄袭本书之部分或全部内容。
版权所有，侵权必究。

图书在版编目（CIP）数据

智能制造大规模个性化定制案例集 / 中国电子技术标准化研究院主编. —北京：电子工业出版社，2020.7
ISBN 978-7-121-39029-6

Ⅰ. ①智… Ⅱ. ①中… Ⅲ. ①智能制造系统－制造工业－案例－汇编－中国 Ⅳ. ①F426.4

中国版本图书馆 CIP 数据核字（2020）第 083414 号

责任编辑：陈韦凯
印　　刷：中国电影出版社印刷厂
装　　订：中国电影出版社印刷厂
出版发行：电子工业出版社
　　　　　北京市海淀区万寿路 173 信箱　邮编：100036
开　　本：787×1 092　1/16　印张：11.5　字数：294 千字
版　　次：2020 年 7 月第 1 版
印　　次：2020 年 7 月第 1 次印刷
定　　价：148.00 元

凡所购买电子工业出版社图书有缺损问题，请向购买书店调换。若书店售缺，请与本社发行部联系，联系及邮购电话：（010）88254888，88258888。

质量投诉请发邮件至 zlts@phei.com.cn，盗版侵权举报请发邮件至 dbqq@phei.com.cn。
本书咨询联系方式：chenwk@phei.com.cn。

编委会

主　编：赵　波　　杨建军

副主编：郭　楠　　韦　莎

编委会成员：

李瑞琪	纪婷钰	马原野	焦国涛	程雨航
胡　琳	李　佳	张　欣	王成然	张维杰
庞观士	周立武	李雪梅	付春晖	袁小丰
徐昌雄	展洪文	黎　干	黄国维	刘玉平
潘　宏	李海滨	王文海	何海鸥	李甲瑞
胡　钢	曹　霞	陈美荣	林海军	赵银花

序

近年来，越来越丰富的商品供应推动了市场竞争不断加剧，促进了客户需求的多样化和市场的进一步细分，并加速了传统批量生产模式和产业形态的变革。惠普、丰田、戴尔、耐克、摩托罗拉、美泰、宝洁、海尔、尚品宅配、微软和上汽大通等国内外制造企业和服务企业成功地实施了大规模个性化定制新模式，获得了较好的收益和竞争优势，并已逐渐沉淀为其核心竞争力的一部分。

《智能制造试点示范 2016 专项行动实施方案》及《智能制造工程实施指南（2016—2020）》等文件中明确将大规模个性化定制作为五种智能制造新模式之一，并作为重点工作推进。德国"工业 4.0"战略、法国"未来工业"计划等国外制造业强国发布的战略也将其作为重要组成要素之一。大规模个性化定制新模式以客户需求为中心，由订单驱动，贯穿了需求交互、设计研发、物料采购、计划排产、柔性制造、物流配送、售后服务等生命周期各环节，并在增加制造环节附加值的同时降低成本，提高品质。尽管我国已有部分企业取得了成功，但总体而言，该模式的推广与应用尚处于起步阶段，成熟的系统解决方案较少，有待进一步挖掘与推广相关成功实践经验。

此次编写的《智能制造大规模个性化定制案例集》覆盖了家电、服装、计算机、家具、汽车、客车、化妆品、炊具等多个行业，对企业思考、探索和实施大规模个性化定制新模式具有借鉴意义。在此，希望不同企业根据自身情况、市场需求和客户要求，创新进取，在合理调整自身生产模式的同时助力我国制造强国建设，贡献更多成功经验。

中国电子技术标准化研究院

2020 年 5 月

前 言

2016年4月，工业和信息化部发布的《智能制造试点示范2016专项行动实施方案》中明确大规模个性化定制为五种智能制造新模式之一，并作为重点工作推进。同年4月，工业和信息化部、国家发展改革委、科技部、财政部联合发布《智能制造工程实施指南（2016—2020）》，进一步明确培育推广以大规模个性化定制为代表的智能制造新模式。

大规模个性化定制是指组织源于大量客户的个性化需求，利用新一代信息技术和先进制造技术对产品生命周期、系统层级中一个或多个环节进行重构，在成本、质量、交付周期、生产效率（时间）、法律法规等因素的约束下，满足客户个性化需求的一种生产服务模式。为推动我国智能制造的发展，梳理大规模个性化定制的典型模式，归纳整理大规模个性化定制的标准化需求，特此征集和编写了《智能制造大规模个性化定制案例集》。

本书中的8个大规模个性化定制案例，从家电、服装、计算机、家具、汽车、客车、炊具等离散型制造行业，以及化妆品等流程型制造行业的大规模个性化定制实践经验出发，梳理了不同行业案例的实施步骤，并进一步对大规模个性化定制中需求交互、模块化设计、生产技术与信息安全等方面的标准化需求进行了分析。本案例集是8家企业的实践集锦，全面展示了不同行业的企业开展大规模个性化定制探索与实践的具体做法和取得的成效，其中整理的实施路径、共性要求及标准化需求等还将输入到《智能制造　大规模个性化定制　通用要求》《智能制造　大规模个性化定制　需求交互要求》《智能制造　大规模个性化定制　设计要求》《智能制造　大规模个性化定制　生产要求》等正在研制的相关标准中。

本书读者对象包括各行业智能制造整体规划和建设主管部门负责人、智能制造标准化工作研究人员、智能制造解决方案提供人员、软硬件开发研究人员、系统集成从业人员，以及其他与大规模个性化定制相关的从业者。

目 录

案例 1　家电行业大规模个性化定制新模式 ·· 1
　　——青岛海尔工业智能研究院有限公司
　1.1　大规模个性化定制案例基本情况 ·· 1
　1.2　大规模个性化定制系统结构介绍 ·· 3
　1.3　大规模个性化定制系统关键绩效指标 ··· 4
　1.4　案例特点 ·· 4
　1.5　家电行业大规模个性化定制实施步骤 ··· 6
　1.6　家电行业大规模个性化定制标准化现状与需求 ·· 16
　1.7　案例示范意义 ·· 17
　1.8　下一步工作计划 ··· 18

案例 2　服装行业大规模个性化定制案例 ··· 21
　　——青岛酷特智能股份有限公司
　2.1　大规模个性化定制案例基本情况 ·· 21
　2.2　大规模个性化定制系统结构介绍 ·· 22
　2.3　大规模个性化定制系统关键绩效指标 ··· 26
　2.4　案例特点 ·· 27
　2.5　服装行业大规模个性化定制实施步骤 ··· 29
　2.6　服装行业大规模个性化定制标准化现状与需求 ·· 39
　2.7　案例示范意义 ·· 40
　2.8　下一步工作计划 ··· 41

案例 3　特种计算机行业大规模个性化定制新模式 ··· 43
　　——研祥智能科技股份有限公司
　3.1　大规模个性化定制案例基本情况 ·· 43
　3.2　大规模个性化定制系统结构介绍 ·· 45
　3.3　大规模个性化定制系统关键绩效指标 ··· 47
　3.4　案例特点 ·· 48
　3.5　特种计算机行业大规模个性化定制实施步骤 ··· 49
　3.6　特种计算机行业大规模个性化定制标准化现状与需求 ································ 64
　3.7　案例示范意义 ·· 65

| | 3.8 | 下一步工作计划 | 66 |

案例 4　家具行业大规模个性化定制新模式 69
　　　　——佛山维尚家具制造有限公司
	4.1	大规模个性化定制案例基本情况	69
	4.2	大规模个性化定制系统结构介绍	70
	4.3	大规模个性化定制系统关键绩效指标	71
	4.4	案例特点	72
	4.5	家具行业大规模个性化定制实施步骤	79
	4.6	家具行业大规模个性化定制标准化现状与需求	85
	4.7	案例示范意义	86
	4.8	下一步工作计划	87

案例 5　汽车制造行业大规模个性化定制新模式 89
　　　　——重庆长安汽车股份有限公司
	5.1	大规模个性化定制案例基本情况	89
	5.2	大规模个性化定制系统结构介绍	90
	5.3	大规模个性化定制系统关键绩效指标	93
	5.4	案例特点	94
	5.5	汽车行业大规模个性化定制实施步骤	97
	5.6	汽车行业大规模个性化定制标准化现状与需求	109
	5.7	案例示范意义	112
	5.8	下一步工作计划	113

案例 6　客车行业大规模个性化定制新模式 115
　　　　——厦门金龙联合汽车工业有限公司
	6.1	大规模个性化定制案例基本情况	115
	6.2	大规模个性化定制系统结构介绍	116
	6.3	大规模个性化定制系统关键绩效指标	117
	6.4	案例特点	118
	6.5	客车行业大规模个性化定制实施步骤	120
	6.6	客车行业大规模个性化定制标准化现状与需求	130
	6.7	案例示范意义	133
	6.8	下一步工作计划	134

案例 7　化妆品行业大规模个性化定制新模式 135
　　　　——珠海伊斯佳科技股份有限公司
	7.1	大规模个性化定制案例基本情况	135
	7.2	大规模个性化定制系统结构介绍	138
	7.3	大规模个性化定制系统关键绩效指标	140
	7.4	案例特点	141

7.5	化妆品行业大规模个性化定制实施步骤	143
7.6	化妆品行业大规模个性化定制标准化现状与需求	153
7.7	案例示范意义	155
7.8	下一步工作计划	156

案例8　炊具行业大规模个性化定制新模式 ... 159
　　　　——爱仕达股份有限公司

8.1	大规模个性化定制案例基本情况	159
8.2	大规模个性化定制系统结构介绍	160
8.3	大规模个性化定制系统关键绩效指标	161
8.4	案例特点	162
8.5	炊具行业大规模个性化定制实施步骤	164
8.6	炊具行业大规模个性化定制标准化现状与需求	172
8.7	案例示范意义	173
8.8	下一步工作计划	174

案例 1

家电行业大规模个性化定制新模式

——青岛海尔工业智能研究院有限公司

1.1 大规模个性化定制案例基本情况

海尔集团创立于 1984 年，从生产单一冰箱起步，逐步拓展到白色家电、通信、IT 数码产品、家居、物流、金融、房地产、生物制药等多个业务领域。30 多年的发展，海尔集团已经成为全球领先的家用电器制造商之一（海尔董事局大楼见图 1-1）。

海尔致力于成为全球用户喜爱的本土品牌，多年来一直坚持本土化研发、本土化制造、本土化营销的"三位一体"的发展策略，并取得了显著成效。目前，海尔全球拥有 66 个营销中心，10 大设计研发基地，116 个制造中心，全球销售网络遍布 100 多个国家、143 300 个销售点，全球员工总数超过 7.3 万名。

互联网时代，用户的需求日益个性化、多样化，为了快速满足用户的需求，海尔从两化融合、互联工厂到智能制造、工业互联网，通过不断实践和升级，率先搭建了拥有中国自主知识产权、全球首家引入用户全流程参与体验的工业互联网平台——COSMOPlat，COSMOPlat 的核心就是采用以用户体验为中心的大规模定制模式（见图 1-2），为企业提供智能制造转型升级的大规模定制整体解决方案，助力企业实现由大规模制造向大规模定制转型，最终构建企业、用户、资源共创共赢的新型生态体系。

图 1-1　海尔董事局大楼

通过COSMOPlat，企业实现了用户需求、网器产品、制造资源全流程的互联互通。在用户端，用户信息及订单需求通过前端的海尔定制体验平台等端口直接传递到工厂，生产线上的每一台产品都是有用户（客户）信息的。在产品端，用户与智能网器产品的交互使用过程，让用户的体验可以随时反馈回企业全流程各节点，集成相应的用户操作大数据，企业方面会根据用户反馈加快产品的迭代。而在整个流程中，不仅用户全流程参与，与用户实时互联的还包括各个资源方，从研发设计商、供应商到物流商，都实现全流程、全供应链整合，实现企业价值和用户价值的倍增。

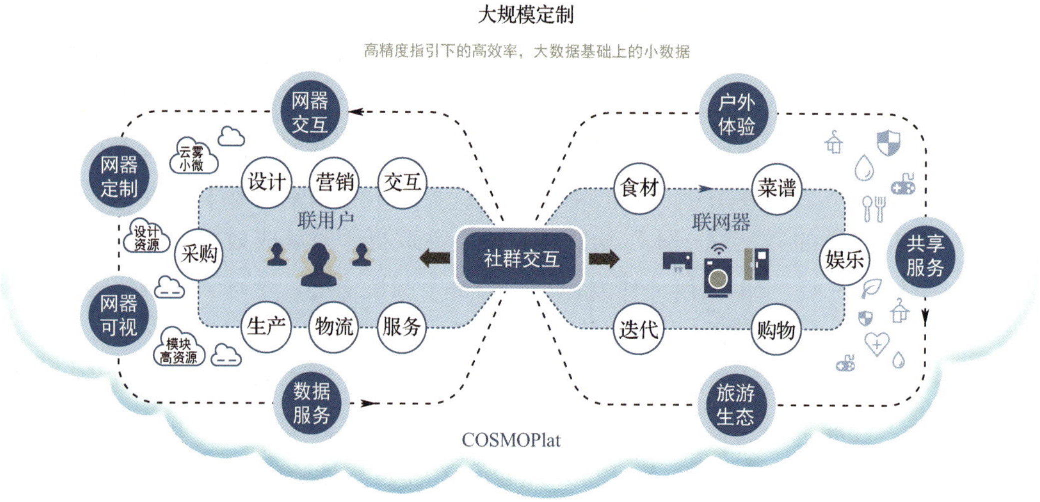

图 1-2　大规模定制模式

1.2　大规模个性化定制系统结构介绍

大规模个性化定制的核心之一是为了解决需求侧用户专业知识不足和用户需求不明确的障碍，提升用户能力，实现用户场景体验和产品的闭环。大规模定制模式是超越单一环节的思考，是从全流程上实现用户体验价值，且用户体验价值不是静态，而是动态的，是体验持续迭代的。如何提升用户能力来解决这两个障碍，这就体现大规模定制模式的核心——以用户为中心。通过建立企业-用户-产品实时互联的平台，用户可以在平台上实时说出符合自身个性化的需求，企业通过已有连接产品或者用户场景积累的大数据，结合用户提出的需求进行智能整合，生产预测场景的产品再与用户实时交互，让用户参与进来，用户也就在平台上拥有了专业知识，也会与设计师沟通形成满足用户需求的产品模型。大规模定制模式创造用户价值，不是简单的人与机器、产品的互联，而是实现人与人之间的互联。

大规模定制模式和大规模制造模式的区别在于：完成协同设计与协同制造，需要打通全流程各节点系统进行横向集成，实现用户全流程参与。横向集成在技术上需要搭建以用户为中心的研发、制造和销售资源创新协同与集成平台，构建工业智能领域资源云端生态模式。通过社群交互将用户碎片化、个性化需求合并整合成需求方案，同时设计师与用户实时交互并通过虚拟仿真不断修正形成符合用户需求的产品，同时用户参与智能制造全过程（质量信息可视、过程透明）并驱动各攸关方进行升级，实现企业-用户-产品的实时连接，通过场景定制体验创造用户价值，使得用户需求不断迭代，实现智慧生活的生态，同时将用户变为企业的终身用户（见图1-3）。

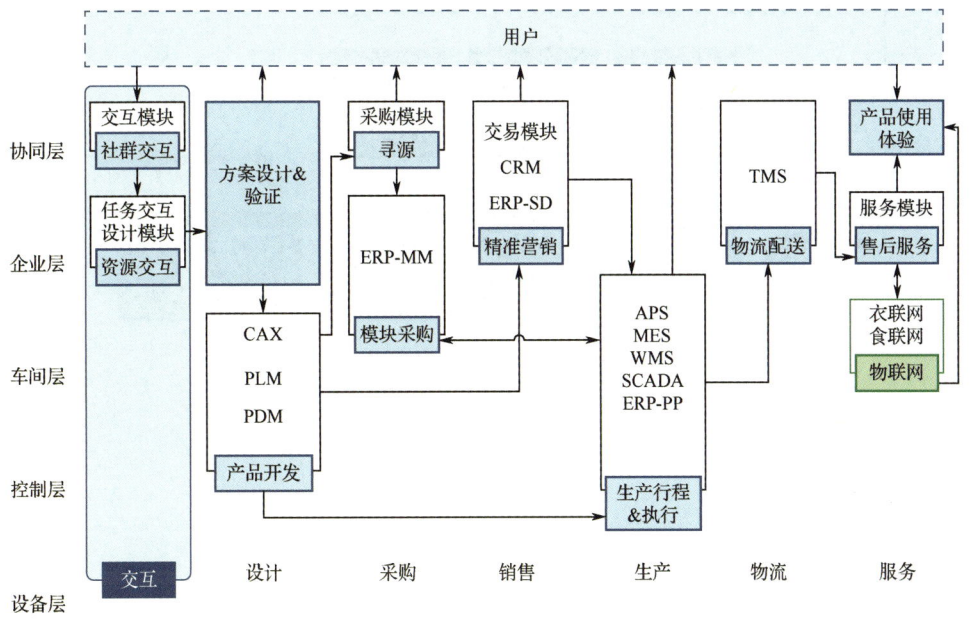

图 1-3　COSMOPlat 大规模个性化定制系统全景图

1.3 大规模个性化定制系统关键绩效指标

大规模个性化定制解决了大规模生产和个性化需求之间的矛盾。海尔大规模定制模式的意义在于，它实现了用户对所需产品的自主定义，产品的设计、生产、配送等每一个节点都会完全呈现于用户面前，通过可视化的流程，用户对自己产品实现了全程掌控。这样的生产模式下，工厂内"生产的每台产品都是有用户信息的"。因此，在产品还未进入市场流通时就已经实现了用户的预约预售，"零库存"也就有了实现的基础。

大规模个性化定制主要实现的是高精度下的高效率，高精度主要体现在产品的不入库率，即产品从工厂直接发送到用户和客户；高效率最终体现在CCC（资金周转天数——现金流量周期是库存天数加上应收账周转天数减去应付账周转天数）。对企业来讲最好的状态是用户在购买之前，预先付款，对于下游供应商晚点付钱，这样能保证企业非常健康地运转。如果企业上游要求现款现货，下游要求赊账，这样企业就容易周转困难，就会去贷款。而大规模定制模式可以实现产品零库存。

从海尔2018年的实践效果来看（见图1-4），高精度上不入库率达到71%；高效率上订单交付周期（OTD）缩短了一半，生产效率提升了60%，CCC（资金周转天数）达到"-10天"，行业平均是20天左右。

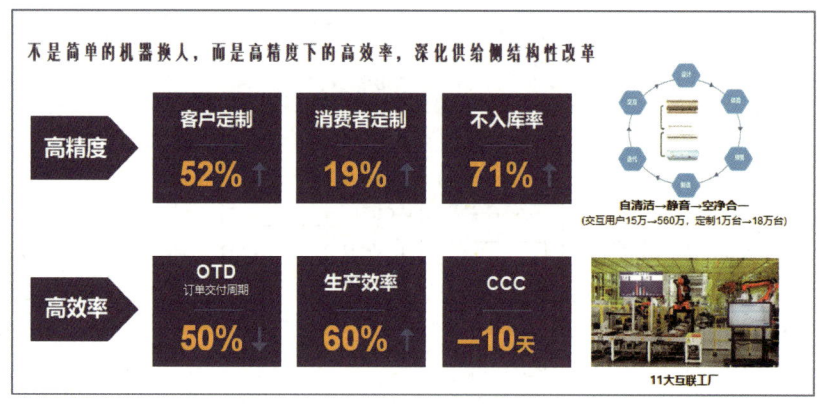

图1-4　2018年COSMOPlat大规模定制实践效果

1.4 案例特点

海尔依托COSMOPlat，实践着从大规模制造向大规模定制转型的战略目标，COSMOPlat大规模定制模式的变化体现在原来以产品为中心到以用户为中心的转变，在企业内部实现了研发、制造、营销 3 大模式的转变（见图 1-5）。通过这种转变，不仅有效地解决了用户碎片化需求与生产端高效率不可兼得的矛盾，同时也驱动企业在研发、制造等全流程的竞争力持续提升。

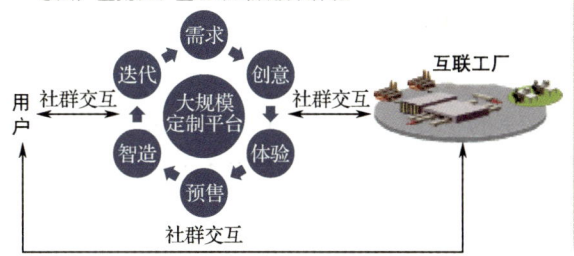

图 1-5　COSMOPlat 大规模定制转型颠覆点

1. 研发模式的颠覆：由瀑布式到迭代式，即先有用户再有产品

传统的研发模式称为瀑布式研发，第一个"瀑布"是调研，调研完毕后审批，审批完成后研发，研发完毕后就是去市场这三段，呈现瀑布状。传统的研发就是企业闭门研发出产品再推销给用户，即先有产品再有用户；而迭代式研发一切以用户需求为核心，全流程各节点同一目标，先有用户再有产品，解决了产品生产出来卖不出去的问题。

海尔通过汇集全球网络资源在平台上和用户零距离交互，"世界变成我的研发部"。并将用户的需求送达全球研发专家和资源，共同提供方案满足用户需求。海尔迭代式研发不仅实现了用户深度参与其中，满足了用户的需求，而且研发周期大大缩短。

2. 制造模式的颠覆：用户下单到工厂，工厂直发到用户

传统的制造是大规模统一、标准化的库存生产，现在是用户需求驱动的柔性化生产，生产每台产品都有用户信息，是为用户生产，产品可不进仓库直发用户。

基于 COSMOPlat 赋能，全流程数据链实现贯通，用户订单下达后，信息直达工厂进行智能排产，同时用户定制信息并行传达至模块商、设备商、生产线等，进行模块采购及加工，生产线根据用户订单进行柔性总装，对标准化模块采用大规模流水线生产、对非标准化模块采用柔性单元作业方式，生产进展及过程透明可视，用户订单完成后直发用户，真正做到以用户订单驱动智能生产。在这种模式下，从用户提需求到交付，海尔可快速响应，交付速度大幅度缩短。

3. 营销模式的颠覆：由传统的顾客经销到用户交互模式

传统企业营销是促销，由顾客促销、经销，大规模定制后变成了与用户交互的模

式,不再促销,变成用户交互。

海尔的营销转型旨在打造聚焦"诚信生态,共享平台"下的线上店、线下店、微店"三店合一"的社群经济生态平台,整合海尔集团前端的产品研发、生产资源和后端的物流配送、服务资源,探索线上店、线下店、微店"三店合一"模式,为用户提供差异化的产品和服务。

1.5 家电行业大规模个性化定制实施步骤

COSMOPlat 大规模定制构建了开放共享的工业生态体系。这个生态体系的中心是用户,交互、设计、营销、采购、制造、物流、服务 7 大节点都是和用户并联的。在全流程中,所有的内、外部资源都同时参与用户交互,全流程、全周期地为用户提供服务(见图 1-6)。

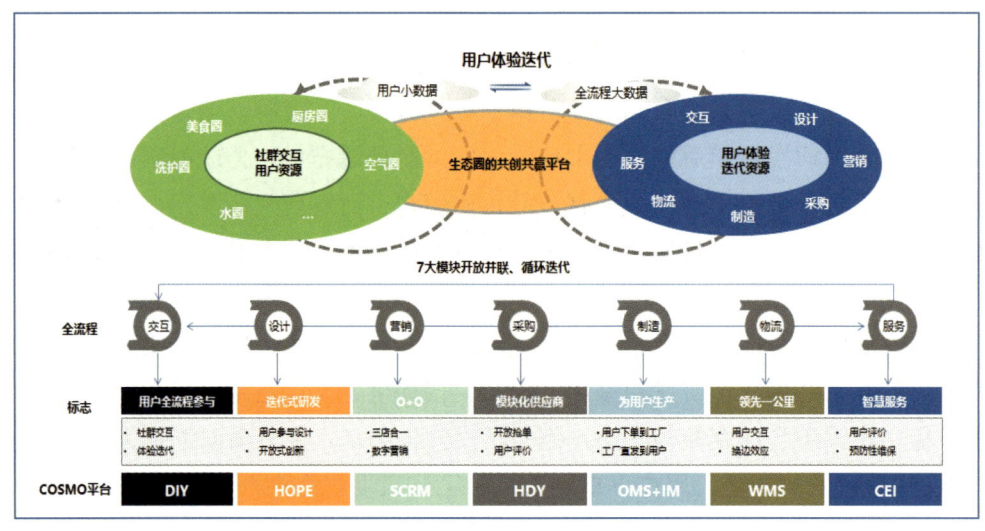

图 1-6 COSMOPlat 大规模定制全流程转型图

同时从大规模制造到大规模定制,在交互、设计、营销、采购、制造、物流、服务全流程节点的业务模式进行了变革,输出了 7 个可以社会化复制的系统应用,这些应用一方面可以帮企业实现开放、跨界的协同,提升企业精准交互用户、实现外延式创新的能力,实现高精度;另一方面可以通过信息集成共享,提升企业柔性、响应速度等内在的能力,实现高效率。另外大规模定制转型不是简单依靠某些系统就可以实现,而要从流程、组织、体系上全流程进行变革。所以海尔通过人单合一的流程体系变革模式,来支持企业高精度下的高效率达成。

1.5.1 用户交互

在物联网时代，消费市场正在发生趋势性变化，由传统的"以企业为中心"模式转为"以用户为中心"，用户需求碎片化、个性化，若将用户想法一个个归集则无法形成可行的方案。COSMOPlat 平台（海尔智家定制平台）实现用户与用户直接交流，将用户的需求不确定变为确定性，用户交互出的方案也能满足用户不断变化的需求。基于社群平台和场景化交互，大量"志高道合"的用户在短时间内就可以聚集 10 万，甚至更多数量的用户。基于互联网平台，一个用户的痛点和需求，放大之后变成一群人，比如说 1 万人、10 万人的痛点，最终实现家电的个性化定制与规模化销售的引爆。

以海尔的母婴定制为例：Mini 干衣机聚集了母婴社群"宝妈们"的智慧。去年母婴人群提出了干衣机需求，该需求在母婴社群进行了深度讨论；交互曝光量 300 万以上；用户参与交互达到 10 万次以上；交互产品设计历时 180 天；并根据用户的交互需求共迭代 10 余次，迭代出 8 大产品功能，目前该产品已上市。这款产品杀菌率达 99% 以上，并具有线屑收集功能，内桶正反转设计、定期抖散功能，可防止衣物缠绕和皱褶，同时这款产品搭载 6 种专业烘干程序，能自动感知衣物湿度，满足用户不同的干衣需求。通过社群与用户深入互联、交互，围绕用户体验持续迭代，交互出孕婴空调、母乳冷冻柜等全套的母婴家电产品，满足母婴全场景体验（见图 1-7）。

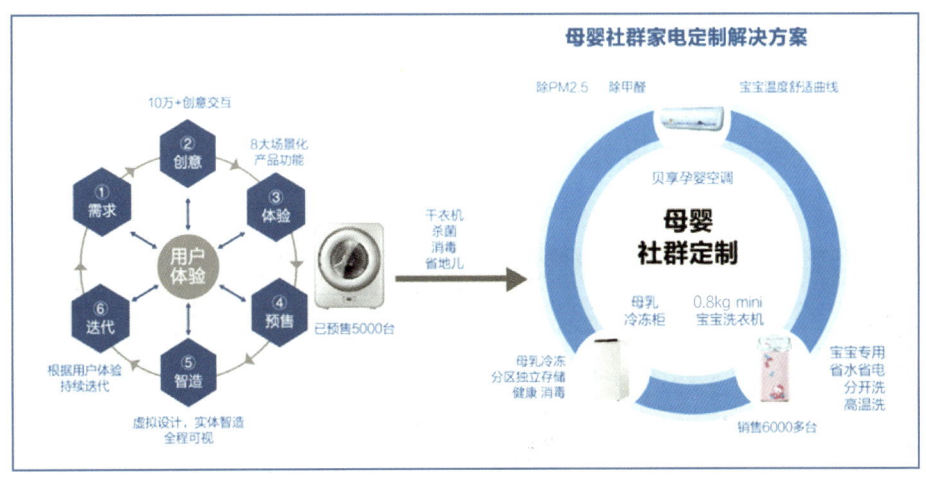

图 1-7 母婴定制案例

综合来说，COSMOPlat 大规模定制模式在需求交互环节创造了一个新的产品定义方式+新的产品交付方式的流程——Mind to Deliver 即 MTD 流程（从创意到交付）。该流程的核心是在产品的需求交互、产品实现、产品变现的过程中，不断将资源型资源和能力型资源进行无缝对接，通过共创共赢机制去经营用户和资源之间的关系，满足用户体验,创造用户价值。

1.5.2 迭代研发

传统的研发是瀑布式的,是以企业为中心的,具体体现是推出什么产品是由企业内部决定,由领导批准的,并在开发过程中产品的迭代速度,产品技术水平全部依靠企业内部资源,因此产生的成果也是延续性的。而海尔是以用户需求为中心,以开放的心态参与多方共同交互的创新过程,产品的需求、方案最终形式等都由用户决定。开发过程汇聚全球一流创新资源,大家共同产生若干次小的迭代,创造大的迭代,最终产生颠覆式创新。

通过 HOPE 平台实现用户需求和专家社群、研究机构、技术公司等创新交互社区,通过整合全球资源、智慧及优秀创意,与全球研发机构和个人合作,为平台用户提供前沿科技资讯以及创新解决方案。最终实现各相关方的利益最大化,并使平台上所有资源提供方及技术需求方互利共享。让用户、创客、风投、技术拥有者或是供应商、制造商的需求可以在第一时间发布,并通过大数据进行精准分析与匹配,最终实现多方需求的一站式解决。HOPE 平台为企业等技术需求方提供解决方案,为用户提供痛点解决与参与产品研发的机会,为设计师提供接触全球领先技术信息,让设计方案找到买家。各方基于不同的市场目标结成利益共同体,优化组合成创新团队,风险共担,利益共享。创新技术、产品面世后,平台还会持续与用户交流反馈,使创新团队得到最新的创新大数据支持,以实现产品的迅速升级。

通过 HOPE 平台(见图 1-8),资源对接周期缩短了 25%,平台可触及全球一流资源达 320 万家,注册用户数 40 多万,平均每年产生创意超 6000 个,累计成功孵化 220 个创新项目,研发资源匹配周期从过去的 8 周缩短到 6 周。通过 HOPE 平台,海尔可以聚集全球一流资源来解决难题。

图 1-8　HOPE 平台展示界面

下面以干湿分储冰箱案例（见图 1-9）为例进行说明。

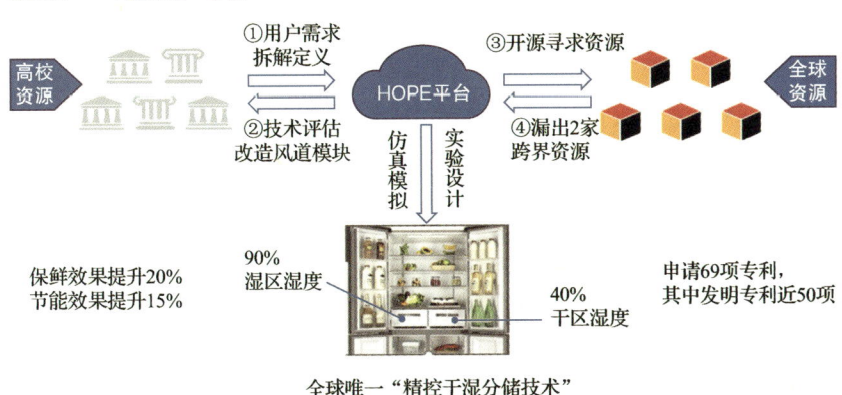

图 1-9　干湿分储冰箱案例

收集需求：果蔬类最适宜在湿度 90% 的环境中储存，可以延长 7 天的保存期，而干货则适合在湿度 45% 的环境下保存，保存期最长可延长至 5 个月。但由于传统冰箱功能缺陷，习惯性地将干货与蔬果一起储存的用户遭遇干货发潮变质的事件不在少数。有用户提出冰箱可不可以实现蔬菜储存不脱水，同时干的食材如灵芝、木耳等也用冰箱合理储存。

发布需求、专业评估：将需求发布出去，冰箱研发团队通过 HOPE 平台全球资源网络公开寻源需求，并快速得到国内外多家资源的响应，由高校资源或全球其他资源进行评估，经过筛选最终选出 2 家国外知名资源进行合作。这两家跨界资源既不是来自冰箱行业，也没有研究过保鲜技术，而是来自造纸行业，拥有控制腔内湿度的技术，经历了数百次的仿真模拟和试验，最终研发出全球唯一的具有干湿分储技术的冰箱，申请 69 项专利，其中发明专利近 50 项。

1.5.3　数字营销

营销环节，海尔搭建了一个集线上店、线下店、微店"三店合一"的平台——顺逛平台。平台目前拥有十万以上的社群，167 万的触点网络。目前平台拥有 1.55 亿的用户资源，其中有 1300 万用户参与了产品的迭代，更重要的是平台拥有 141 万终身用户参与产品传播，这个平台通过把每一个网点变成有温度的触点网络，在三大模式上进行了颠覆：流通模式、销售模式和研发模式。

针对流通模式，顺逛平台颠覆了传统家电的流通模式。首先是颠覆了传统的电商模式：

（1）电商的关键词是搜索，哪里便宜去哪里买，大家买得多，我就跟着买，但搜索量大的产品不一定适合你。顺逛平台的关键词是分享,通过社群分享好的产品和体验,真正实现适合自己。

(2)顺逛还颠覆了实体店等客上门的模式,变为我们上门提供更好的产品和问题解决方案,用户就会更愿意选择我们。

(3)此外,顺逛还对微商进行了颠覆。微商是靠价格,熟人圈传播,低价杀熟并从中渔利,但这一模式是不可持续的。顺逛做的不是价格而是价值,靠好的产品好的体验在社群内发酵。比如顺逛平台上一个普通的微店主杜国良,他管理着一百万人的社群,由于能够诚信助人,大家维修会找他,购买电器也会找他,甚至生活困难还会找他,这就是一个有温度的触点。

顺逛对于销售模式的颠覆,是把以前一台一台卖的方式,转变成通过社群交互满足家庭的成套解决方案。到今天顺逛有四大场景——卧室、厨房、卫生间、客厅,包括空气、水、信息、娱乐等。顺逛靠触点网络形成三大能力:成套的设计能力,用户一键定制,省时;成套的销售能力,一站购齐,用户省力;成套的服务能力,一步到位,用户省心。

顺逛对家电研发模式进行了颠覆。传统的家电是自上而下的没有用户参与的研发,这样的产品有很大的风险,不成功就形成库存。顺逛的每一步都是用户参与产品迭代的,精准地把握用户的需求和痛点,提高迭代研发的速度(见图1-10)。同时基于SCRM会员管理以及用户社群资源,通过大数据研究,将已有用户数据和第三方归集的用户数据进行梳理研究,应用聚类分析,形成用户画像和标签管理的千人千面的精准营销,从而实现交易数据、客户数据、商品数据、用户行为数据透明化,用户行为、用户标签轨迹可视化。通过用户画像升级为用户场景定制,从用户产品需求预测变为用户场景预测,创造用户的体验价值。明确其他企业的产品设计都是有主的,而且产品的功能设计都是用户所需求的,结合用户场景大数据实现智能预测服务,使得企业订单大幅增加。

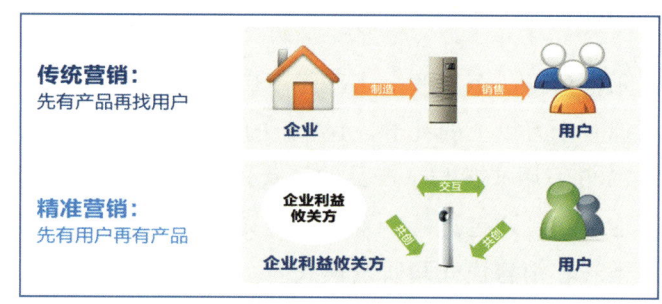

图1-10 传统营销与精准营销的差异化

为更好地推进会员大数据的应用,更好地发挥数据资产的价值,海尔启动会员大

数据即时查询系统项目,并在统一的平台下满足三方面的功能需求:

(1) 统一的采集及存储需求,建立数据标准化规则引擎对数据进行规划、拆解、标准化和结构化,对历史数据建立统一识别,要求数据质量检测逻辑支持系统自定义,可修改。

(2) 统一的分析及共享。

(3) 数据共享:建立数据共享的机制,让数据可以按照不同的保密等级实现内外共享。

1.5.4 模块采购

传统的采购模式中,企业想要找到合适的供应商,需要自己先设计好产品所需要的零部件图纸,再通过竞标等方式寻找合适的资源方,最终生成订单,达成合作。而企业行业的采购模式虽然已经迈向了模块化,并由模块商自行寻找合适的二三级资源方,但在本质上来说还是以企业为中心的采购模式,产品生产完后也是通过传统的渠道送到用户手中。

基于互联网+的模块商协同系统,海达源平台实现了模块商资源与用户零距离交互的需求,将供应商由拿图纸供货的零件商转变成可以直接参与设计、提供解决方案的模块商。这个变革的外部支撑是产品的模块化变革,内部支撑就是搭建起全流程的开放互联平台——海达源平台,在以用户为中心的基础上,整合全球一流模块商资源,并使其参与到用户交互以及前端设计中,通过用户评价实现自优化。在这样的模式下,一流资源越多,满足了用户的最佳体验,用户资源自然也会越来越多。

运营形式上,模块采购平台采用分布发布架构,用户需求面向全球模块商资源公开发布,系统自动精准匹配推送。同时,系统设立资源方案超市,模块商方案自主发布,定向推送,由用户直接选择最优最合理的解决方案。此外,模块采购平台还建立公平交易的机制,用户在线评价,结果公开透明,策略自动执行,资源动态优化。

模块采购模式在供应商角色、采购组织及双方关系三个方面都已经发生了颠覆性的改变。

从供应商角色上来说,就是从传统的零部件商变为模块商,由模块商管理组织二三级的零部件商,共同设计创新方案。而企业从与传统的零件商合作,转化为与模块商合作,自己做的越来越少,供应商承接的越来越多,以此提高在产品生产环节的监控力度,提高产品品质。

从采购组织来说,要从原来供应商和用户需求的"隔热墙"变为开放的平台,准确对接供应商资源、设计资源以及用户需求。就海尔来说,在传统的模块采购机制中,模块商的进入需经过设计、寻源、竞标到订单完成等一系列的串联流程;而在海尔升级后的采购平台上,供应商采取自注册、自承诺、自抢单的方式,通过资质承诺、模块能力承诺、投标承诺以及方案闭环承诺等一系列并联流程来加盟。

从双方关系来说，从传统的买卖关系变为共创共赢。传统企业和供应商之间的以价格为中心的博弈模式，将完全颠覆为围绕用户最佳体验的共创共赢模式（见图1-11）。通过模块去思考，做模块化为供应商带来了更大的发展空间，从而调动供应商的积极性，基于与用户、企业等各攸关方的互联互通，以及相关需求的及时获取，其设计能力得到快速高效的发挥，从而实现企业与供应商的共创共赢，推动整个采购模式又往前迈了一个台阶。

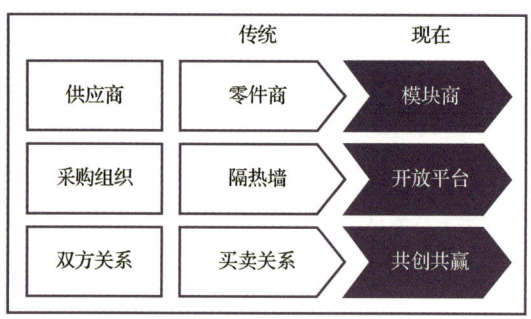

图1-11　传统采购与模块采购的差异化

1.5.5　柔性制造——用户驱动的柔性制造

传统制造方式是按生产计划，单一化生产，这种批量化、标准化的生产方式无法满足用户个性化需求，同时这种生产模式对用户是封闭的，用户看不到生产的过程，无法参与其中。而柔性制造模式是用户需求驱动的柔性生产，用户下单，信息并行传达至模块商、设备商、生产线等，整个生产过程对用户是开放透明的，生产全过程用户可视。由为库存生产到为用户生产，生产线的每台产品都是有主的，用户订单可以直接到达工厂，工厂将产品直发用户（见图1-12）。在这种模式下，从用户提需求到交付可快速响应，交付时间大幅度缩短，真正实现高精度下的高效率。

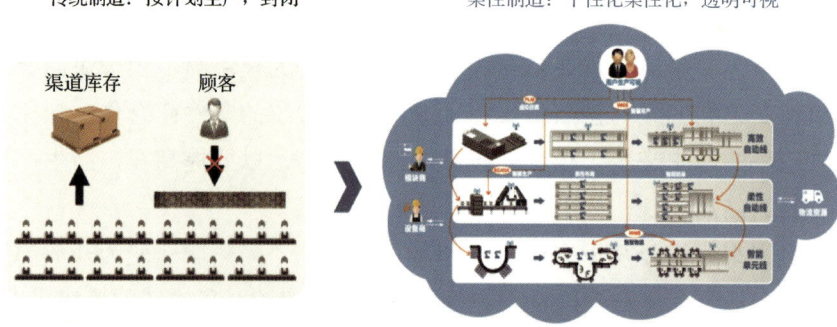

图1-12　传统制造与柔性制造的差异化

要做到高精度下的高效率，首先是联工厂全要素，这样用户的订单可以直接下达到工厂，驱动工厂智能排产、生产，工厂所有的订单都是有用户信息的，同时用户也可以对产品的生产透明可视；第二是联网器，通过智能家电产品（网器）收集用户体验信息，这些信息可以帮助企业对产品进行更好的研发升级和迭代；第三是联全流程，也就是打破原来封闭的界限，企业的上下游以及所有资源都要与用户并联在一起，与用户零距离交互，满足用户的最佳体验，要实现与用户的互联，企业的能力必须从柔性化、数字化、智能化进行升级。

同时互联工厂的设备层、传感层、物流层、网络层和信息层五层数字化架构互联互通，保证互联工厂与用户实时互联互通，满足用户的最佳体验。

一是设备层。互联工厂应用了先进的自动化设备，这些自动化设备有几大特点：第一个特点是柔性化，可以对大规模定制订单进行节拍匹配；第二个特点是集成化，设备和设备之间形成集成的匹配，前工序和后工序之间可进行匹配，在满足用户个性化需求的构成中，形成了接近零库存、不落地的状态；第三个特点是设备之间是互联的，设备和设备之间具备交互能力，用户信息可以实时传递驱动生产。

二是传感层。互联工厂布置上万个传感器，每天产生数万组数据，不仅对整个工厂的运行情况进行实时监控，实时报警；同时基于这些传感器布置在设备之中，对自动化设备可进行实时预警，在设备发生故障之前，通过大数据预测的方式对设备进行及时维护修复，保证设备可以有效运行。

三是物流层。通过构建颠覆性的智慧物流模式，实现了用户定制订单在生产线上混线生产情况下，物流可以实现智能应对，提高生产效率，减少差错，降低库存。工厂在物流总装和 AGV 之间，实现自动交互，AGV 可根据总装情况，进行智能调整，满足生产需求。

四是网络层。工厂布局的网络按照工业网络架构来设计，包括光纤宽带的设计、工业交换机的设计、AT 的设计、有线网络和无线网络的布局，形成高速、安全的工业网络，可以实现百万级的订单瞬间传递到工厂及时响应。

五是信息层。信息层实现了横向的集成，横向集成从 PLM 到 ERP 到 COSMO-IM 瞬间到达，在这个基础之上，纵向包括设备层、传感层，物流和装备实现连接，可以实现所有节点的实时互联。

1.5.6　智慧物流

COSMO 智慧物流以客户及用户需求为中心，融合了营销网、物流网、服务网、信息网等建设智慧物流信息协同管理平台，打通与供应链上下游资源生态和货源生态的连接关系，构建智能多级云仓方案、干线集配方案、区域可视化配送方案和领先 1km 送装方案等用户解决方案（见图 1-13），实现物流从订单下达到订单闭环的全程可视化，同时以用户评价驱动全流程自优化，提升产品"直发"给用户的能力。

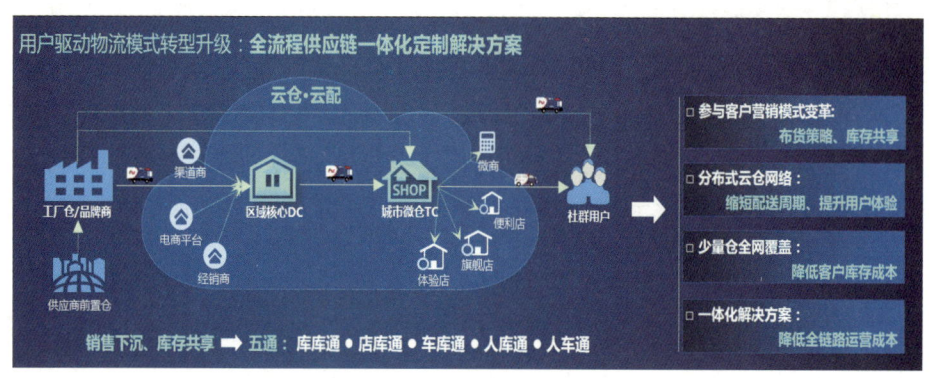

图1-13　用户驱动物流模式转型

为优化场景物流服务模式，打造定制化物联网车辆，通过配置车辆轨迹和数据物联网模块，追踪车辆位置、状态和运行轨迹，将所有物流信息实时上传至云端，还将用户融入自身的配送体系中，建立一个用户、商品及服务人员即时的移动交付场景，实现了人、车、店、库之间的互联互通。用户可以全程追踪产品信息，也能随时联系配送司机，同时将传统的"送安分离和集中评价"模式颠覆为"用户可全程直接评价的送装同步"，用户直接评价到车到人，实现引领1km的人+服务的社群交互体验。

在社会消费趋势不断升级的当下，COSMO-智慧物流平台率先在行业内引入场景化模式，将服务从物流拓展到多个行业领域，以车小微为触点打造场景物流模式，通过社群交互感知用户更多生活需求，从而提供不同场景下的生活解决方案，实现了用户体验的再次升级。举例来说（见图1-14），在健身器材配送过程中，通过车小微与用户进行深入交互，基于用户对于健康的总体需求，携手健身器材厂家、运动饮料等社会资源方为用户提供量身定制的健身方案，推出根据个人体质设计每日运动量和健康食谱等服务内容。作为与用户交互的触点网络，车小微也已从原来的送装服务发展成为同城用车、售后维修、代发快递、产品零售等场景化的服务平台，在满足用户多样化需求的同时，从末端助力场景物流模式的完善，助力用户美好生活品质的实现。

1.5.7　智慧服务

COSMO-智慧服务平台实现了事后服务转型到事先服务，创建了新的家电服务业态，在云数据的支持下，可实现与智能家电的实时连接，产品故障自诊断、自反馈，"服务兵"主动抢单服务，整个服务流程可视，用户在线全流程自主评价，颠覆传统的用户报修、电话中心接听、督办和回访流程，实现零报修、零上门、零故障（见图1-15）。

图 1-14　智慧物流实践案例：从健身器材定制到健身方案定制

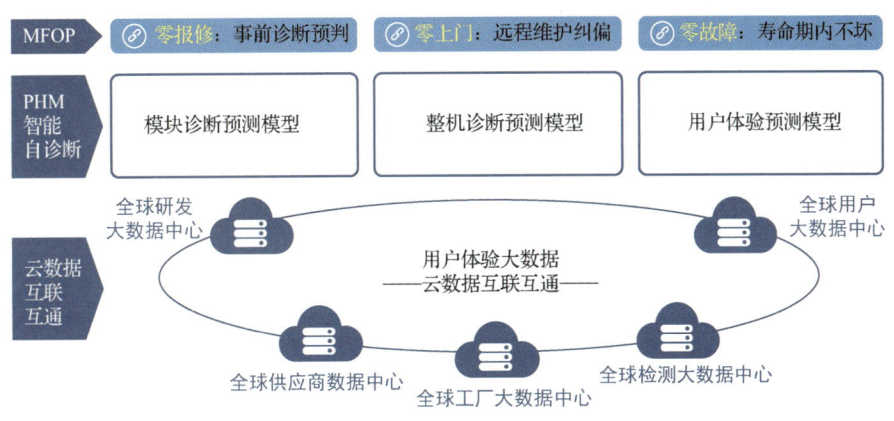

图 1-15　智慧服务能力

　　基于云计算和大数据技术建立的智慧云服务平台（见图 1-16），具有多通道并行接入能力，对智能产品运行数据与用户使用习惯数据进行采集，并建模分析。智慧云服务平台能够提供运行数据或用户使用习惯数据，支撑制造商、用户进行数据分析与挖掘，实现创新性应用。应用大数据分析、移动互联网等技术，自动生成产品运行与应用状态报告，并推送至用户端。通过实验室平台搭建故障树模型，利用历史数据库精准模拟。采用大数据集成技术打通物料供应商、企业、用户，体验全流程信息流。运用基于云架构下的质量微服务解决方案，可为同行业提供质量微服务包以及技术支持，对提升行业服务水平有直接的借鉴、应用推广价值。

　　以海尔中央空调为例，通过智慧云服务平台，产品可实现远程监测、智能维保、故障预警、节能服务。对用户来说，可以通过平台实时监测及控制中央空调运转，节省一半机房管理人员；对资源方来说，以节能服务公司为例，可以实时监测设备的能耗数据，并根据推送的运营报告提高系统节能；对海尔来说，通过故障预警可以实现零停机,提升用户口碑;通过大数据分析可以了解行业用户的使用习惯,实现产品的迭代引领。

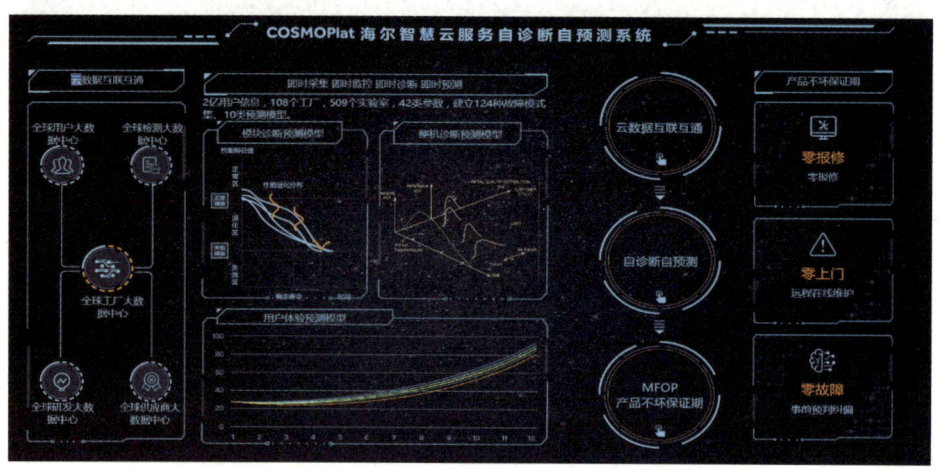

图 1-16　智慧云服务平台

1.6　家电行业大规模个性化定制标准化现状与需求

1.6.1　标准化现状

大规模个性化定制生产模式在全球家电产业领域,还没有成熟的模式、没有成型的标准,因此尚缺少可比性及可借鉴性。但借助家电行业在信息化和智能化的优势资源,和我国在互联网应用方面的领先优势,家电产业的大规模个性化定制生产模式的探索及创新,已经具备了同行业领先因素。

在家电个性化定制领域,目前有海尔主导制定的三项联盟标准现已发布,分别围绕大规模定制、工业云平台建设、智能制造执行系统(MES)进行。这几项大规模定制标准均是用户体验标准,以互联网大数据技术为支撑,满足消费者个性化、碎片化的需求,通过对用户全流程个性化体验需求的满足,提升产业柔性化、数字化及智能化水平,为全球制造业向大规模定制转型提供了普适性的标准,填补了国际空白。

目前,在全球范围内,除上述发布的三项标准外,还没有更多成型的家电定制化标准可供借鉴。家电产品的大规模定制生产模式在全球家电产业领域,也还没有十分成熟和成功的应用案例。随着定制家电的不断发展,效率低、成本高、周期长、售后服务不方便等难以克服的缺陷和问题愈发突出,为更好地促进定制家电产业的发展,确保在定制家电产品质量安全方面提供标准化支撑与保障作用,急需启动相关标准的研制工作。

1.6.2 标准化需求

大规模个性化定制一方面满足了消费者的个性化设计及功能需求；另一方面，不论从企业层面、行业监管层面还是消费者层面，个性化定制模式下的家电产品制造、标准支撑、产品质量控制等，从机制上都还近于空白，使个性化定制在发展过程中面临多重考验。因此，在个性化定制家电领域，急需相关标准的引领，并在产业发展中起到应有的作用，避免作为新兴产业因为无规则竞争或是概念泛滥受到影响。

目前，国内外对于定制生产适用的条件和要求没有系统研究，对于企业是否适用大规模定制、个性化定制以及定制产品的质量评价等，没有量化的评价指标体系。例如，当前市场上已经出现了具有定制概念的产品，如具有空气净化功能的空调器，具有加湿功能的空气净化器，对这类组合功能的家电产品，其安全、性能评价方法在国家标准层面都没有明确的规定，因此，这类产品品质的市场认同度不高，这也在一定程度上制约了新产品的发展和大规模定制新模式的有效实施。

1.7 案例示范意义

伴随着社会快速发展和互联网应用的普及，用户需求呈现多样化、个性化、碎片化趋向，给传统制造业带来前所未有的挑战，同时互联网、3D打印等高科技技术给家电行业带来巨大冲击。低成本、价格战造成行业创新能力较弱等问题，海尔作为中国首批智能制造试点示范企业，从大规模制造转型大规模定制，变产销分离为产销合一，形成了智能制造转型的实践路径，为家电业从大规模制造向大规模定制转型提供借鉴和示范作用。

海尔经过多年在智能制造及信息化方面的持续实践和探索，将经验产品化、云化，打造形成具有中国自主知识产权、全球首家引入用户全流程参与体验的工业互联网平台——COSMOPlat。COSMOPlat以用户体验为中心，从交互、设计、营销、采购、制造、物流、服务7大节点和用户并联，在全流程中，所有的内、外部资源都是同时来参与、全流程、全周期地为用户提供服务。在这个平台上已经聚集了海量资源和用户，支持平台良性循环。比如开放创新方面，平台聚合了全球设计资源超过320万家，为企业提供从创意交互、到协同设计、到虚拟设计验证、到产品持续迭代等全流程的服务，实现用户参与设计、用户体验驱动产品迭代。目前该服务已实现跨行业应用，为近百家外部公司提供了创新设计服务。

目前，海尔依托COSMOPlat已经对内打造11家互联工厂样板，并且正在向海尔在全球的116家互联工厂复制。通过用户、研发、供应商资源参与产品全生命周期，迭代出纤见系列洗衣机、全空间保鲜冰箱、净界空调等一系列定制引领产品。通过用户持续交互与产品持续迭代，实现用户体验迭代，从用户升级为终身用户。在生态建设方面，海尔衣联网基于物联网 RFID 芯片技术，以服装为媒介，并联服装品牌、服装协会、洗涤剂品牌等资源方，满足用户洗、护、穿、搭、购等全流程最佳体验。用户通过 RFID 智能解决方案购买产品以及使用海尔洗衣机、衣物护理柜等智慧家电产生的洗护体验数据，通过云平台与生态合作方分享，生态圈内企业基于用户动态需求提供解决方案。

同时 COSMOPlat 所构建的开放工业新生态，以用户为中心，不断模式创新、技术创新，不但对内可以支撑互联工厂迭代升级，还可以向社会开展服务，为制造业转型升级提供解决方案和增值服务，使企业自身具备持续提升大规模定制的能力，满足用户的最佳体验。目前 COSMOPlat 通过生态圈模式与七大模块互联互通，赋能农业、纺织、房车、建陶等 15 个行业物联生态，为企业在探索智能制造转型中提出了一个落地的标准和指南，重塑产业价值链和生态链，践行跨行业、跨领域生态赋能，提供大规模定制社会化服务，助推企业由大规模制造到大规模定制的转型升级。

1.8　下一步工作计划

作为我国最早探索智能制造的企业之一，海尔探索出以用户为中心的大规模定制模式，并在此基础上推出全球首个以用户为中心的工业互联网平台 COSMOPlat。但在工业互联网发展的窗口期和时代机遇上，仍面临着挑战，需要持续升级。

在用户交互环节，构建多场景社群中心，建立需求和产品交互，优化任务中心功能并加大在线设计师资源方的建设，提供更优质的资源，提供解决方案或创意，在社群中心进行交互验证，实现共同完善和产品众创。

在迭代研发环节，搭建开放创新的开源平台，构建社群创新版块；鼓励资源方加大在模块产品设计上的投入，形成模块化的产品配置，不断提升产品创新对接速度，快速输出竞争力产品。

在数字营销环节，加速触点网络建设，让用户成为产销者，能够分享参与的价值；形成多维度的营销模式，通过数亿级的用户交互进行产品的首发和传播，精准满足用户需求。

在模块采购环节，以模块化采购为基础，通过分享模式，提升模块商参与前端设计的积极性；搭建优秀方案展示版块，提升模块商参与感；便于全球供应商资源的共享。

在柔性制造环节，用户订单驱动，信息瞬间到达全流程节点，做到随时下单，即时承诺；工厂资产管理数据、运营数据、大数据分析管理等持续升级，以用户订单为索引的全数据链互联互通。

在智慧物流环节，为客户提供全流程的供应链一体化解决方案。构建客户销售数据分析预测系统，升级"五个通"的库存共享的分布式云仓网络，以少量的仓储、合理的库存量实现全网覆盖；打通城市农村上下行，城乡互联互通，建设美好生活解决方案。

在智慧服务环节，加快数字化互联互通的升级，实现信息到人、价值到人，搭建服务环节数字化能力，加速模式转型，实现体验迭代等增值服务。

在 COSMOPlat 平台建设方面，一是依托海尔大规模定制模式，结合特定行业和区域的共性场景、特定场景自开发一批高端工业 App，通过平台为工业 App 开发者提供创新创业的入口，构建开发者生态，形成场景需求聚集、App 在线开发、在线自测试、在线自交付的工业 App 的标准开发及运营体系；二是在 COSMOPlat 工业互联网平台基础上拓展平台服务能力。在边缘侧，提升边缘计算的软件编程框架，丰富边缘计算的算法库，提升实时响应处理能力，实现对 IPv6、高可靠低时延网络、5G、NB-IoT 兼容性和快速接入的支持；在 IaaS 层，构建跨公有云、跨私有云的混合云兼容管理平台 CMP，支持数据和资源在跨平台之间的平滑迁移，实现全球一朵云；在 PaaS 层，丰富原生开发工具和算法库、工业机理库、开发模板；在 SaaS 层，研究制定平台开发原生应用的业务集成标准和评测方法；持续完善运营机制，完成工业 App 全产业链赋能功能的完善，以及生态治理功能的开发和完善。

案例 2

服装行业大规模个性化定制案例

—— 青岛酷特智能股份有限公司

2.1 大规模个性化定制案例基本情况

随着社会发展和人民生活水平的提高,单一的批量生产已不能满足日益多样化的需求,个性化定制已占有一定的市场份额且呈蓬勃发展的态势。个性化定制的优势在于客户不再是被动接受,而是主动参与到产品设计中去,相比于传统批量生产,更能满足人们对于功能及外观的要求。同时大数据、物联网等信息技术被逐步应用到制造行业中,人们在探索如何应用这些技术解决当下制造业面临的低利润、高库存等一系列问题。

青岛酷特智能股份有限公司(以下简称"酷特智能")旗下有"酷特云蓝""红领"等子品牌,公司创建于 1995 年,起初与传统服装制造行业一样,批量生产单一款式版型的服装。公司董事长张代理敏锐感觉到未来行业的方向,早在 2003 年就开始研究互联网+工业模式,并向定制化方向转型。历经 10 余年努力,投入 3 亿元以上做"大规模个性化定制",运用大数据、云计算、物联网、智能化的方式,建立了个性化、差异化、数字化的服装全定制工业化流水线生产模式,提出个性化定制的全程解决方案。不仅通过数据建模实现"一人一版",且在工艺上实现个性化定制,让消费者成为服装设计师,同时在流水线上实现大规模工业化生产，无论来自哪个国家的订单，从量体、定制、排程、生产到出厂，全过程交付时间只需要 7 个工作日，产量则提升至每天 4000 套。

酷特智能在十多年的转型过程中，沉淀出三大价值：

第一大价值，实现了数据驱动的个性化定制。利用大数据，通过数据驱动，实现了工业化定制和工业化运营，用工业化的成本来制造个性化的产品。

第二大价值是源点论思想。它是一个去领导化、去部门、去岗位、去科层、去审批的生态系统，全员都在一个平面上对应目标，高效协同。

第三大价值是 C2M 商业生态。即消费者个性化需求驱动工厂生产、制造端直接面向消费者的生产消费模式。实现了"按需生产、零库存"，可以最大限度地让利给消费者。定制生产在成本上只比批量制造高 10%，但收益却能达到两倍以上。

2.2 大规模个性化定制系统结构介绍

酷特智能将服装大规模个性化定制的实践经验进行提炼，总结出一套全生命周期的转型升级产品（互联网+工业），即智能制造解决方案。通过工程改造，可以实现酷特智能模式的 C2M 商业生态，实现消费者（C 端）直接驱动制造（M 端）的工业级的直销平台模式，实现用工业化的效率和手段制造个性化的产品，打造健康、诚信、高质、高效、高收益的互联网工业模式。以下对 C2M 大规模个性化定制模式的总技术路线及系统结构进行展示（见图 2-1 和图 2-2），并对部分系统进行介绍。

2.2.1 企业资源计划系统

企业资源计划系统（ERP）位于系统层级的企业层。其核心价值是整合和优化企业价值链中的信息流、物流及资金流，从而降低运营成本，提高企业的竞争优势。从营销系统中提炼出市场订单，以此进行排产，制订生产计划。通过对车间计划的制订、工票管理、工序中间检验、加工费用、原辅料耗用及返工单的登记等过程的管理，达到对车间的生产进行合理安排，并对生产过程进行管理及控制，以完成对在制品的跟踪和生产进度的考核，并通过生产计划与实际生产情况的对比，有效地对生产进行控制。

实现采购物料从物料需求计划到采购计划生成、采购订单下达、到货接收、检验入库的全过程管理，可有效监控采购计划的实施、采购成本的变动及供应商交货履约情况，从而帮助采购人员选择最佳的供应商和采购策略，确保采购工作高质量、高效率及低成本执行。通过对原辅料采购的材料成本和采购费用、各道加工工序发生的加工费用进行归集，最终自动统计制造成本，再通过财务系统各种管理费用的归集、分摊，便可计算出产品成本，形成物流、资金流、信息流的完全有效统一。

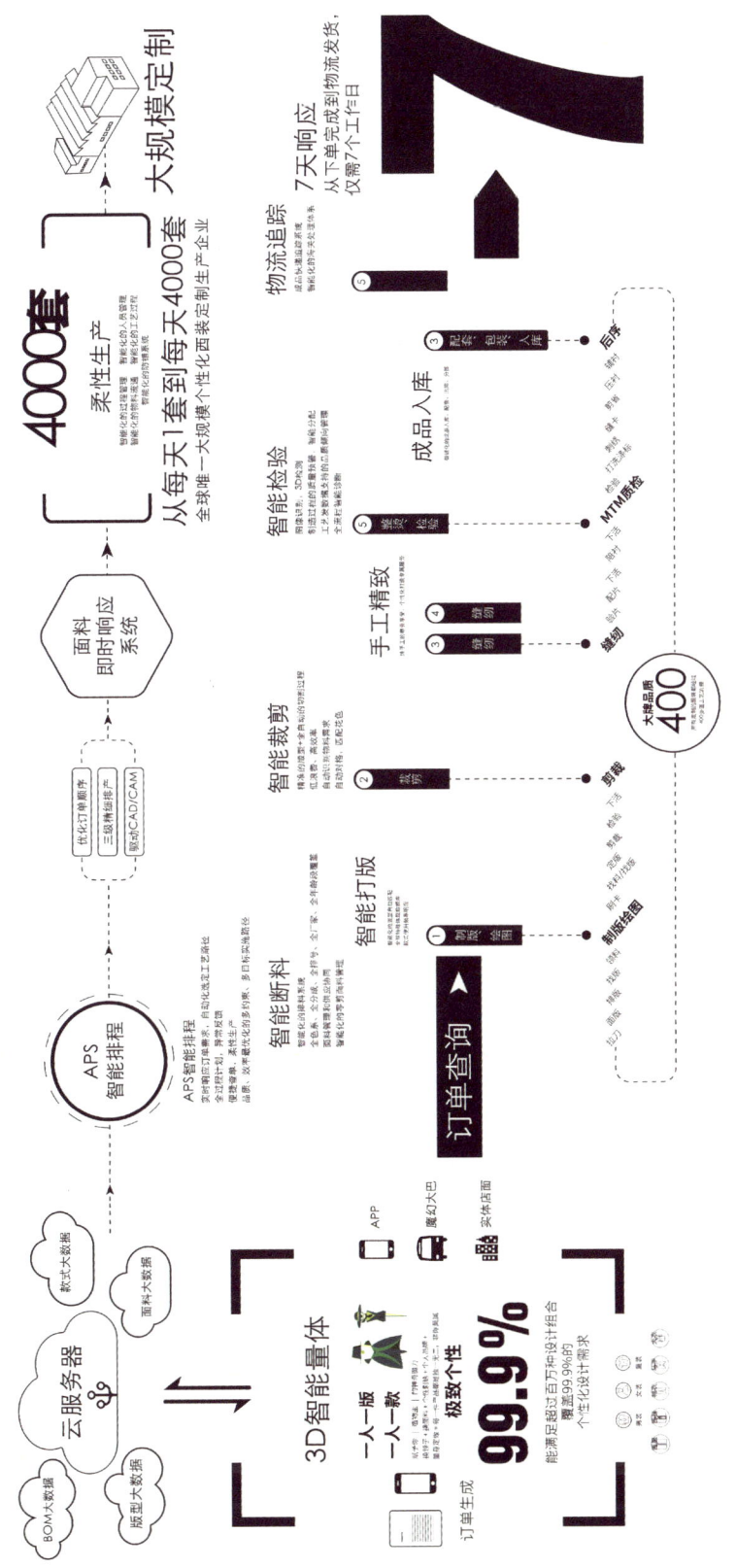

图 2-1 C2M 大规模个性化定制模式总技术路线图

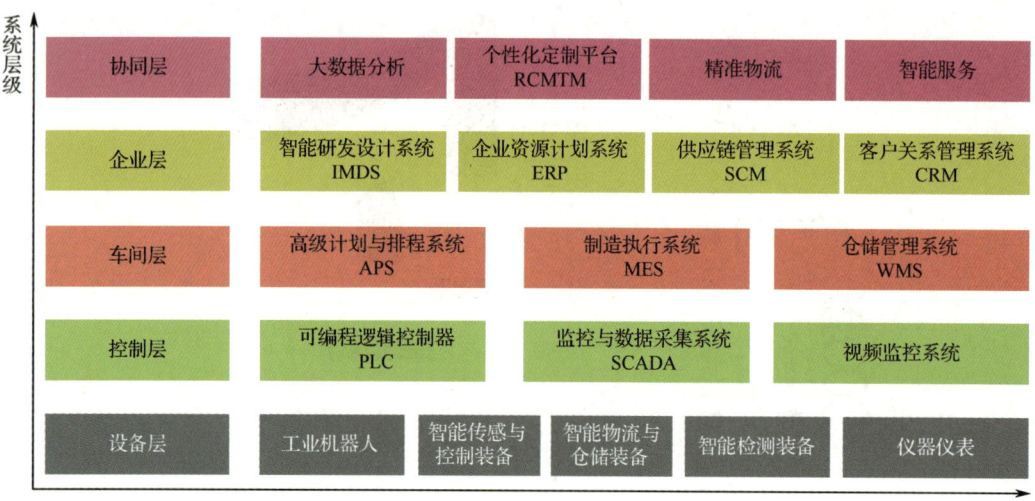

图 2-2　C2M 大规模个性化定制模式系统结构

2.2.2　个性化定制平台

个性化定制平台（RCMTM）位于系统层级的协同层。RCMTM 通过"3D 三维立体设计师+着装顾问"的服务机制全程给客户提供从选面料到选款式工艺的即时设计方案，从而让客户直接看到最直观的展示效果。与传统的手工裁缝店作坊相比，RCMTM 拥有强大的订单数据处理中心，来自全球的客户只需通过一台个人终端（PC、IPAD 及智能手机）轻点鼠标或按钮即可解决所有问题。

RCMTM 会给客户带来五种体验：

体验一：着装顾问配合 3D 设计即时产品研发。

体验二：方便快捷的支付结算。

体验三：多品类产品在线定制一站式服务体验。

体验四：物流配送全球网络体系。

体验五：私人衣橱的搭配攻略与着装指导。

2.2.3　智能研发设计系统

智能研发设计系统（IMDS）位于系统层级的企业层。IMDS 包含四大数据库：版型数据库、工艺数据库、面辅料数据库、BOM 数据库。由酷特智能历时十几年精心打造，融合精湛的正装定制工艺与先进的现代化信息技术为一体。通过资源庞大的数据库系统，将客户关键尺寸和款式要求通过算法实现版型的研发设计、订单工艺设计，以及生产流程质量的数字化管理，大大缩短了制版和制定工艺路线的时间。通过 AI 深度学习技术，结合大数据技术实现了产品技术工艺、版型优化的自进化、持续性成长。

2.2.4 高级计划与排程系统

高级计划与排程系统（APS）位于系统层级的车间层。人工排程效率低，且无法实现按面料属性、款式和生产工艺的个性化需求排程的最优化，无法实现大规模定制。通过 APS，对来自全球的个性化订单进行自动排程。实行单件流、拉动式生产的计划方式，根据下单时间运用自动排程系统，实现订单的智能处理。系统根据工艺及原材料，综合考虑各车间生产能力及工艺水平，自动将订单排到相应的智能裁床及生产车间，实现下单过程智能化，使制造系统整体效益最大化。系统跟踪并预警订单的生产状况，实时进行计划调整，确保生产计划的达成。

2.2.5 仓储管理系统

仓储管理系统（WMS）位于系统层级的车间层。按功能可分为物料仓储管理系统和成品仓储管理系统。物料仓储管理系统的核心价值是物料的存储和数字化管理，确保生产车间及时获得精准的物料供给。大规模个性化定制所需面辅料种类多达上千种，传统的物料采购方式操作起来很困难，而且传统物料管理手段无法满足对物料品种和数量的快速准确使用，须利用智能物料管理系统。基于 RFID 技术，对物资储位、货位、货架、批次、配送等实现全程跟踪管理，物料的实时数据存储在信息系统中，对收货、发货、补货、盘点等各个环节全程追溯管理。通过智能物料管理系统实现物料匹次的数量、幅宽、缩率、属性等智能管理，实现物料的预占用功能，避免因物料短缺造成无效订单的下达。

成品仓储管理系统的核心价值是成品的存储和数字化管理，确保成品及时准确地交付到客户手中。来自不同生产单元的大批量定制产品配套入库难度大，发往各个国家的定制产品管理工作难度大，人工操作难以快速识别查找，须通过信息化系统进行产品识别与处理，数据驱动自动生成报关单及发运清单，实现"少人化、无人化"。智能仓储物流系统，对不同生产单元生产的产品，先后入库的，通过系统一对一智能配套，效率和准确率高，避免无效的物料流转和搬运，实现"零搬运"。产品入库时，感应器自动扫描射频芯片，自动入库，实现产品的智能定位管理（订单数据可追溯），射频芯片与条形码、二维码结合使用，准确反映库存、库位，不需要人工记录和查找。通过系统对接与第三方物流数据交换共享，通过 WMS 及智能报关系统与海关系统进行数据交换，实现自动报关。

2.2.6 制造执行系统

制造执行系统（MES）通过信息传递对从订单下达到产品完成的整个生产过程进

行优化管理，有效地指导工厂的生产制造过程，实现柔性生产，提高车间透明度，积累数据供业务决策使用，建立持续改善的数据库。主要集成 ERP（订单/MBOM）、SCADA（数据采集与监视控制）、PLM（工艺清单）、WMS（仓储物料）、主控 PLC（执行/反馈）等系统，确保生产相关数据有机集成（订单/工艺/设备）；主要包含高级排程、订单执行、质量管理及自动化指令和配方管理、产品定义管理、生产资源管理、报表等模块，各模块的数据进行有机结合。

MES 把碎片化、零散化的数据进行整合分析，通过数据互联互通，打通产品设计、客户管理、供应链管理等系统，实现底层控制层、中层执行层、上层计划层的整体优化，最终使制造资源使用效率更高、产品生产成本更低、市场风险更可控，提高公司整体竞争能力。

2.2.7　供应链管理系统

供应链管理系统（SCM）位于系统层级的企业层。系统的功能组合以客户为中心，以订单为主线，涵盖订单执行过程的各个方面，实现物流、资金流、信息流、单证流、商流五流协调统一，极大地提高物流运作的效率，有效保障生产所需物料按照正确的数量、正确的品质，以最佳的成本在正确的时间交付到正确的地点，从而降低供应链的系统成本，提高企业的竞争优势。

2.3　大规模个性化定制系统关键绩效指标

大规模个性化定制与传统制造在关键绩效指标的设置上基本一致，主要包括企业运营资产的效率和效益。效率包含了企业资金周转期、研发周期等；效益包含了企业生产成本、运营成本、能源消耗等。服装行业大规模个性化定制在生产运营成本、企业资金周转期、研发周期上较传统制造具有明显优势。

2.3.1　生产运营成本

工业化与信息化融合，将服装订单一套完整的工艺需求分解成各工序工艺信息，驱动设备人员生产，提升了设备人员效率。薪资为系统计件计薪，多劳多得，充分提升员工的主观能动性。C2M 模式实现了客户与工厂、设计师、制造商直连，取消了企业运营许多不必要的环节。C2M 模式由客户需求驱动生产制造，客户订多少，工厂就生产多少，将工厂的成衣库存成本直接降为零。

2.3.2 资金周转期

供应链层面影响资金周转周期的一个因素是订货周期，另一个因素是原材料在仓库的存储周期。酷特智能模式下：

订货周期：比如一位客户 1 号选择自己设计的服装下单，1 个工作日即可完成审单、设计制版、生成工艺路径、确定各制程节点时间等工作，2 号即可完成面料出库及自动裁剪，3—5 号三个工作日完成所有缝制工序，6 号完成整烫成品总检和分拣发货。真正实现从下单到发货 6 个工作日以内完成。

原材料存储周期：与供应商通过 SCM 系统构成信息共享、互利互信的集成供应平台。供应商将面辅料预存到企业仓库，月底进行月度出库面辅料金额财务过账，基本实现"零库存"模式。

2.3.3 研发周期

大规模个性化定制的大部分细节的工艺设计不需要设计师参与，只需要系统自动将部分的标准化单元工艺进行重新匹配，即可实现新的个性化设计。而真正意义上的新款式研发，每天世界各地的个性化需求汇集于企业，企业不需要额外调研即可掌握当下的主流需求，在研发设计时通过数据库更快更契合地设计出客户需要的款式产品。通过平台更好地将新的款式推广出去，缩短研发周期。

2.4 案例特点

1. 需求交互：人性化交互界面，设计自己专属的时尚

传统定制由着装顾问将各种款式图册给到客户，客户想象着模特款式的服装穿到自己身上的效果，展示的个性化工艺较少，客户很难搭配出完全符合自己个性风格的款式。有时顾客因为对服装专业知识了解不多，很难将自己的要求描述清楚，许多工艺也是随意组合，系统无法呈现完整模型来给客户确认效果。系统之间缺少必要的交互，着装顾问第一时间很难给客户准确的承诺，比如这个款式是否能生产、面料有没有、什么时间交货等。

RCMTM 定制平台界面采用人性化设计，功能强大却操作简单，与多个系统有着信息交互。客户在短时间内即可以专业服装设计师的水平设计出超预期的产品，后台多个系统为其提供信息支持，确保第一时间给客户准确的交互信息。

2. 设计研发：海量数据库，瞬时完成专属设计

传统模式下的设计研发，是由经验丰富的制版师傅手工制版，一天最多两套。制版全凭师傅的经验，公司版型数据得不到累计和沉淀，技术流失严重。每个订单的工艺由制版师单独编写，一人一个方法，没有统一的标准，工艺信息没有数据化的传输模式，导致产品做错返工率高。面对大规模个性化定制一人一个专属版的需求，每天几千个订单，人工制版的效率、质量根本满足不了需求，而且制版师的工资等费用高，企业成本非常高。

IMDS 有资源庞大的数据库系统，以工艺代码通过算法匹配出数据库中的标准号型，将关键尺寸和款式要求通过算法在号型上做细部调整生成新的客户专属版型，实现版型的研发设计，生成的版型匹配度高达 99.9%。同时订单工艺设计自动生成，生产流程的质量数字化管理自动生成，极大缩短了制版和制定工艺路线的时间。

3．物料采购：协同供应平台，信息共享互利共赢

大规模个性化定制需求的物料是多品种小批量，且需求计划无法预估，单纯的按照订单和 BOM 下单显然不合理。酷特智能与供应商建立协同的供应平台，支持按计划下单、固定循环备料（从安全库存批量采购）、客供等多种形式。企业与供应商的面料库存信息共享，同时供应商备料到企业仓库，月底根据耗用过账。供应商可以根据企业近期的面料耗用制订自己的备料计划，企业会根据供应商的库存状况采购，一般下单到送达企业只需 2~3 天。这种模式下，供应商可以制订较稳定的生产计划，不用按订单小批量送货，省去了面料管理的费用；企业则省去了面料库存资金占用，实现"零库存"。平台实现了供应上的快速响应，互利共赢。

4．计划排产：交期优先，多种资源模型择优

人工安排计划无法保证生产的均衡，经常导致车间停产、积压等问题；车间计划跟踪不到位，导致无法按期交货，加急订单、撤单也无法及时协调安排，导致订单的延误或差错。在满足产品交付期的前提下，制订小时计划综合考虑裁床资源模型、缝制资源模型、订单难易结合避免拥堵等，以提高生产效率和降低生产成本。下达投产计划后，物料在何时在何处由何人完成，都有准确的节点时间。

5．柔性制造：数据驱动流水线模式的个性制造

裁剪经历了数次改造：从原来的制纸版——人工按照纸板裁剪；到之后的机械裁床——人工按照订单进行制版，排料给到裁床按照设定的轨道程序裁剪；再到现在的自动制版自动排版——数控裁床自动根据订单号从系统抓取版型图投影到工作台，根据投影轨迹自动裁剪。制版和裁剪的效率得到极大提升。

改造后车间工站按照通用的工序流进行排布，智能吊挂串联起了车间各道工序。将订单工艺信息扫描入 RFID 卡，作为产品的身份识别卡随产品从裁剪到成品入库的各道工序，实现数据驱动。智能吊挂识别卡片配送到不同车间不同组，缝制工序刷卡显示本工序相关的工艺信息，质检刷卡显示品质管控信息，成品仓库刷卡显示包装发货信息，一张卡片贯穿了整个生产制造过程，实现流水线式无重复的大规模个性化制造。

6. 物流分拣：一体化的智能立体仓库

传统模式仓库成品入库后，暂存于底层货架上，仓库高度有 10 米实际用到的不足 3 米。员工将发货订单打印出来分发到数十位配对人员手中，配对人员在暂存区及地面摆满纸箱的打包区往来奔走，按照订单顺序将配对产品挑选出来打包。每天处理的订单有几千个，可以想象现场的情景。

立体仓库改造，RFID 与物联网技术融合，产品按照发货地点及发货时间自动处置暂存上层超市组的路径和出货路径，自动完成订单产品的配对。后段辊筒线、智能吊挂与包装机、称重机、分拣机配合，自动完成快递发货前的一系列打包分拣动作。

2.5 服装行业大规模个性化定制实施步骤

酷特智能很早之前就率先提出了运营平台化、过程数据化、结果数字化、背后逻辑智能化的战略，以企业战略为指导，实现平台及数据驱动，从前端需求交互、设计研发、物料采购，到最终的柔性制造、配送发货逐步转变。下面对各个环节是如何转变的进行介绍。

2.5.1 需求交互

酷特智能以振兴民族服装业为己任，把质量管理与提升品牌价值和核心竞争力紧密结合起来，采用国际先进的技术、工艺、设备和现代信息化管理手段，产品质量达到或超过国际标准。

服装业务涉及男士、女士的西服、西裤、大衣、马甲、衬衣等全品类个性化定制，如图 2-3 所示。企业具备年产西服 80 万件、西裤 100 万条、衬衣 200 万件、马甲 60 万件、大衣 20 万件的生产规模。

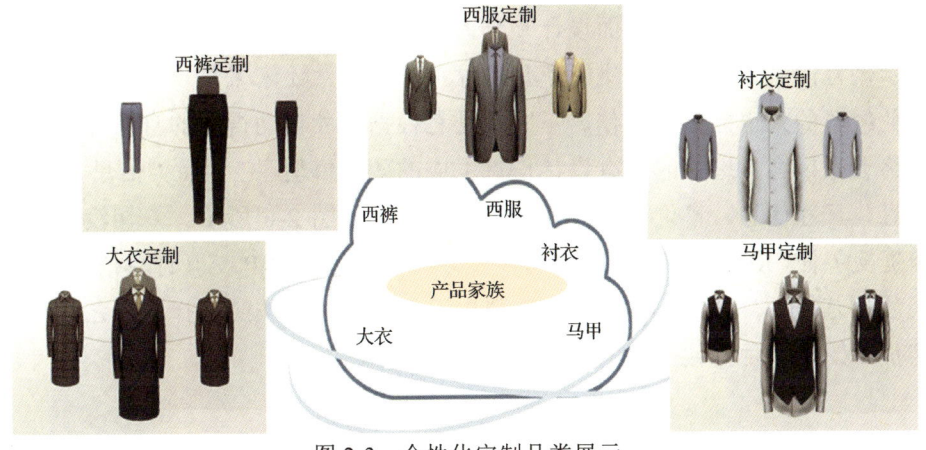

图 2-3 个性化定制品类展示

需求交互是产品生命周期的第一环,是非常重要的环节。这个环节沟通好,详细了解客户的需求,在后续的设计生产环节无疑会起到事半功倍的效果。相反,没有完全站在客户的角度考虑,掌握其全部的需求,或客户的需求有某些矛盾没有及时发觉或及时沟通反馈,后面的设计就可能需要反复的修改,甚至最终返工,失去客户的信任。

酷特智能个性化改造在需求交互上经历了长时间的技术革新和新系统的开发。起初款式工艺都较少又没有智能化的平台,只能将身着不同面料款式西装的模特图册、辅料图册给到客户,确定后将相应的款式、辅料搭配(里料、线扣等)录入系统,量体填入尺寸,最终付款下单。这种形式较大的缺陷在于:

(1)各工艺零散,无法给客户整体搭配效果的展示。客户有需求但是表达不出来,着装顾问有专业知识却无法完全获悉顾客的需求,这样就存在着交互的缝隙。服装是一个整体,可能各个细节的工艺都很精美,但是整体搭配效果却不佳,甚至部分工艺之间是相悖的,选择了这个工艺,就限定了部分工艺不能选择,而这些只能通过着装顾问的经验给出,很多是在客户面前没有问题,但是到了设计阶段就问题重重,这时候再跟客户沟通更改就会失去客户的耐心和信任。

(2)系统与系统间缺乏必要的交互。比如款式号需要录入系统而不是直接通过系统看到模特效果确定,线扣等辅料也是看实物或者图册后再在系统中录入对应的号型。定制、收银、仓储管理、设计研发等系统没有交互成为一个整体。

RCMTM 定制平台的建立解决了上述问题。与后台的研发设计交互使得 RCMTM 定制平台一直处在时尚高地。在首页选择基本款(商务、休闲、礼服、混搭)后进入款式设计界面,如图 2-4 所示。界面左侧选择你要定制的类型(西服、衬衣、大衣等),右侧可以选择面辅料、款式工艺等,中间则呈现你选择的模型效果,当你选择了某项工艺,与其相悖的部分工艺则显示灰色提醒这两项不能共存。

接着进入量体界面,如图 2-5 所示。前端尺寸数据采集准确才能保证最终服装合体,RCMTM 定制平台量体界面设计十分人性化。点击量体部位,上方有文字描述及视频展示规范的量体作业,采集了哪些尺寸,哪些尺寸还未采集一目了然,即使没有服装行业经验的人也能熟练操作,下方更是有根据尺寸自动得出的身材评定。

最终会呈现客户选择的所有设计信息生成的效果模型,包含品类信息、客户信息、工艺信息、尺寸信息、售价,供客户做最后确认,如图 2-6 所示。一切没有问题,进入订单提交界面,RCMTM 定制平台与多个系统交互,与 ERP 交互订单信息,与 IMDS 交互尺寸工艺信息,与 WMS 交互面辅料库存信息。系统按照选择的工艺面料生成最后的售价,支持多种付款方式。

案例 2　服装行业大规模个性化定制案例 | 031

图 2-4　款式设计界面

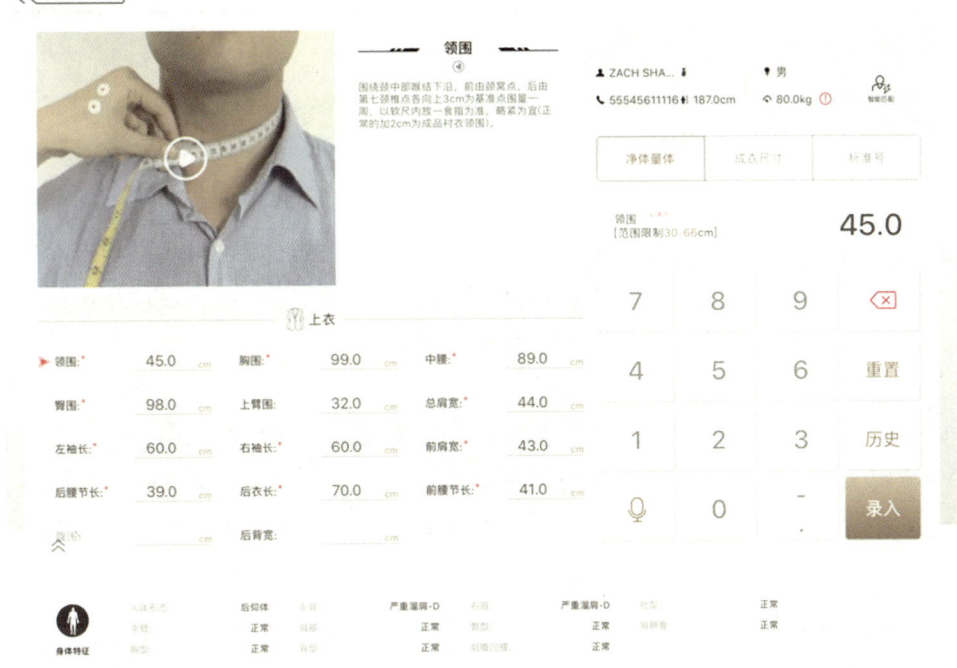

图 2-5　量体界面

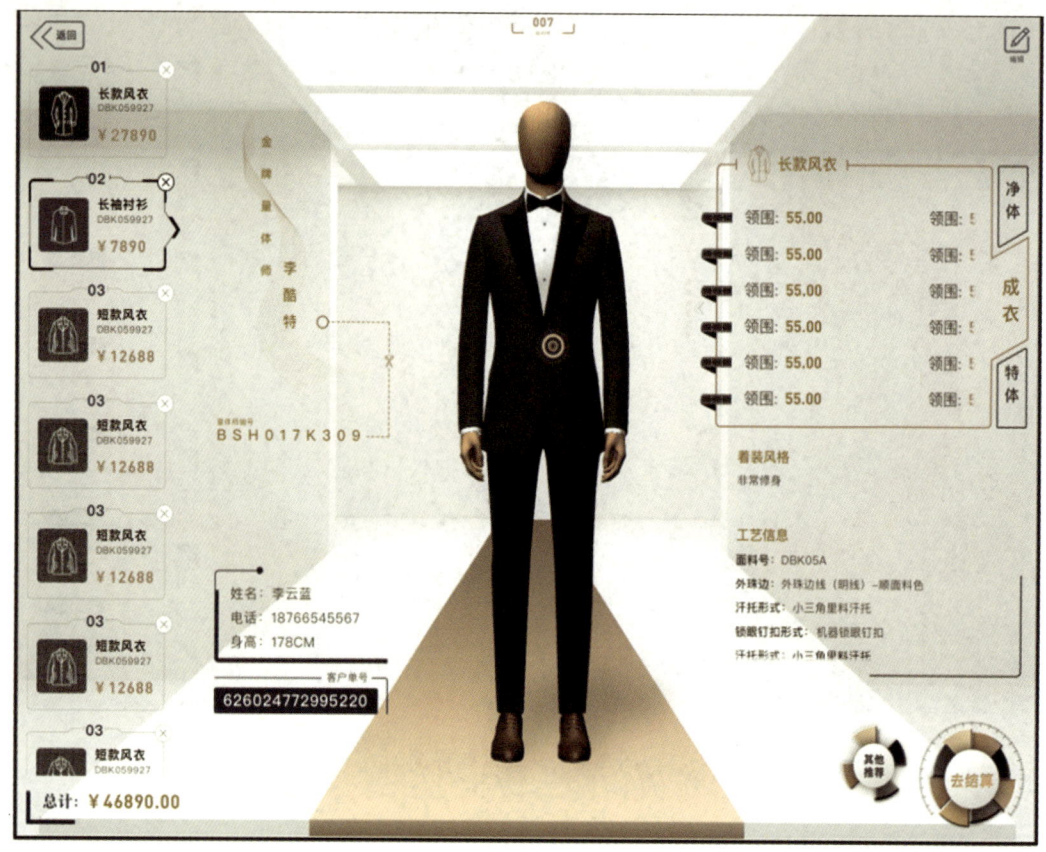

图 2-6　效果确认界面

2.5.2　设计研发

传统模式的人工制版，制版师先要量体、确定款式，各个部位按照一定的公式画出纸板，如果有"特体"要求则进行相应调整。制版的同时工艺路线在制版师脑中成型，大批量制作前需要制作样衣给客户确认。给客户确认的过程也很烦琐，经常需要反复地沟通、修改、确认，来来回回影响客户满意度。

传统制版的缺点可归纳为：

（1）只适合批量生产。有经验的制版师人工费高，制版需要的场地、工具及耗材又是一笔很大的支出。如此多的制版师制版没有统一的标准，不适合大规模定制。

（2）技术资源难在公司传承。订单来自世界各地，都有不一样的需求和做法。每位制版师的具体做法不一样，形成大量的纸质样板，且样板的品质高低不一，不利于长时间保存。设计研发没有标准化，技术成果得不到保留和传承。

目前，人工智能、大数据等技术已经比较成熟，融合创新应用人工智能技术实现个性化定制是上策。酷特智能的设计研发系统将客户的个性化定制的产品信息数据，分解为多个标准化的单元,并将标准化单元提供给下一环节进行生产,如图 2-7 所示。

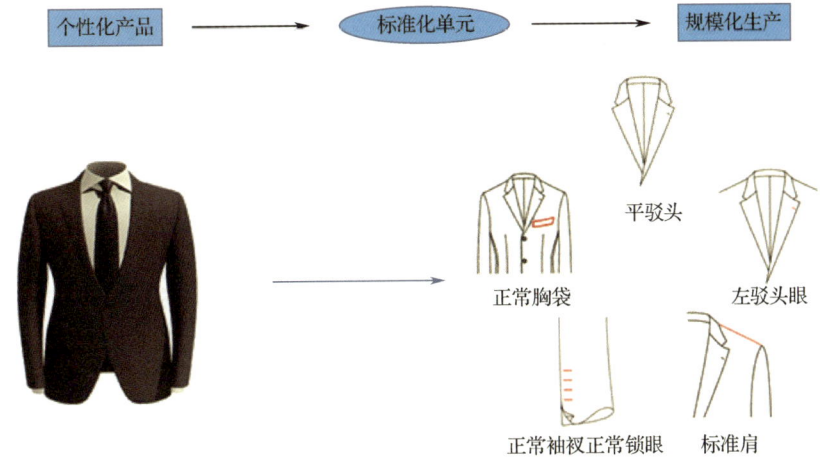

图 2-7 酷特智能设计研发系统的基本逻辑

客户根据标准化单元进行组合,搭配出自己想要的款式,即工艺组合,如图 2-8 所示。

	工艺代码	工艺名称	工艺分类	备注	工艺来源
1	0001	平驳头	驳头或领型		客户指定
2	000B	半毛衬	工艺类型		客户指定
3	0012	单排二粒扣	前门扣数		客户指定
4	002L	客户指定扣距	前门扣距	12.2	客户指定
5	00G1	驳头加驳头省(驳头拉量加大0.5cm,其他选项已加大拉量时,忽略此描述)	驳头省		工艺对应默认工艺
6	00N2	驳头宽8.3cm	驳头宽度		客户指定
7	0101	正常胸袋	胸袋形式		客户指定
8	0201	正常下口袋	下口袋形式		客户指定
9	0312	胸口袋不封口,袋布不可翻出	胸口袋固定		客户指定
10	0314	外口袋袋盖里顺面料色醋酸里料	袋盖里形式		客户指定
11	0317	大袋口不封口	袋口固定形式		客户指定
12	031J	袋盖里使用大身里料或指定里料时会导致袋盖不平或翻翘问题,客户接受效果	袋盖里下单调整		基本款式KAULH015

图 2-8 酷特智能设计研发系统工艺组合

系统将客户选择的每个标准化单元分别分解为一套固定的工序提供给车间。以图 2-8 订单里的"平驳头"工艺为例,一共需要经过 47 道工序,部分工序如图 2-9 所示。

系统将所有款式按照型(胸围、腰围、肩宽)、号(身高、衣长、袖长)两个维度制作规格表,生成标准型号下的基本版型。客户提供自己独有的尺码:

(1)身体各部位尺寸,例如腰围、胸围等。

(2)身体各部位的体型特征,例如耸肩、驼背等。

工序代码	工序名称		工序代码	工序名称
1	106	打印洗涤标-MTM	13	127	钉挂面
2	109	格子验活	14	14	验里工序号
3	11	分活	15	142	大身检验
4	113	拉驳头牵带	16	146	扎固领圈于胸衬
5	116	对画止口（驳角比板划线，剪衬，修剪袋口衬）	17	148	绱领子
6	117	敷挂面（固定袋布）	18	149	修剔领串口、打剪口/烫串口
7	119	画驳角版	19	160	烫领子、驳头
8	120	拆前门止口线，剪胸衬	20	161	领子检验
9	122	勾下摆角	21	164	勾角
10	123	打剪口剔层	22	166	固定领线
11	124	整烫驳头	23	168	缝领底呢角位/合领面领里/勾领角
12	125	临缝固定止口	24	178	绱袖里布

图 2-9 "平驳头"工艺部分工序展示

系统根据客户提供的尺码，匹配到标准型号导出规则，在基本版型上按照实际尺寸及体型特征通过算法和规则进行差值调整。系统将匹配的结果，包括标准型号、成衣尺寸和标准型号的差值，以及其他尺寸调整等提供给 CAD 软件，CAD 软件根据这些信息自动完成制版。

2.5.3 柔性制造

柔性制造一方面是指生产能力的柔性反应能力，也就是机器设备的小批量生产能力；另一方面指的是供应链的敏捷和精准的反应能力。酷特智能经过多年探索，不仅实现了小批量生产，更是实现了流水线模式下无重复生产，不需要快速换模，一条线即可完成所有品类所有款式的生产。通过数据的实时采集，将品质问题、现场问题、设备能源问题消灭在萌芽中。

制造执行系统（MES）是生产制造领域的核心系统，是位于上层的计划管理系统与底层的工业控制之间面向车间层的管理信息系统。它能为操作人员、管理人员提供计划执行、跟踪以及所有资源（人、设备、物料、客户需求等）的当前状态，并能通过接口程序控制下层工业自动化系统和设备。通过 MES 技术的开发，对应的作业管理、过程监控管理、生产追踪管理、设备监控管理、质量管理、薪资管理等功能模块解决了上述问题。MES 在柔性制造中的应用架构如图 2-10 所示，MES 的主要功能模块关系如图 2-11 所示。

MES 系统在大规模个性化定制上的作用首先体现在智能裁剪上。CAD 生成的版型上传到数据库中，员工刷卡读出数据库中对应订单的排版，这是完整的排版，包含了订单中的西服面料、西服里子、西裤、马甲，所有部位按照面料最省的原则一次性排出。智能裁床会按照排版的路径自动裁剪面料，如图 2-12 所示。

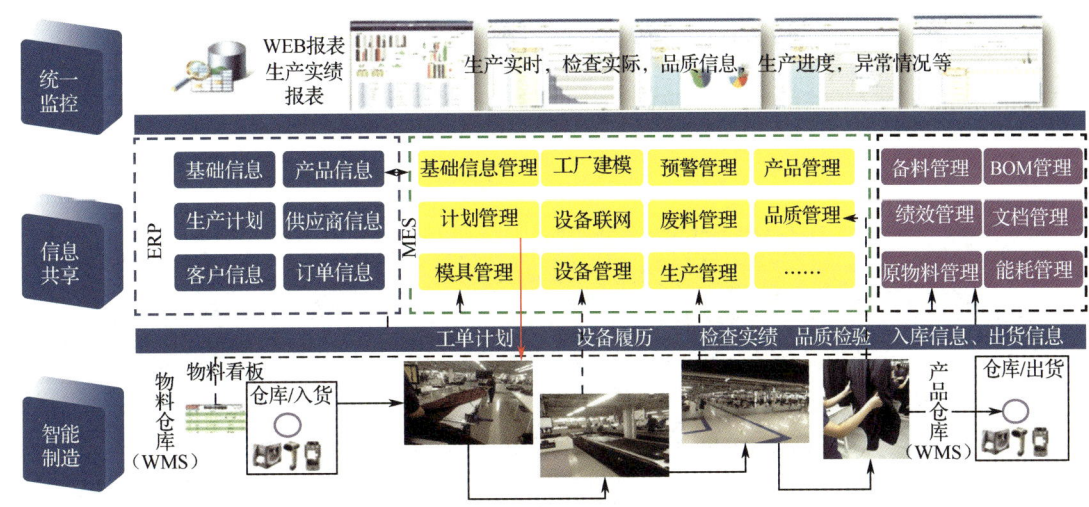

图 2-10 MES 在柔性制造中的应用架构

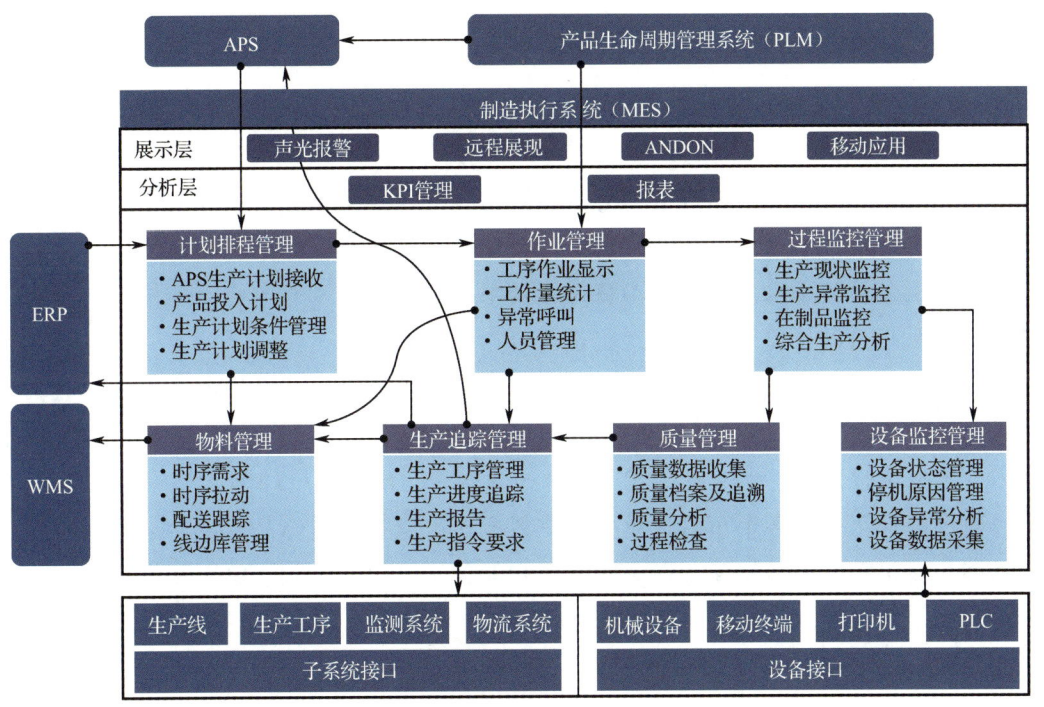

图 2-11 MES 主要功能模块关系

为实现大规模个性化定制，酷特智能在工艺数据驱动上做了长时间的探索。个性化制造每件产品的工艺都不同，需要不同的工艺驱动生产。最初解决这个问题对策是将订单工艺打印到"菲子布"上，随产品流到车间各个工位。缺点显而易见：工艺多达上百种，员工找到对应工序的工艺需要花费很长时间，而且特别容易漏序、错序，生产效率低且品质状况得不到保证。返修问题通过质检人员在返修通知单上记录，附到返修品上，返修人员识别不良原因进行返修。通常返修原因描述得不标准，对应的返修作业就不规范。薪资计算上：员工将经手的产品订单号记录下来，专员按各工序的计件薪资进行员工总薪资的核算。员工经常出现错记、漏记、多记等异常状况，薪资专员核算薪资时也是十分烦琐，时常出错，影响员工的积极性及公平性。

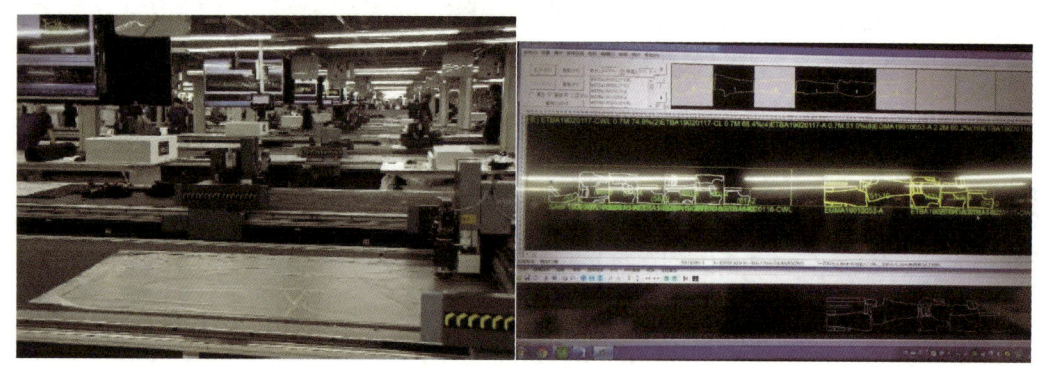

图 2-12 智能裁床

MES 解决了上述问题。订单在研发系统生成完整的工艺流程及工艺标准，制卡环节将完整的订单信息录入 RFID 卡，订单在对应工序刷卡，就会读取订单在此工序关联的工艺信息，生成工艺标准的同时生成质检标准。订单在质检工序刷卡，显示订单基础信息、订单详情、工艺款式、尺寸等，质检人员按照给出的检验项和检验标准逐一检验，工艺检验不良点选具体不良位置及不良原因，尺寸检验将对应位置的实际尺寸录入，系统自动计算公差自动判定是否合格。

要实现真正数据驱动车间无重复的单件流生产，数据系统打通的同时必须有强大的物流系统与之配套，酷特智能的物流很好地解决了这个问题。采用吊挂、射频识别技术、光电传感器、变频电机及气缸多种技术结合，配送现场如图 2-13 所示。目前智能物流已延伸至车间各个角落，承担了物料配送、空挂及返修品回流、部件配对等多种功能，对于车间人员精简、现场管理、智能化水平提升起到了关键作用。

2.5.4 物料采购

人、财、物、产、供、销是企业管理的基础，物的管理体现在供应商管理和仓储管理，并直接通过进、销、存反映企业的状况。酷特智能完善的物料采购体系，不仅体现在满足大规模个性化定制需求建立的集成互利的采购平台，也体现在物料精准的仓储管理上。

大规模个性化定制，物料需求多品种小批量，且很难确定未来计划。传统采购按照安全库存及提前期批量备货，或者目前较先进地按照工艺 BOM 和订单量制订物料采购计划，但都不适合。流水线无重复个性化制造需要从产品面辅料的供应上就实现快速供应，酷特智能的供应链采用多种方案并行。常用面料设置安全库存，SCM 系统实现供应商与企业协同、信息共享，包括库存信息共享，面辅料消耗速度共享等。为能满足快速变化的市场需求，又能减小企业库存资金占压的风险，采取供应商备货到企业仓库的方式，备货库存暂时不收取费用而是由企业代为管理，月底按照系统实际用量结款。同时支持客户提供的面辅料只收取加工费，以及客户指定面料代购的零剪采购面料方式。原材料仓储管理使用 WMS 实现所有面料的面料信息、质量信息、存储位置、盘点、账物一致等的实时线上管理。最后面辅料出库也是按照小时计划以单件需求面料长度为最小单位断布出库。

图 2-13　车间智能吊挂配送

　　酷特智能针对大规模个性化定制的仓储管理同样完善。原料入库前需要经过理化、缩率、外观检验，合格品入库前会生成一张 RFID 卡，可读写面料的基础信息及检验信息。手持机刷卡即可完成 WMS 的登记，同时 WMS 与 ERP、MES、SCM 系统有着信息交互。个性化定制需求面料系统会自动显示位置，人员用手持机扫 RFID 卡即可确认信息，断布后系统会自动将订单需求尺寸登记出库。

　　西装定制的辅料（里料、线、扣、衬等）搭配同样十分重要。酷特智能完善的仓储管理还体现在面辅料的对应规则上，每种面料都会选择合适的辅料匹配，并在 IMDS 辅料 BOM 中有添加记录，面料对应线、里料，线对应其他辅料，以上体现在裁剪区里子、衬的配对，以及缝制区、钉扣区线扣的配对。

2.5.5　计划排产

　　排产应以交期为第一要素。但大规模个性化定制车间产能、优势款式工艺不同，各个订单的工艺不同，工艺用时差异较大。要实现车间的柔性化生产，计划排产就需要通过资源模型及规则模型，将顺序下来的订单进行小范围的优化调整。比如：工艺复杂的女装、大衣尽量下到专门车间，同时不出现工艺复杂的订单集中在一起导致物料堆积的情况。要依据订单结构合理制订各车间的小时计划，才能提高生产效率，降低生产成本。下达投产计划的同时就规划了整个产品的工艺模型——何时物料在何处由何人完成某道工序的生产。全员对目标，目标对全员，各个工序高效协作，效率提升30%以上。

2.5.6　分拣配送

传统仓库成品进来后，暂存于仓库的特定位置，按照国内国外和发货日期区分。集中打印吊牌信息，打印人员手工从三个系统中汇整出一份吊牌信息，统一打印后给到挂吊牌人员，按照订单号挂特定的吊牌。包装前要实现订单的配对：发货订单信息打印出来分发到配对人员手中，同时将打包纸箱开箱并在地面排开，在纸箱上注明订单号，仓库数十人每人手拿一份发货清单，奔走于各区域货架与打包纸箱区域之间，西裤、西服、衬衣配对，一个订单里的多件产品配对打包。现场因一次性打包而布满了纸箱，且为人工拆箱封箱，效率低、疲劳度大。称重工序为人工完成，因为空间问题与包装区有一定距离，称重后再搬回来。国内国外共计9家合作快递公司，需要人工进行包裹的区分和运单的张贴。传统仓库只用仓库下层，空间利用率低，各种功能区界限不清仓库杂乱，人海战术配对，效率低、错误率高、管理费用高。

信息化及智能吊挂技术在生产车间的成功导入，使得仓库实现智能配对、包装、分拣、贴运单一体化成为可能。酷特智能建立智能立体仓库，产品按照发货地点及发货时间自动决策暂存路径，暂存于超市组，每个订单的存储位置会自动记录到系统中，系统收到发货指令，订单的各个产品会自动从超市组上循环发出，进入下方的配对区完成配对。配对后人工进行简单的包装作业，通过智能吊挂进入总包装区，一个订单的所有产品会分配到一个包装单元，包装单元配有自动开箱封箱机，人员只需负责将一个包装纸箱的所有产品放入即可。后段辊筒线与称重机、分拣机、贴单机配合，自动完成快递发货前的一系列动作。真正实现智能化的立体仓库，人员精简80%，发货准确率提升至100%。

海外产品报关手续烦琐，酷特智能自主开发的报关系统通过平台直接与海关对接，发货时系统向海关传递运单信息，无须报关，每月汇总提交报关单，海关批量稽关后，直接退税省去烦琐手续。

2.5.7　售后服务

客服即营销，客服过程是企业与客户对接的主要环节，不再局限于售后服务，而是包括售前、售中、售后的全过程客户服务。

客服中心定位于指挥中心和数据中心。对客户而言，客服中心就是公司，客服中心代表公司提供"一票到底""一站式"的窗口服务；对公司内各职能单位而言，客服中心就是客户，将客户需求转化成指令，指挥、协同所有相关部门提供最精准、快捷、高效的服务，无条件满足客户的需求。

酷特智能通过客服平台进行更加精准的客户互动、增值服务。以线上移动体验为主入口，将企业的优势展示给客户并吸引到平台上。线下是定制体验，服务店面和共享量体为客户提供量体和定制服务。通过大数据平台为所有交易提供服务支撑，形成数据沉淀，为整个价值链输出数据支持，承接 C 端客户的交互与交易，将交易成果输出给 M 端满足需求，给客户提供售后服务支撑，深度挖掘客户需求，实现 N 次经营，打造粉丝经济。

从市场经济角度出发，客服系统不仅有助于提高企业劳动生产率，降低成本；同时也可以帮助企业及时掌握市场需求动态，为市场营销工作的开展提供第一手资料；通过客户反馈的问题，还能不断改进企业自身的工作。从数据挖掘的角度看，基于客服系统，对大量相关业务数据进行抽取、分析、建模，挖掘有价值的关键性数据，为企业了解用户需求、提供决策性数据、制定政策等提供有力的支撑。

2.6 服装行业大规模个性化定制标准化现状与需求

2.6.1 标准化现状

目前国标主要有 GB/T 2664—2017《男西服、大衣》、GB/T 2665—2017《女西服、大衣》、GB/T 2666—2017《西裤》等。

上述基本为服装行业的通用标准，专门为个性化定制发布的标准较少，目前只有 GB/T 35447—2017《服装定制通用技术规范》。

目前服装行业个性化定制的标准十分匮乏，国家着力加强供给侧结构性改革，提出新旧动能转换，企业需要有大规模个性化定制的国家标准作为改革指导。酷特智能积极参与相关标准的起草，希望将企业多年来进行改革的经验及成果分享给更多企业，为更多企业转型提供支持。

2.6.2 标准化需求

1. 需求交互

给出服装行业通用的大规模个性化定制需求交互模型及数据处理过程，包含基本功能及拓展辅助功能，以更好地实现系统功能目标。C2M、B2M 业务形式线上平台各端口的整体架构设计、信息化架构设计需给出规范，涉及的子系统、子系统功能及交互需给出规范。

2．设计研发

给出服装行业实现多品类智能研发的通用原理、通用模型，规范定义、术语。需要系统设计的基本原则，模块化设计的系统架构，模块化设计的过程，以及部分通用算法的简介。

3．柔性制造

给出柔性制造服装行业通用的标准定义。明确传统模式下企业要实现柔性制造，各层面需要进行哪些改造？各层面改造可以通过哪些系统哪些技术如何实现？最终各层面要达到怎样的标准要求？

4．物料采购

整合各行业实现大规模个性化定制在物料采购方面的值得借鉴的方法，提炼出区别于传统制造的通用要求。从专业的角度给出在现有情况下，下一步企业与供应商要实现更好的个性化定制服务所要进行的改造。

2.7 案例示范意义

2.7.1 率先落地了数据驱动智能制造个性化服装产品

高级定制成本高昂，成为只有少数人才能享受到的服务。酷特智能从大批量生产到个性化定制的转型，以信息化与工业化深度融合为基础，形成了完整的物联网体系，开辟出一条工业化的个性定制服装路径，并形成了 C2M 的商业模式和企业治理体系，做到了以工业化的手段和效率进行大批量的个性化服装生产。更多的消费者可以最优的性价比享受到定制服务，而同时，制造企业通过 C2M 定制模式直接服务消费者，取消中间商层层加价等不增值环节，获得的利润比传统零售模式更高。

2.7.2 供给侧结构性改革的实践样本

国家大力推动的供给侧结构性改革，用改革的办法推进结构调整，减少无效和低端供给，扩大有效和中高端供给，增强供给结构对需求变化的适应性和灵活性，提高全要素生产率，使供给体系能更好地适应需求结构变化。酷特智能实践的 C2M 工商一体化商业模式，C 端需求直达 M 端工厂，工厂通过个性化定制生产直接满足客户需求，为客户提供高性价比的定制产品和服务，使制造环节成为高价值的环节，实现了生产的零库存和精准供给、有效供给，无疑是传统产业改变命运的成功路径，为国家供给侧结构性改革提供了典型样本。

2.7.3 可以帮助传统企业转型升级的解决方案

酷特智能在转型升级过程中的经验具有普适性、可推广性，引发了多行业的企业在更多领域的广泛创新，满足了这些企业本身的各种内外部改革需要和价值追求，也创新了传统制造业的价值理念和发展模式。

酷特智能平台融合了设计、制造、销售、物流等的全过程，同一产品的设计、制造、营销等都在一个平台上实现，甚至不同细分行业的产品，也可以在同一平台上实现。这个平台上集成了众多的设计商、生产商、供应商、物流商等，生产制造与生产性服务的边界，甚至细分行业之间的边界被打破，同时融合了研发设计、生产制造、营销与服务的制造业利润空间发生了根本的变化。酷特智能把在服装定制领域的成功经验进行编码化、程序化，形成了标准化的解决方案，在其他行业进行转化应用。为需求企业提供软件定制开发、生产流程再造、管理咨询等服务，把酷特智能大规模定制的基因植入到传统企业，可以帮助他们实现不同程度的转型升级。适用于我国劳动力密集等基本国情，特别是中小企业，通过不同程度的投入，3个月及以上不等时间的升级改造，将实现效率提升30%以上，成本下降20%以上，实现"零库存、高利润、低成本、高周转"的运营能力。目前已经有牛仔服装、帽子、鞋、家居、家具、铸造、电器等行业的120余家试点企业和酷特智能签约，应用酷特智能的SDE解决方案实现升级改造，国内外各行业单位数万人次到访学习。

2.8 下一步工作计划

我国服装行业经过多年发展，已经形成了以零售成衣品牌为主体、定制服装为补充的行业格局。消费者对高品质定制服装需求更加强烈，我国服装定制市场规模不断扩大，市场规模年增速有望保持在10%以上。随着更多的企业转型定制，服装定制市场的竞争将增加。

服装大规模个性化定制模式，符合国民经济可持续发展的需要，满足了人民对于美好生活的追求；符合国家产业政策和经济发展的未来方向，面对的政策风险较低。

酷特智能将运用人工智能技术与服装制造的融合创新，研究毫米波量体设备、在线拍照量体系统、机器视觉的面辅料和检测设备、生产智能制造设备等，突破大规模个性化定制的瓶颈，颠覆服装行业传统方式，促进服装行业的转型升级。

酷特智能以"定制"模式为核心，展开多领域跨界合作，将消费者和产品制造工厂直接连通，为C端和M端提供数字化、智能化、全球化的全产业链协同解决方案。客户在平台上提出定制的产品需求，平台将零散的消费需求进行分类整合，分别提供给平台上运作的各个工厂，完成个性化定制的大规模生产，并实现直销与配送，大幅度提高生产效率，加快资金周转，为客户和工厂带来效益，形成智能工厂模式输出+个性化定制产品直销平台，构建个性化定制生态圈，区别于传统的C2C、B2B模式等电子商务模式。

酷特智能将推出工业互联网平台，IaaS层提供云计算、大数据分析和人工智能所需硬件基础设备；PaaS层提供工业大数据分析和人工智能计算架构，包括人工智能平台、工业微服务平台等；SaaS层主要有智能应用和相应的融合智能创新场景。输出工业化定制服装的模式，将大批传统企业改造成能够进行定制产品工业化的智能工厂，并通过定制平台将其融合起来，凝聚出跨行业、跨界的产业体系。

案例 3

特种计算机行业大规模个性化定制新模式

——研祥智能科技股份有限公司

3.1 大规模个性化定制案例基本情况

研祥智能科技股份有限公司(以下简称"研祥")成立于1993年,是中国最大的特种计算机研究、开发、制造、销售和系统整合于一体的高科技企业,产品广泛应用于工业控制、轨道交通、石油石化、网络安全、智能制造、海洋电子、医疗、通信、金融、国防等重要领域,产品覆盖30多个主要行业应用,300多个行业应用案例。拥有49家办事处、4个研发中心和1个欧洲技术中心。根据CCID的统计,从2006年起,研祥在市场份额和产品技术领先程度方面连续位居同行业全国第一、全球第三。

研祥的业务涵盖工业控制、物联网、智能制造、航空航天、海洋高端装备、新能源、节能环保、新一代信息技术、科技装备业等十三五规划的战略性新兴产业和重点领域。主营业务产品包括工业控制计算机、军用计算机、智能工控设备、工控网络安全、无线智能产品、智能视觉检测系统、工业控制系统和应用解决方案等。拥有国家特种计算机工程技术研究中心、国家工程实验室、国家企业技术中心、中国驰名商标、院士工作站、博士后科研工作站,通过我国军标及美国军标测试认证,这些技术的研发和运用提高了特种计算机的整体技术水平,具备参与国际一流水平的竞争实力。研祥特种计算机产业基地如图 3-1 所示。

图 3-1　研祥特种计算机产业基地

特种计算机作为众多产业自动化、智能化、信息化、数字化产品的核心控制单元,存在多品种、个性化的特点,不同行业对产品的系统架构、处理单元、扩展接口、测试认证、软件功能等方面提出了不同的需求,因此,需要通过个性化定制实现产品的应用,目前公司 70% 以上的产品需要通过个性化定制。研祥的个性化定制发展进程主要分为三个阶段:

第一阶段,起步期。2007 年之前,致力于基础设施和第一代 ERP 系统建设,只是从解决问题的角度,处在基础建设和单项运用的阶段;采用三维计算机辅助设计(CAD)、计算机辅助工程(CAE)、设计和工艺路线仿真等工具,实现数字化设计生产能力。

第二阶段,发展期。2007 年之后,开始进行信息系统规划,研祥智能的信息化业务系统全面开花,除了 ERP 之外,产品全寿命周期管理(PLM)、制造执行系统(MES)、客户关系管理(CRM),以及 E-HR 等专业的业务系统,基本实施完毕,并将软件系统的导入与硬件进行对接。这个阶段仍然以单项运用为主,综合集成为辅,针对内部的协同和创新。

第三阶段,融合提升期。2013 年起,从实施业务系统开始转向信息化系统的运用,进入集成提升阶段,同时导入供应链管理(SCM)、仓储管理系统(WMS)、先进排产计划系统(APS)等,希望借助 OA 系统打通之前的业务系统之间的通道,实现各信息化管理系统集成,将机器视觉机器人与生产过程采集系统对接,采用机器视觉采集产品信息,实现机器视觉机器人、PLC 控制的传感器、多工位组合机床、机械手与制造执行系统的联通,实时数据平台与生产管理系统实现互通集成;建立涵盖各层面数据信息的企业核心数据库；建立了信息安全保障机制。建设一条智能生产线，构建一个以产品业务为中心的软硬件管理系统，帮助企业获得更好的竞争力，并为企业的转型提供 IT 系统的支撑。

目前公司已打通业务体系、研发体系和生产制造体系各端口，建立了基于柔性制造的大规模个性化定制新模式，通过大规模个性化定制，公司实现特种计算机快速响应市场需求，扩大了产品应用领域，在增加品种多样化和个性化的同时，实现边际成本递减。

3.2 大规模个性化定制系统结构介绍

特种计算机行业大规模个性化定制覆盖用户需求交互、研发设计管理、柔性生产制造、售后服务运维等部分。特种计算机个性化定制系统框架如图 3-2 所示。

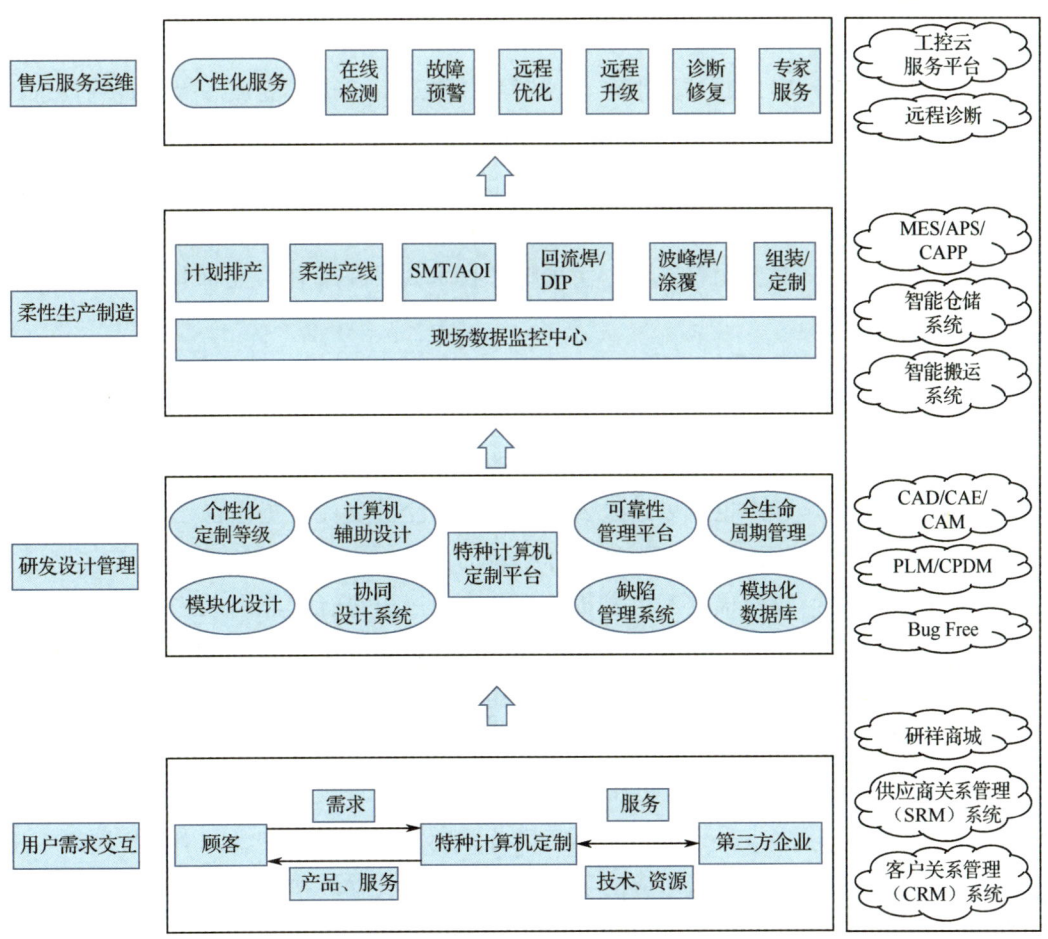

图 3-2 特种计算机个性化定制系统框架

体系以客户需求为牵引,通过客户关系管理系统、供应商关系管理系统、电子商务平台(研祥商城),及时跟踪和了解客户需求。

以产品研发设计为主线,借助计算机辅助软件 CAD、CAE、CAM 等进行产品三维设计,建立企业资源计划管理(ERP)系统、产品全生命周期管理(PLM)系统,研发体系建立可靠性管理平台、缺陷管理系统;通过高级计划与排程(APS)系统、柔性生产线和制造执行系统(MES),实现对产品生产过程全程跟踪。

建立智能工控云服务平台,对特种计算机产品运行状态的硬件数据进行统计分析、对产品进行监控及运维管理,提供在线检测、故障预警、故障诊断与修复、预测性维护、远程优化、远程升级等服务,解决多品种、个性化定制研发和生产难题。

特种计算机个性化定制流程如图 3-3 所示,包含设备、控制、车间、企业、管理、系统等方面。特种计算机个性化定制以客户为中心,需求交互、设计研发、物料采购、计划排程、柔性制造、物流配送、售后服务等大规模个性化定制过程具体体现为数据的流动。数据的源头为客户需求,最终的交付是个性化产品,客户的需求数据贯穿了整个产品生命周期。主要包含如下步骤:

(1)需求交互:客户通过云平台、经销商、渠道商、电子商城等提出定制需求,平台接受客户订单,并将订单转化为产品功能参数和服务需求。

(2)设计研发:由产品经理组织技术、市场、财务、生产、质量等角色评估规划产品的技术可行性、可制造性、质量、成本、交期等。

(3)物料采购:对新物料需求,由采购和技术人员在现有供应商中寻找,或者寻找新的供应商认证。

(4)生产排程:订单传到工厂,综合数量、交期、优先级、产能等约束输出生产计划,创建生产排程。

(5)柔性制造:在设计和生产计划执行的过程中,通过工控云服务平台及时将生产进度反馈给客户,客户也可以通过云服务平台与企业交流,提出自己的建议,云服务平台可根据客户的建议对生产计划进行一定的调整。

(6)物流配送:物资根据工厂发货计划交由第三方进行物流配送。

(7)售后服务:在用户使用产品过程中,通过电话、邮件回访、线上线下技术服务支持等方式收集用户使用数据和需求,驱动产品的迭代。

生产方面实现柔性化生产,支持标准品和个性化定制混线模式,产线具备 PLC 控制的传感器、多工位组合机床、机械手、工业控制系统、工业机器人和 AOI 自动光学检验机等智能设备,逐步引进智能化生产设备,向智能化生产过渡。采用传感器、电子标签采集信息,将离散制造对应的各条产线的物料传输连接,实现数据信息的共享和互联;构建互联工厂,将电子商城与生产线直接对接,实现客户、产品与生产的对话。通过在特种计算机产业实施先进的信息化和智能化手段,以提高企业的智能化管理水平、降低运营成本、缩短产品研制周期、提高生产效率、提高产品品质、提高能源利用率、实现绿色研发和生产。

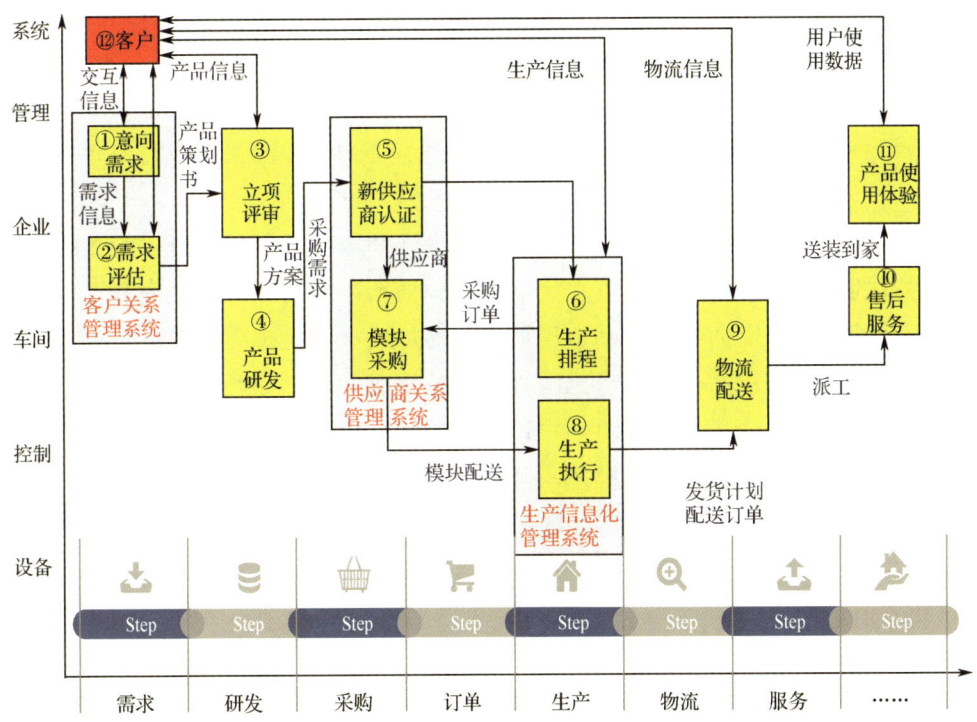

图 3-3　特种计算机个性化定制流程

3.3　大规模个性化定制系统关键绩效指标

现有生产制造模式存在无法满足小批量、多品种的生产要求，存在产品生命周期各环节信息不能互联互通、智能化产品售后服务成本高、响应不及时等现实问题。特种计算机大规模个性化定制将从以下几个方面解决上述问题：

（1）解决市场需求、产品设计、生产制造一体化和联动不畅的问题，缩短研制周期，提高生产效率、产品质量以及产品可靠性水平。

（2）解决订单计划和生产计划信息的断点问题，解决执行管控和质量监控的断点问题，实现计划集成、执行透明、自动预警、持续优化，稳步提高效率和生产质量。

（3）解决过度依赖人工、过分依赖人工技能、人力成本居高不下的问题，通过柔性加工自动化和智能化提高生产效率，降低运营成本。

（4）解决市场上运营产品的信息采集、管理和服务升级等方面存在的问题，建立远程采集、智能升级系统，进行产品的智能化创新。

（5）解决产线上产品的智能识别与检测问题，通过检测设备控制生产线的流动和被测功能项目，采集被测产品数据，检测设备对现场测量数据进行信息标识、获取、传输、处理、分析、识别，按质量允许标准给出被检产品的测试通过性结论，并可按需求提供生产测试统计报表。

特种计算机大规模个性化定制使企业生产效率提高33%以上，运营成本降低20%以上，产品研制周期缩短55%以上，产品不良品率降低40%以上，能源利用率提高10%以上。

对企业生产效率和产品研制周期的贡献：设计和零部件的重用可以大大缩短设计周期；并行的产品开发和测试可以大大缩短设计周期；已有成熟模块的利用可以大大缩短采购周期、物流周期和生产制造周期，从而加快产品上市时间；在划分模块时企业售后服务中特定需求的分析与考虑同样可以缩短服务周期和耗费资源时间。

对企业运营成本的贡献：模块和知识的重用可以大大降低设计成本；采用成熟的经过验证的模块，可以提高采购批量，降低采购和物流成本；采用成熟的经过生产验证的模块，可以大大减少由于新产品的投产对生产系统调整的频率，使新产品更容易生产制造，可以降低生产制造成本；产品平台中及平台之间存在大量的互换模块，可以降低售后服务成本。

同时，通过大规模个性化定制，产品模块化分工明确，标准规范的模块接口也有利于形成产品的供应商规范，从而降低产品不良率，提高能源利用率。

3.4 案例特点

特种计算机在智能制造中作为系统控制、计算、通信等角色发挥着重要作用，超过80%的智能化设备依靠其实现自动化和智能化，是智能工厂的重要组成部分。而在以往的研发、生产、制造体系中，自动化、数字化、智能化能力不足，各环节相对孤立，产品生命周期中的各环节信息不能互联互通，产品研发制造效率不高、售后服务成本高、响应不及时，无法满足特种计算机行业小批量、多品种快速响应的需求。通过集成智能装备和系统，提升企业定制化、柔性化、互联化、服务化的智能制造新模式，能够极大提升企业市场竞争能力，对企业品质提升、品牌提升、国际市场竞争力提升，实现特种计算机行业产业链创新、产业转型升级具有重要的意义和作用。特种计算机大规模个性化定制具有如下特点。

1. 生产过程数字化、网络化和智能化

建立信息化、自动化、智能化、网络化的生产线，保证生产的高效；采用智能装置、设备和系统，保证特种计算机主板、整机等生产关键制造的高品质工艺；应用柔

性、绿色制造模式，确保企业资源高效利用，降低企业能耗和材耗；通过智能化的工程体系，提升企业产品产能、效能。

  2. 企业综合管控信息化

在软件体系建设中，通过销售配置器，实现与客户间深度交互选型，企业资源计划（ERP）系统自动生成物料采购计划、物流计划、生产计划、质量监控计划；产品生命周期管理（PLM）系统方面进行计算机辅助技术（CAX）、cPDM 的扩展应用，完善 3D 工具和应用模板，完善 PDM 系统，升级工艺管理系统，形成适合特种计算机的新的 CAPP 系统并与 PDM 系统进行集成。ERP 将计划传递给 MES，CAPP 将工艺流程、参数等信息传递给 MES，MES 按各计划实现物流控制与管理、生产成本控制与管理、数据统计和生产调度及质量控制。通过 PLM、MES、ERP、可靠性管理平台的数据信息互联互通，实现对数字化和智能化制造车间的协同精确制造和全面管控。

  3. 制造装备智能化与数字化

通过引入智能仓储系统、工业机器人、AGV 物流装备、智能贴片机、智能检测、全自动回流焊、选择性波峰焊等智能设备，实现工艺自动化、物料追溯、生产数据、质量数据、设备运行数、可视化等智能功能，实现多种产品型号共线生产，实现工艺自动优化、参数自动补偿、产品自动分拣、过程自动监控和故障自动诊断等功能，从而实现更高的生产效率、更高的制造精度和更好的节能效果。

  4. 工业云平台和大数据分析，提升智能化产品售后服务

面向智能特种计算机产品，开发和应用终端监控、云端监控两部分系统。终端监控系统实现对公司产品数据的采集以及对云端下达的一些命令的响应处理。云端监控系统实现对数据的存储和事件的响应处理。系统和智能特种计算机产品绑定，为企业和客户提供产品销售后的应用数据服务，提高产品服务能力。

个性化的定制改变了传统产业的供应链，这种从用户需求出发，融合物联网、大数据的生产方式，融合"工业 4.0""工业互联网""互联网+"等理念形成的"互联网工业"体系，将改变传统的规模化生产、标准化制造、低成本扩张的工业社会发展模式，传统企业的制造模式与商业模式在成本与市场的双重压力下将继续面临严峻挑战，只有紧跟"互联网工业"及大规模定制化生产趋势的变化，才能不断发展，获得更加持续与旺盛的生命力。

3.5 特种计算机行业大规模个性化定制实施步骤

特种计算机的个性化定制包括六个等级：功能的可配置、软件可编程、硬件可重构、硬件可扩展、部分定制和完全定制。一级功能的可配置主要是改变参数；二级软

件可编程从固件、操作系统、中间件到应用每个软件层都可以定制；三级硬件可重构，部分硬件功能可以现场编程；四级硬件可扩展，包括底板、内存、硬盘、背板、CPU处理器、网卡扩展；五级部分定制，包括软件定制（添加功能、修改功能、完全重新设计）、硬件定制（修改现有功能模块设计、修改主板设计的一部分）、底板定制（根据标准底板做出部分修改）；六级完全定制，对功能模块、软件模块、硬件模块、底板进行全新设计。特种计算机个性化定制结构如图3-4所示。

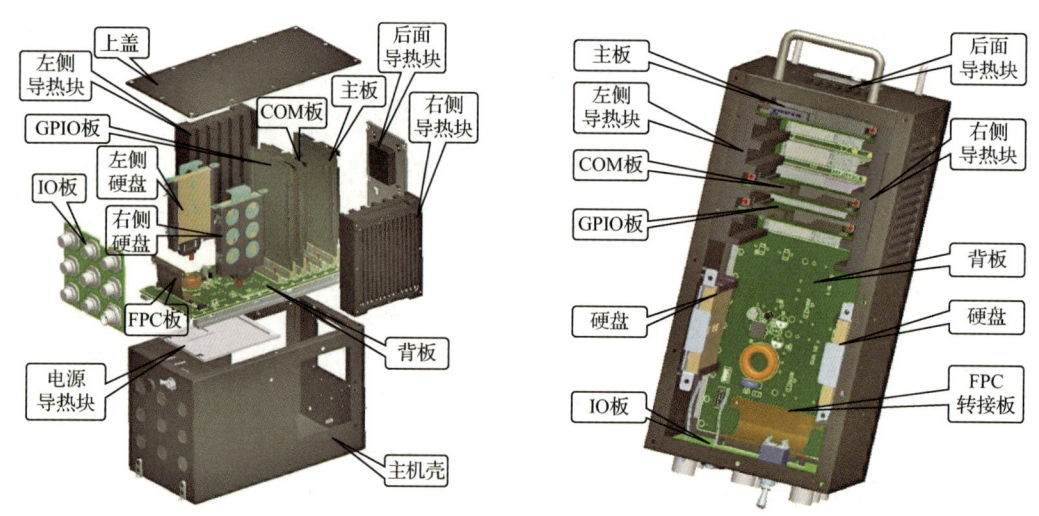

图3-4 特种计算机个性化定制结构

3.5.1 需求交互

特种计算机由机箱、电源、处理器、显示器、键盘/鼠标、通信接口、存储器等组成，具有数据处理、存储、控制、通信、显示、扩展等功能，各功能模块通过标准接口互联互通协同工作，模块对接标准接口。特种计算机大规模个性化定制是以客户需求为导向，以现代信息技术和柔性制造技术为支持，以模块化设计、零部件标准化为基础，以敏捷为标志，以竞（争）合（作）的供应链为手段，为单个客户或批量多品种的市场定制任意数量产品的一种生产模式。

特种计算机需求提出方将产品功能、性能、交期、形态、价格等需求，通过线上、线下媒介方式送至公司，公司通过评估、方案验证等方式确认需求可行性，并将评估结果通过线上、线下媒介方式反馈至需求提出方，需求交互模型如图3-5所示，主要有线上交互和线下交互。

图3-5 需求交互模型

线上交互：需求提出方通过研祥官网、天猫商城、微信商城、微博等线上交互平台，提交个性化定制需求；需求接收方收到需求后，启动内部评估流程，并第一时间将评估数据通过线上平台反馈给客户，并安排专人进行跟进，全方位辅助客户需求落地，满足客户要求。

线下交互：需求提出方通过 400 平台 e 呼热线、百度商桥、调查问卷、座谈交流等线下交互平台，提出个性化定制需求；需求接收方收到需求后，会针对性安排产品经理、行业经理、技术人员及销售人员电话沟通或上门拜访，并根据地域规划，交由总部或分公司办事处进行跟进处理，有效完成客户需求的了解、评估及处理。

定制交互方式：通过服务热线、电话、传真、网络（网站、商城、网络聊天工具、邮件）、工作会谈、面谈、拜访、上门服务、技术交流、展会、调查问卷等灵活多变的交互方式，满足特种计算机个性化定制的需求、设计、制造、物流、销售、服务等各环节信息交互的需要。

建立用户需求网上管理平台（见图3-6），如电商平台、微信服务平台，收集用户产品需求、服务需求信息。

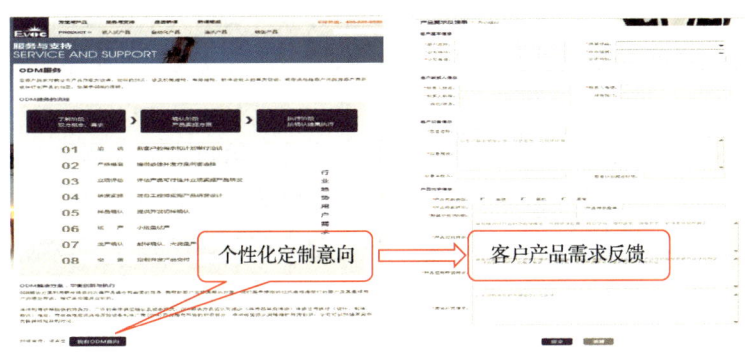

图 3-6　用户需求网上管理平台

3.5.2　设计研发

1．模块化设计

特种计算机模块化设计如图 3-7 所示，主要模块包括：主控模块、软件模块、接口模块、通信模块、功能扩展模块、人机界面模块等。针对用户的各种需求数据，各模块可以进行重新组合或更新配置，使之更加适应个性化定制需求。

主控模块：包括处理单元、存储单元、SIO（Super Input/Output）单元、电源单元、通用扩展总线和扩展接口单元；主控模块各功能组件必须足够灵活并可配置，功能组件通过标准接口进行通信。

软件模块：软件模块包括平台层和应用层。平台层包括固件 BIOS（Basic Input Output System）、EFI（Extensible Firmware Interface）、EC（Embed Controller）、操作

系统定制单元、定制单元、驱动单元，各单元可定制可裁剪；应用层主要有组态软件和控制软件。

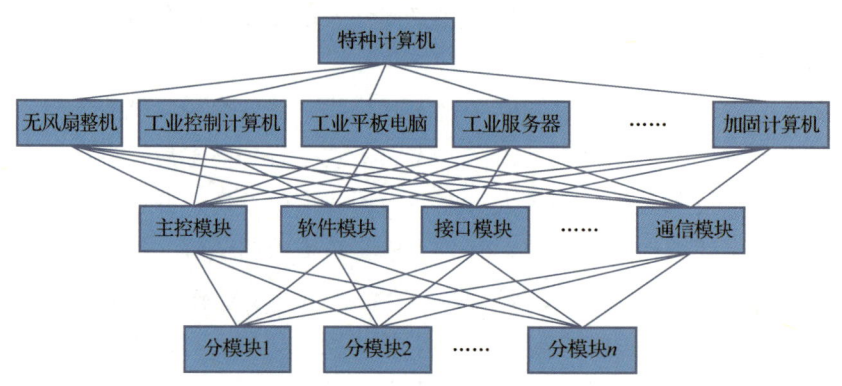

图 3-7　特种计算机模块化设计

接口模块：包括内存标准接口、外存储标准接口、I/O 标准接口、显示标准接口、音频标准接口、网口标准接口、SIO 的标准接口、电源标准接口、通用扩展总线和扩展接口标准接口；可根据需要增减接口数量和类型，实现灵活配置组合。

通信模块：包括工业以太网、CAN 总线，用于完成内部数据通信和外部网络的连接。

功能扩展模块：提供通用扩展总线和扩展接口，用户可以根据需求，通过通用扩展总线和扩展接口将二次开发扩展应用功能模块集成到产品中。

人机界面模块：系统和用户之间进行交互和信息交换的媒介，包括显示单元和输入单元，可通过设计配置文件生成器、配置文件解析器、接口类库三个模块定制人机界面功能。

2．特种计算机数字化三维设计

通过采用数字化三维设计，可实现产品性能分析设计，寻找产品缺陷，缩短产品研发周期，建立自主技术等目标。图 3-8 为基于 CAD/CAE 的全数字化特种计算机产品设计流程，完成特种计算机产品概念设计、功能设计、造型设计、性能设计后、工艺设计后，快速获得原型样机，再进行产品检验认证，输出最终产品。

图 3-8　基于 CAD/CAE 的全数字化特种计算机产品设计流程

3. 特种计算机仿真设计

特种计算机的仿真设计主要包括热仿真、SI（信号完整性）仿真、PI（电源完整性）仿真、EMC（电磁兼容）仿真等，通过建立和维护仿真模型库，缩短了研发周期，降低了研发成本。

热仿真：针对热设计方案做前置性的热流仿真分析，避免产品验证环节的反复制样，满足产品快速开发的需要，特种计算机整机热仿真流程如图 3-9 所示。基于计算传热学技术（NTS）和计算流体力学技术（CFD），对电子设备散热设计进行辅助分析。帮助热设计工程师验证和优化热设计方案，满足产品快速开发的需要，可以显著降低产品验证热测试的工作量。其主要思想是把原来在时间域和空间域上连续的物理量的场，如温度场、速度场、压力场等，用一系列有限个离散点上的变量值的集合来代替，通过一定的原则和方式建立起关于这些离散点上场变量之间关系的代数方程组，然后计算求解代数方程组获得场变量的近似值。采用 Icepak 工具软件。热仿真流程包括建立模型，网络划分，输入仿真参数求解设置，输出云图显示处理。

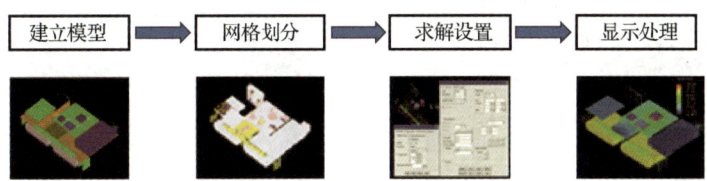

图 3-9 特种计算机整机热仿真流程

SI 仿真：SI 仿真技术主要研究通过仿真在设计中保证信号的完整性。SI 测试在硬件设计不同阶段的工作内容如图 3-10 所示，信号完整性问题解决得越早，设计的效率就越高，从而可避免在电路板设计完成之后才增加端接器件。在一个已有的 PCB 板上分析和发现信号完整性问题是非常困难的，即使找到了问题，在一个已经成型的 PCB 板上实施有效的解决方法也会花费大量时间和费用。一个最有效的方法，就是在物理设计完成之前查找、发现并在电路设计过程中消除或减小信号完整性问题，这就需要利用仿真工具，对电路的参数进行仿真分析，以提前发现问题，缩短研发周期，降低研发成本。研祥在特种计算机的板卡设计、总线设计中运用 SI 仿真，对电路参数进行仿真分析。

PI 仿真：PI 仿真是对单板+封装+DIE 构成的电源系统的直流压降、平面载流能力、过孔电流大小、电源平面阻抗，以及电容种类、数量、位置等进行评估及优化的工作，可以提高产品的可靠性，降低产品成本。特种计算机 PI 仿真如图 3-11 所示，通过 PI 仿真可以进行电源完整性的优化、电容预布局分析等相关的研究工作。主要有 IR-Drop 直流压降分析、PDN 阻抗分析、平面谐振分析和电热混合分析等。

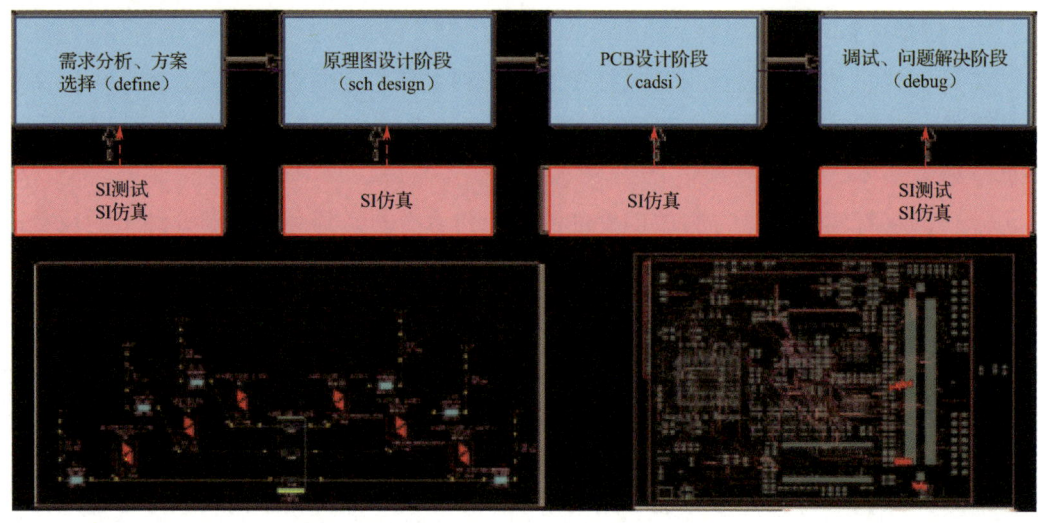

图 3-10 SI 测试在硬件设计不同阶段的工作内容

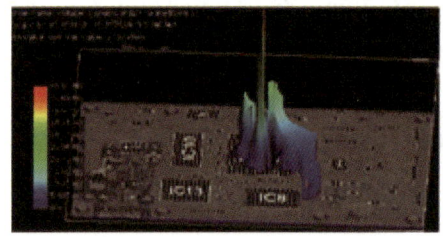

电源平面谐振

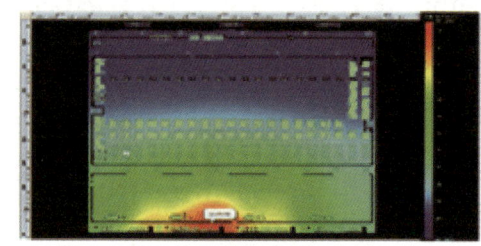

电源平面谐振

图 3-11 特种计算机 PI 仿真

EMC 仿真:EMC 仿真技术为仿真电子设备内部或周围的电磁感应提供了一个分析环境,对于棘手的设计问题能快速给出解决方案,可使 EMC 设计问题在设计初期先于物理原型得到确定。特种计算机的整机静电放电抗干扰能力仿真如图 3-12 所示,目前研祥 EMC 仿真技术主要采用德国 CST 股份公司的 CST 微波工作室(CST MWS)软件进行,仿真分析主要涉及印制板布线仿真分析、线缆线束仿真分析和系统整机仿真分析三个方面。

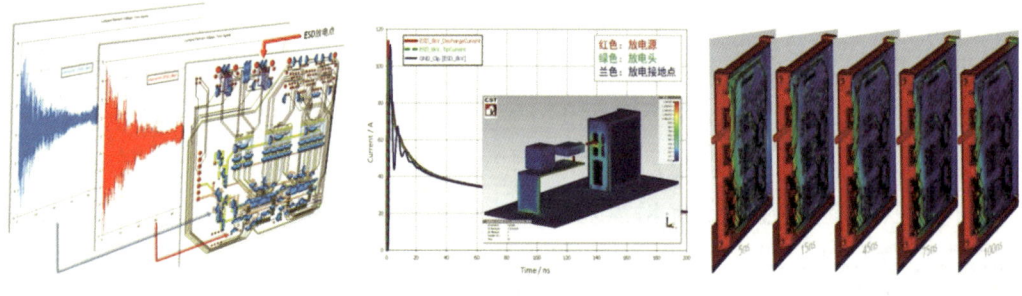

图 3-12 特种计算机的整机静电放电抗干扰能力仿真

4. 可靠性工程管理系统与产品全生命周期管理系统

建立可靠性工程管理系统，提供可靠性平台建设、可靠性数据收集和管理的 IT 技术支撑。可靠性工程管理系统整体结构如图 3-13 所示，将可靠性各项工作嵌入到项目进行的各个节点，让各部门能按照相应的流程进行可靠性相关工作。另外一点，对于故障数据，各个部门都有一套自己的故障处理措施，但是最终却未有效地形成闭环，可靠性工程管理平台能将各个部门内故障数据统一收集、分析，并将纠正措施运用到其他项目中。

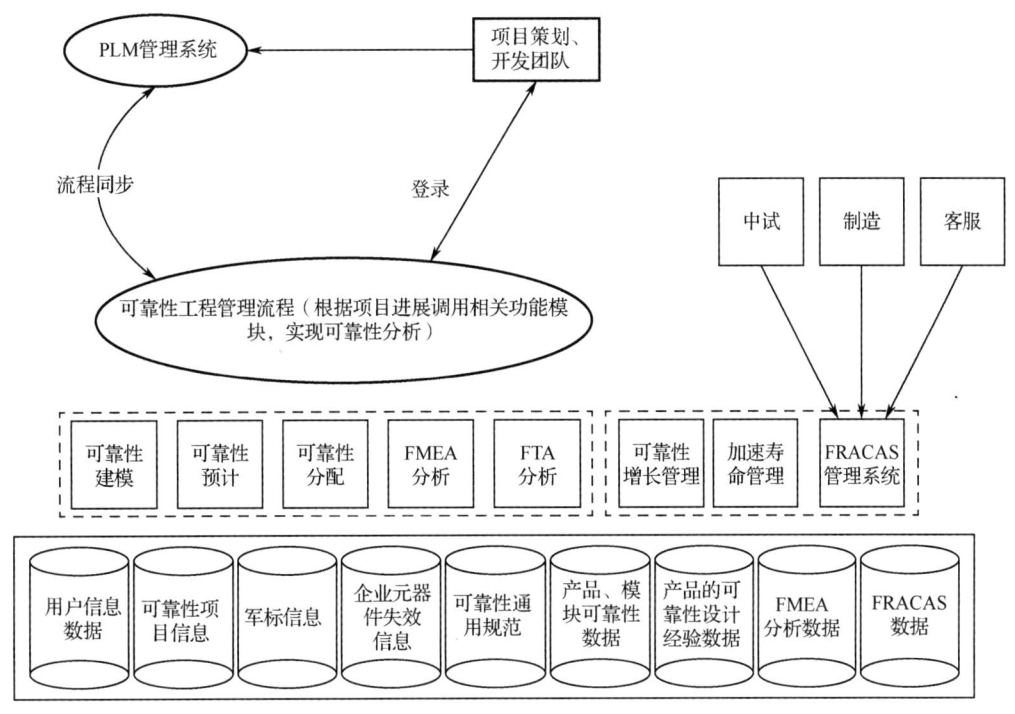

图 3-13 可靠性工程管理系统整体结构

为了提高迅速扩充的研发团队的规范化管理，提高研发效率，提升产品市场竞争力，提高企业自主创新能力，研祥引入金蝶 PLM 系统（金蝶 PLM 系统的项目管理按照研祥智能产品生命周期管理流程图来实施），如图 3-14 所示，通过 PLM 系统实现研发流程电子化、文档管理系统化、多项目协同作业和绩效评估问题。

通过建设适用于企业的可靠性开发管理的综合性平台，简化公司的可靠性设计管理工作，将可靠性管理平台的流程与公司的项目管理流程统一，用户通过可靠性管理平台进行相关的可靠性设计、分析工作，并生成可靠性管理要求的技术文档，再根据公司项目管理流程的各个节点，将技术文档提交到公司的 PLM 项目管理平台上。

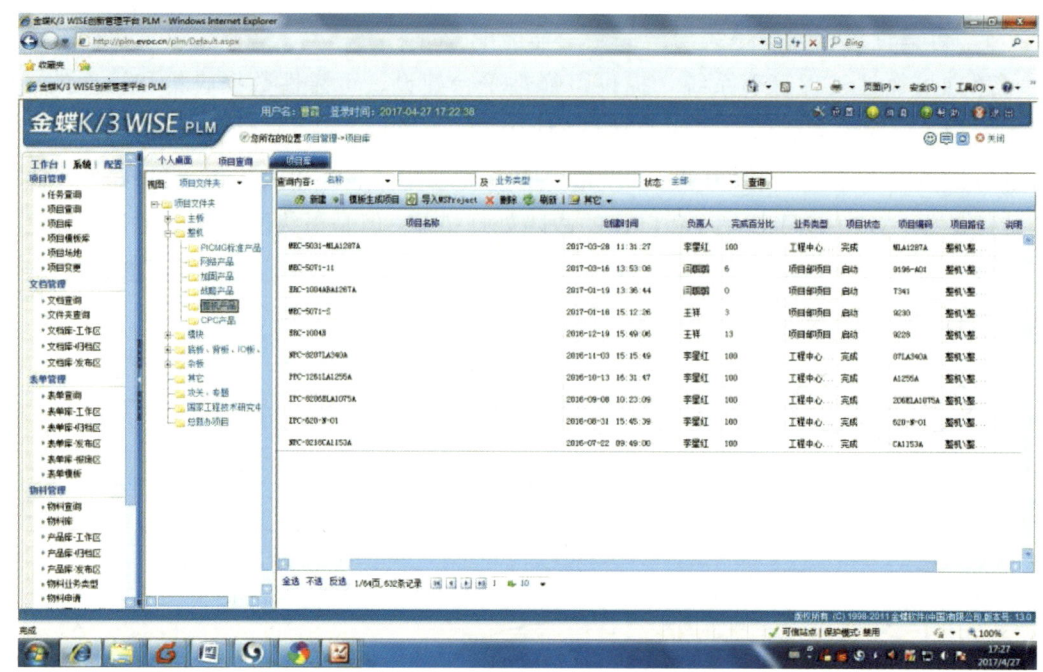

图 3-14　产品生命周期管理（PLM）系统

3.5.3　柔性制造

公司根据客户大批量定制的订货数量和交货周期进行混线生产，在产线上密布传感器，并使用 MES 管理混线订单，当产线上某个配件经过特定的地方，会由 RFID 进行识别，然后 MES 对这个配件发出指令，告知下面该走的路线。配件所走过的所有路线和经过的工序也会传达到 MES，如果系统判定路线无误，则进行装配。构建 MES、ERP、PLM 等系统并高效无缝集成，提供最优化的生产方案或者定制化生产。

在硬件体系建设方面（见图 3-15），将建立企业级环网、车间级网络，实现全面信息互联，并将离散设备实现智能升级，建立设备硬件与信息系统连接，实现数据交换，达成设备监控、工艺远程投入、设备故障管理等功能；建立产品信息跟踪平台，在主板车间和整机车间的主要零件使用条码进行生产过程技术质量管理。工控产品通过 RFID/条码实现产品跟踪和工艺自动投入，实现设备与产品的自动识别。最终实现智能化生产，从而实现人、机和系统的高度融合。

在智能化改造方面，引入智能仓库管理系统，IQC 来料检验合格后进入原材料仓库；PMC 发出计划后，智能仓库采集物料，由 AGV 自动搬运至产线，并在 MES 系统中触发"生产订单"签核流程（触发此流程前，需将备注信息填写在 PMC 备注栏中）；进入自动化生产阶段，自动化生产流程如图 3-16 所示，经过 SMT-AOI-回流焊-底部填充-DIP-选择性波峰焊-涂覆-组装-测试-包装等环节。生产过程全程设备和生产数据实时采集监控，生产完成后由工业机器人和 AGV 自动搬运车进行搬运发货。

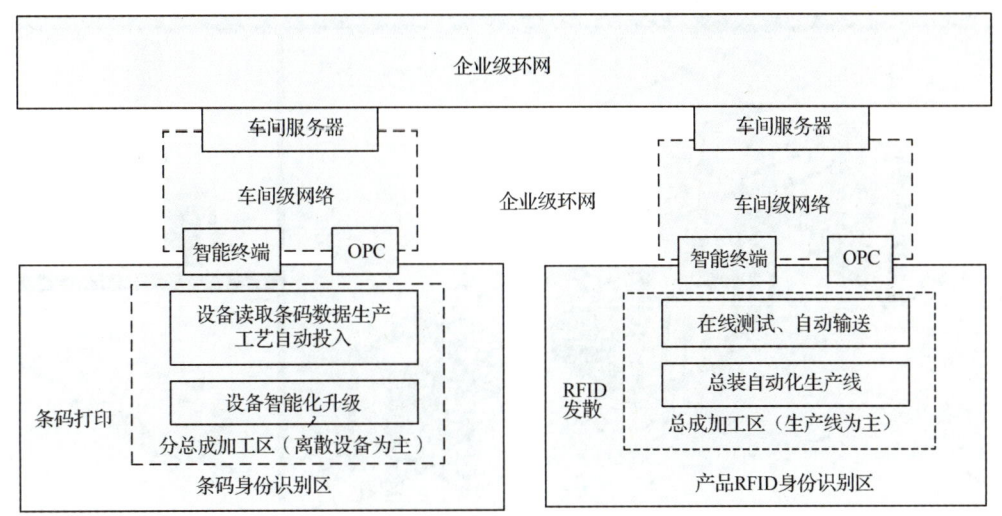

图 3-15　生产车间硬件体系建设

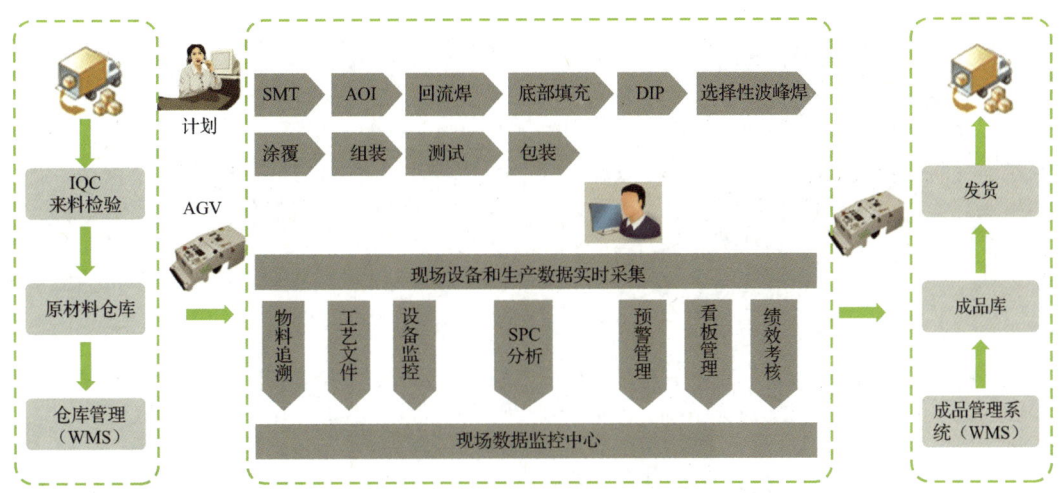

图 3-16　自动化生产流程

研祥建立了智能制造体系，购买先进的智能制造设备，包括智能物料仓储系统、AGV 自动搬运机器人、全自动光学检查机、智能贴片机、全自动回流焊、板卡插件炉前光学检查、选择性波峰焊等智能设备，智能制造演示如图 3-17 所示。

建立了现场数据监控中心，生产过程中，现场设备产生大量数据，包括物料追溯、工艺文件、设备监控、SPC 分析、预警管理、绩效考核等，对设备的监控和数据的分析管理能够及时发现设备问题，优化生产工艺流程。数据监控中心包含板卡车间、组装车间、环境能耗、质量仓储、持续改善、智能制造等模块，展示产品的生产状态和工厂指标，以达到高效管理要求。数据监控中心内容显示页面如图 3-18 所示。

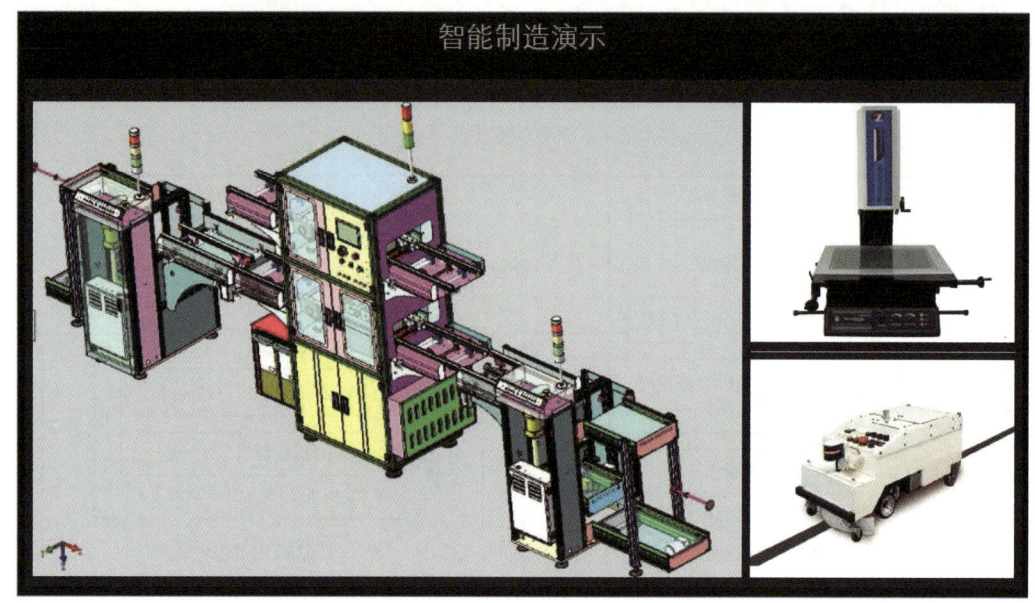

图 3-17 智能制造演示

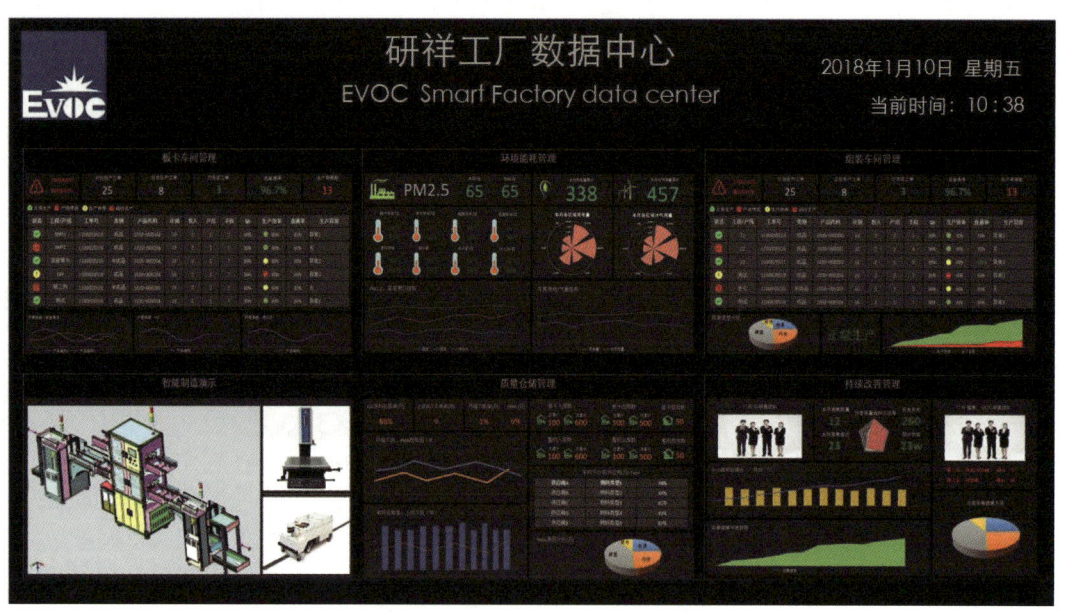

图 3-18 数据监控中心内容显示页面

数据中心根据不同工段展示的内容的差异，分为办公区大屏显示和车间内吊屏显示，包括：总体生产状态［显示当前车间生产状态（正常/异常），如果异常则显示异常的信息］；总体工单进度（显示当前车间总体生产进度，包括计划投产工单数、正在生产工单数、已完成工单数）；总体工单直通率（当天所有已生产的工单的直通率的乘积）；总生产异常数（当天在 MES 提交的生产异常的数量）；实时生产情况（车间内根据不同工段的分类显示该类工单的生产情况）；炉温曲线（SMT、底部填充、DIP、喷三防工段分别显示当前产线生产的产品的炉温曲线）；SMT产线稼动率（SMT工段显示SMT两条产线各自的稼动率）；异常原因分析（测试，包装工段显示当天在MES提交的生产异常原因的百分比分布）；总体生产进度/不良数（测试，包装工段显示当天所有计划工单的计划生产总量、累计产出和不良数）。生产计划数据来源于OA系统，工单在线上超时天数、生产效率的基准值、SMT稼动率的基准值可以在后台配置。

通过工厂互联，全面实现设备层、制造执行层、工厂层的运营全面可视化和智能化。能够实现工厂能耗、环境管理、生产工艺展示、工厂员工绩效、生产过程信息实时监控。

3.5.4 物料采购

根据特种计算机产品物料分类，建立了13个物料标准优选库，对物料实行标准化管理，物料标准优选库包括CPU背板支架库、IO挡板库、电子元件模型库、机械通用件库、键子库、紧固件库、拉手库、热设计库、线材库、线材连接器库、线材图纸库、整机3D模型库、整机模块库。物料采购方面，企业资源计划（ERP）系统自动生成物料采购计划。

物料存储、各工序上/下物料、搬运均由系统指令完成，并进行智能系统自动识别，做到防呆、防错功能。整体物流实现一个流连接。原材料出库到成品入库，以及工序间运送由设备完成，最大程度减少人工搬运。区域内在指令输入后均能到达指定位置，并具有防呆功能（防自动停止、防撞等）。

1. 自动物料识别

采用智能贴片机能够自动识别料号、物料放置位置；数据实时联网；可实现至少5种产品的同时贴片，产线快速切换；锡膏印刷机进行锡膏等焊料印刷，锡膏印刷检查机进行锡膏印刷效果检查，底部填充机（高速点胶机）进行BGA等重要元件底部填充，回流焊机进行电子元件与线路板焊接，选择性波峰焊机进行板卡插装元件选择性焊接，自动光学检查机检查焊接效果，同时引进异形元件插件机、波峰焊、返修喷流锡炉、在线式锡膏厚度测试仪、X射线镀层测厚仪规、光学三次元测量系统、二次元影像测量仪、条码打印机+条码扫描枪、核心交换机等设备，实现自动化流水生产，提高智能装备生产线生产能力。所有的设备进行联网，过程的工艺数据能够进行记录和追溯。

2. 智能物料仓储系统

研祥建立了智能物料仓储系统，如图3-19所示，不仅要能够进行入库管理、出库管理、库内移动、盘点管理、调拨管理、退换货管理和报表分析，还要能够监测货物的位置偏移和周围环境的温度、湿度，对库房进行视频监控和火灾报警等。同时优化物料管理流程，减少人力需求；支持 MES 集成，快速备工单料；预防呆滞物料产生，降低错料风险；库存物料实时盘点，并提供报表；发料口连接 AGV；可扩展视觉自动贴标机、自动电料机。

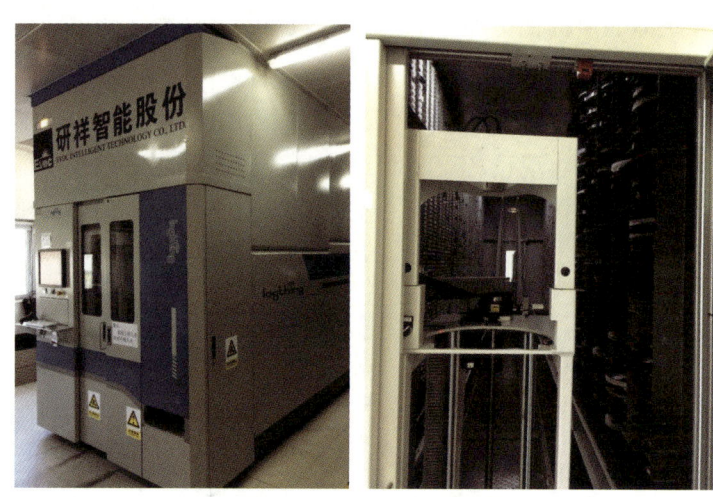

图 3-19　智能物料仓储系统

智能物料仓储系统包括硬件和软件两部分。软件部分主要为仓储管理系统，它按照物流仓储的业务要求，对信息、资源、行为、物品和人员等进行管理和调配，使其高效合理地运转，并使整个系统与互联网相连接；硬件部分主要是支撑仓储管理系统的各种硬件设备和工具等。智能物料仓储系统将货物的信息发布到互联网中，在整个互联网范围内，不管是货物信息查询、货物订购，还是货物流通都可以方便地进行远程操作和监控。

3.5.5　计划排程

APS 系统是一种基于供应链管理和约束理论的先进计划与排程工具，包含了大量的数学模型、优化及模拟技术，其功能优势在于实时基于约束的重计划与报警功能。在计划与排程的过程中，APS 系统将企业内外的资源与能力约束都囊括在考虑范围之内，用复杂的智能化运算法则做常驻内存的计算。APS 系统作为 ERP 的补充，解决 ERP 无法解决的问题之一——生产排程问题；其拥有"决策支援"的能力，可以随异常状况如缺料、停机、插单、数量调整、工期调整、加班设定等而调整。APS 系统可以让规划者快速结合生产相关资讯，例如订单（Order）、制令（MO，或称工单）、途程（Route）、半成品（WIP）、存货（Stock）、物料清单（BOM）等。

生产车间利用 APS 系统分解后的主生产计划，按照产品的工艺过程和资源约束条件，自动分配资源（机器设备和人力资源），并根据资源的工作日历及班次，自动安排生产作业计划和物料需求计划。管理人员可以根据安排结果，在 APS 系统上进行手工调整。

APS 系统排程示意图如图 3-20 所示，APS 系统生成日自制件生产计划、外购（外协）件以及交料日需求计划；通过产能计算和产能平衡对生产任务进行排程，产生日机台作业计划；通过自动生成作业记录卡，实现对各工作中心生产进度的跟踪与监控，确保作业计划按时完成。

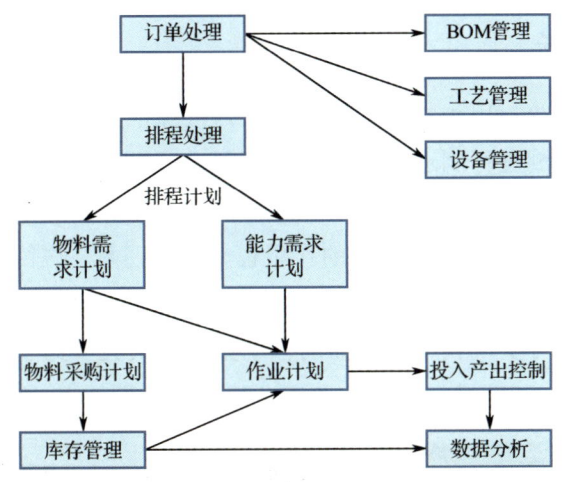

图 3-20　APS 系统排程示意图

MES、ERP、APS 系统集成如图 3-21 所示，APS 系统的基本概念是使用数学方法优化生产计划，还可以优化采购计划、运输计划等，属于供应链优化软件的一部分。以 ERP、APS 和 MES 的闭环系统集成为核心，形成连接供应链管理平台的接口，解决企业内部生产优化问题。

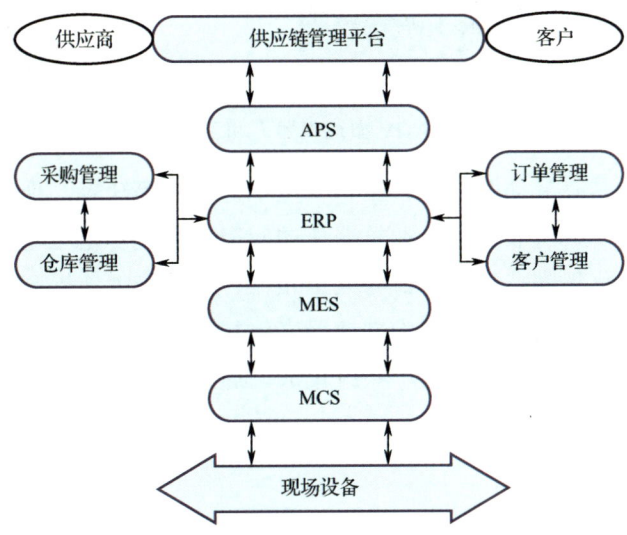

图 3-21　MES、ERP、APS 系统集成

APS 与 MES 集成，可实现计划→执行→监督→计划修改的循环，对现场的异常及时调整，使运行更加有序。APS 与 MES 共用部分模型数据，并可以进行数据的交流。MES 从 APS 系统中得到工单的生产计划，按计划启动生产，而现场的执行状态可以及时提供给 APS 系统，用以比较计划和实际之间的差异，一旦实际执行状态与计划不同，即可以及时调整计划，避免造成连锁反应使损失扩大。

3.5.6 物流配送

建立物流管理系统，用于物流配送、管理与跟踪，实现物流信息的反馈，采用过程质量控制和信息追溯进行制造过程的质量控制、分析及失控信息的追溯。

随着人工智能和传感器技术的发展，工厂的自动化程度越来越高，对各种机器人的需求越来越旺盛，AGV 搬运机器人的作用也越来越明显，与传统的传送辊道或传送带相比，自动搬运机器人输送路线具有施工简单、路径灵活、不占用空间、较好的移动性、柔性等优点，可实现物料、产品的自动搬运，大大节约了人力成本、提高了生产效率。研祥引进的 AGV 搬运机器人和工业机器人如图 3-22 所示。

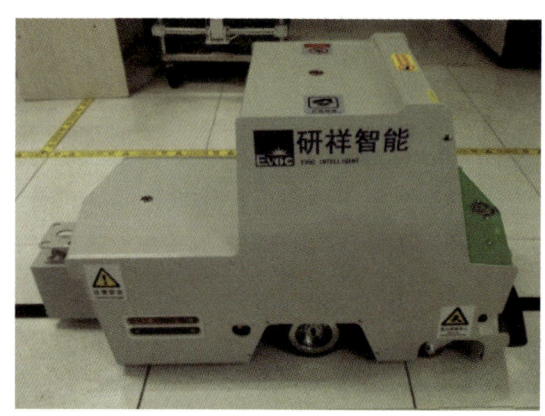 

图 3-22　AGV 搬运机器人和工业机器人

由于人工上料具有劳动强度高、上料精度不好控制等缺点，现在正逐步被工业机器人或专机进行上下料所取代。工业机器人的应用具有重复定位精度高、可靠性高、生产柔性化及自动化程度高等优势，与人工相比，能够极大地提高生产效率和产品品质。机器人智能化自动搬运系统作为减速器壳体加工的重要生产环节，已经在国内众多领域取得成功的应用，并且与生产系统集成，通过 MES 实现远程控制。

3.5.7 售后服务

公司针对客户的个性化定制产品，通过电话服务、网络服务、专家服务、远程服务、上门服务等方式，对产品提供全生命周期的跟踪、预警、诊断、维修服务。

电话服务：提供电话热线，7×24 小时响应和受理客户服务需求。

网络服务：在工作日的工作时间，通过电子邮件、网站在线聊天方式对客户的服务需求做出接收和响应，响应时间为客户提出需求的两小时内。

专家服务：成立专家组，针对个性化定制产品的关键技术和重大故障提供分析和解决方案，专家组应在受理客户服务需求的 8 小时内给出初步分析反馈，并在 7 天之内提供解决方案。

上门服务：针对客户提出的需求，在 2 个工作日内安排工程师上门提供专业、快捷、娴熟的维修、保养、安装等服务。

远程服务：建立智能工业控制云平台，如图 3-23 所示，对客户使用的产品设备状态、作业操作、环境情况等数据进行采集，实现云平台与智能特种计算机产品之间的通信和远程控制等功能，对客户产品进行监控及运维管理，提供在线检测、故障预警、故障诊断与修复、预测性维护、运行优化、远程升级等服务，平台全年无间断运行，服务时间为 7×24×365 小时。

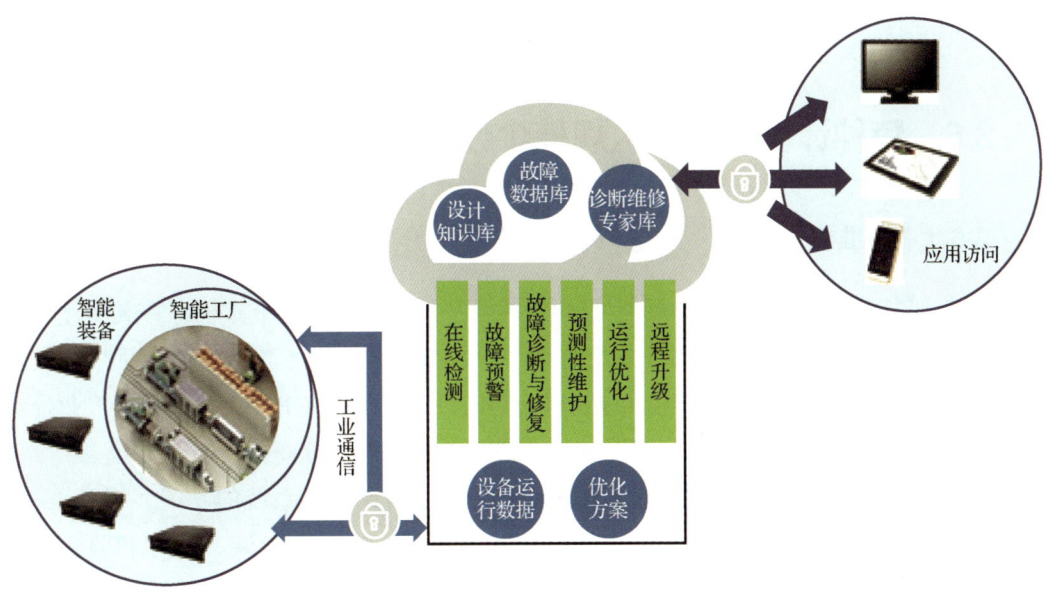

图 3-23　智能工业控制云平台

智能工业控制云平台通过对涉及航空航天、工业控制、轨道交通、通信、信息安全、金融、电力、能源、医疗、石油石化等国民经济重要领域中分布在全国各地乃至全球客户的特种计算机产品运行状态的硬件数据进行统计分析，对产品进行监控及运维管理，提供远程服务，更好地优化产品，实现解决特种计算机行业多品种、小批量、网络化、定制化、个性化定制研发和生产难题，提高售后运维管理能力。平台主要特点有以下几个方面：

（1）建立了包含工业云平台和大数据分析运维体系，面向智能特种计算机产品，开发和应用终端监控、云端监控两部分系统。终端监控系统实现对公司产品数据的采集以及对云端下达的一些命令的响应处理。云端监控系统实现对数据的存储和事件的响应处理。系统和智能特种计算机产品绑定，为企业和客户提供产品销售后的应用数据服务，提高产品服务能力。

（2）通过支持 IPv4、IPv6 等技术的工业互联网，对智能特种计算机产品的设备状态、作业操作、环境情况等数据进行采集，实现云平台与智能特种计算机产品之间的通信和远程控制等功能，并可根据远程指令灵活调整智能特种计算机产品的运行参数。

（3）实现对智能特种计算机产品上传的数据进行有效筛选、梳理、存储与管理，并通过数据挖掘、分析，提供在线检测、故障预警、故障诊断与修复、预测性维护、运行优化、远程升级等服务，并可通过终端 App 实现对客户进行消息推送。

（4）在平台上建立有较为完整的产品知识库、诊断知识库、维修知识库、诊断维修专家库、故障数据库，能够为智能特种计算机产品的远程诊断提供决策支持，并向用户提出运行维护解决方案。

3.6　特种计算机行业大规模个性化定制标准化现状与需求

3.6.1　标准化现状

目前在特种计算机领域，现行的标准主要为《工业控制计算机系统通用规范》（GB/T 26802）、《工业控制计算机系统总线》（GB/T 26803）、《工业控制计算机系统功能模块模板》（GB/T 26804）、《工业控制计算机系统软件》（GB/T 26805）、《工业控制计算机系统工业控制计算机基本平台》（GB/T 26805）等部分。

《工业控制计算机系统通用规范》规定了工业控制计算机系统的功能、设计要求、技术要求、性能检验与系统评估方法，以及检验规则、标志、包装、贮存和验收等；《工业控制计算机系统总线》规定了适用于工业控制计算机的设计和制造过程中有关工业控制计算机局部总线、系统总线和外部总线的定义、结构和基本要求等；《工业控制计算机系统功能模块模板》规定了系统处理器模板主要设计要求、主要技术性能，以及电源适应性、环境适应性、可靠性要求等；《工业控制计算机系统软件》规定了工业控制软件项目，在其生命周期的各个阶段所产生的主要软件文档的内容、格式及编制要求，以作为软件项目的开发、评审、使用与维护的基准；《工业控制计算机系统工业控制计算机基本平台》规定了工业控制计算机基本平台的定义、通用技术条件及标志，可作为制定工业控制计算机基本平台产品评定的依据。

尽管特种计算机 70%以上需要个性化定制，但目前行业仍以传统标准为主，尚无与大规模个性化定制直接相关的标准。大规模个性化定制是指基于新一代信息技术和柔性制造技术，以模块化设计为基础，以接近大批量生产的效率和成本提供能满足客户个性化需求的一种智能服务模式，从技术角度来看，制定大规模个性化定制标准对特种计算机制造具有指导意义。

3.6.2　标准化需求

特种计算机大规模个性化定制关键系统包括客户关系管理（CRM）系统、供应商关系管理（SRM）系统、企业资源计划（ERP）、计算机辅助技术（CAX）、产品生命周期管理（PLM）、制造执行系统（MES）、仓储管理系统（WMS）、工业控制云平台（ECloud）等，企业实现大规模个性化定制，应对客户需求、设计研发、物料采购、计划排程、柔性制造、物流配送和售后服务等各个环节涉及的关键系统进行集成和协同优化。

根据特种计算机大规模个性化定制业务流程，大规模个性化定制模式与智能制造密切相关，因此，目前在特种计算机行业，迫切需要制定智能制造与大规模个性化定制基础共性标准、智能装备标准、智能工厂标准、智能服务标准、智能使能技术标准、工业互联网标准、工控网络安全标准及行业应用标准等。

2015 年，研祥参与了《〈国家智能制造标准体系建设指南（2015 年版）〉解读》编写工作，研祥智能制造案例是其中的重要组成部分。公司目前正在打造特种计算机智能工厂，在研的标准有三项：《智能工厂　虚拟工厂建设参考架构》《智能工厂　三维信息模型　第 1 部分：通用要求》《信息技术　基于机器视觉的智能检测　通用技术要求》。

同时，研祥参与起草 2 项智能制造国际标准，即《智能制造　基于机器视觉的在线检测　通用要求》（Standard for General Requirements of Online Detection based on Machine Vision in Intelligent Manufacturing，项目编号：P2671）和《大规模个性化定制通用要求规范》（Guide for General requirements of Mass customization，项目编号：P2672）。

3.7　案例示范意义

大规模个性化定制针对特种计算机制造关键工序自动化、数字化改造需求，应用数字化技术、系统集成技术、智能制造装备，推进智能化、数字化技术在企业研发设计、生产制造、物流仓储、经营管理、售后服务等关键环节的深度应用，搭建一个面向特种计算机定制化需求获取、产品设计、产品制造、营销与服务等全生命周期的系统平台，实现定制化产品全生命周期各个环节信息交互的智能化串联，提高特种计算机设计、制造、工艺、管理水平，提升发展层次，迈向行业中高端，提升企业在国际市场的领先地位及优势。

特种计算机大规模个性化定制，有利于推动我国特种计算机制造产业的智能化、互联网化的转型和升级，引领带动行业推进自动化、信息化的发展，提升特种计算机行业智能化水平以及我国特种计算机产品的品牌影响力。同时，可以为电子行业提供智能工厂的建设示范，提供搭建工厂的通用技术、平台和设备，可以应用到电子产品、医疗图像分析、产品尺寸检测等领域，实现行业新模式的复制和应用，加速电子行业智能化改造进程。

特种计算机大规模个性化定制能够实现产品小批量、多品种、快速换线要求，实现产品生命周期各环节信息的互联互通，提升智能化产品售后服务质量；能够实现对特种计算机主板、整机产品的数字化设计、智能化生产（智能化捡料、上板、锡膏印刷、检测、回流焊、异型插接、质量追溯、成品测试）、智能检测、物流等，具备实时、准确、快速、高可靠、高一致性的特点，能够减低生产人员的劳动强度，节约劳动成本；能够提升产品合格率，为可修复缺陷提高修复依据；可通过统计分析缺陷的特点和产生原因以改进生产工艺，降低成本，提高效率；能够提高特种计算机产线的生产效能和品质，提高企业的工业水平和自动化、智能化程度；能够提升企业的服务能力，使产品更具竞争力。

特种计算机大规模个性化定制能够显著提升我国特种计算机制造企业的智能化服务水平，提升我国在核心智能装备、标准技术方面的研发和技术能力，能够带动产业链上下游的技术合作和协同创新，推动我国智能制造战略的落地和实施，并以应用典范的形式推动制造行业的快速发展。同时提供整体解决方案，降低行业服务成本、提高人工效率、增加服务手段、提升服务附加值，推动工控行业向网络化、智能化方向发展，提高我国智能制造相关产品的竞争力，促进中国智能制造的发展。

3.8 下一步工作计划

下一步将在已有平台和系统基础上深入推进大规模个性化定制模式，进一步细化和提升各环节能力建设，最终实现特种计算机大规模个性化定制新模式，并树立特种计算机行业智能制造和大规模个性化定制的典型应用示范。

1. 进一步完善信息化系统

完善和增强功能模块，提升数据采集及分析的准确性。通过 MES 与 SCP 系统、

SRM 系统、CRM 系统、PLM 系统、ERP 系统、可靠性系统的集成，实现从订单、设计、采购、排程、生产、物流的全面数字化，并利用云计算、大数据等信息技术，实现经营、管理和决策的智能化，满足大规模个性化定制的生产需求。

2. 建立满足定制模式的智能交易网络商务平台

在已有研祥网络商城的基础上，基于 B2B 的模式，搭建智能交易平台，提升用户体验，加强用户交互和用户运营，增强用户黏性，促进持续交易。按照"全面商务电子化—现有渠道 O2O—定制化 B2B"的发展路径持续推进营销模式变革，实现客户的定制需求、信息维护、库存管理、交易结算、物流跟踪、用户信息收集等功能，实现 B2B 业务活动电子化。

3. 建立"互联网+"协同制造开放式架构平台

以产品模块化为基础，采用可定制、易制造的思路，建立特种计算机产品功能平台，并依据定制化需求，定义需求模块，逐步建设形成开放式架构生态链，实现跨领域间业务和资源的融合，研究特种计算机产品的全生命周期信息模型，推动产品线体的标准化和模块化。同时，搭建"互联网+"协同制造云服务平台，整合供应商、整机厂商、协作方及用户企业等电子信息产业链企业资源，支持企业间所有资源的互通有无、协作共享。

4. 优化工业云平台和大数据分析运维体系

通过对涉及航空航天、工业控制、轨道交通、通信、信息安全、金融、电力、能源、医疗、石油石化等国民经济重要领域中分布在全国各地乃至全球客户的特种计算机产品运行状态的硬件数据进行优化统计分析，对产品进行监控及运维管理，更好地提供在线检测、故障预警、故障诊断与修复、预测性维护、运行优化、远程升级等服务，更好地优化产品，实现解决特种计算机行业多品种、小批量、网络化、定制化、个性化定制研发和生产难题，提高售后运维管理能力。

案例 4

家具行业大规模个性化定制新模式

——佛山维尚家具制造有限公司

4.1 大规模个性化定制案例基本情况

家具产品按生产模式不同，可分为手工打制家具（以下简称"手工家具"），机械化、规模化生产的标准化家具（以下简称"成品家具"），机械化、规模化生产的个性化定制家具（以下简称"定制家具"）。

定制家具通过将个性化设计与工业化、标准化、规模化生产相结合，具备量身定做、节省空间、整体感强、环保等诸多优点。随着我国经济增长和居民可支配收入水平的不断提高，人们对家具产品的需求已不仅仅满足其基本的使用功能，更加关注房屋空间整体布局、设计参与感、品牌内涵及健康环保等因素，定制家具越来越受消费者青睐，成为近年家具消费领域中新的快速增长点。

定制家具根据客户订单进行生产，大幅降低了成品库存，降低了经营风险，提高了盈利能力，但定制家具的生产工艺及管理流程较为复杂，对企业信息化技术、柔性化生产工艺技术等要求较高。

受消费者订单多样性、产品复杂性的制约，目前定制家具企业中大部分企业仍难以实现大规模柔性化生产。行业内一般企业仅能按订单逐一排产，由于每个订单均为个性化产品，导致其生产效率较低；部分企业虽然能够将订单拆分为标准件和非标准件，但仅能对标准件实行规模化生产，对非标准件柔性化生产工艺仍然不足；行业内仅有少量信息化、自动化程度较高的定制家具企业，能结合柔性化生产工艺实现大规模、自动化、个性化生产。

佛山维尚家具制造有限公司（以下简称"维尚"）年产值达 60 亿元，全屋定制家具涵盖衣柜、厨柜、书柜、组合家具等各类板式家具，属于"家具定制"服务领域，以"大规模家具设计定制生产系统"有效解决了个性化定制与标准化批量生产这一突出矛盾，明显区别于"非定制家具分类批量制造"的传统家具制造模式；同时又以全屋定制、混合生产、个性化服务等关键特征及其相关自主技术，而区别于其他家具定制竞争对手。

4.2 大规模个性化定制系统结构介绍

维尚大规模个性化定制系统结构如图 4-1 所示。维尚以互联网技术为手段，创新商业模式，通过销售接单网络化、生产排程电脑化、制造执行信息化、流程管理数码化等手段，实现了家具行业的"C2B+O2O"经营模式。维尚利用大数据分析工具和云平台对用户个性化需求进行交互设计和智能推荐，为消费者提供满足其实际情况和个性化需求的定制化家具产品，并采用数据挖掘技术实现柔性制造中的智能拆单、任务分解、协同生产和物流配送，实现了智能、高效、绿色的大规模定制生产服务。

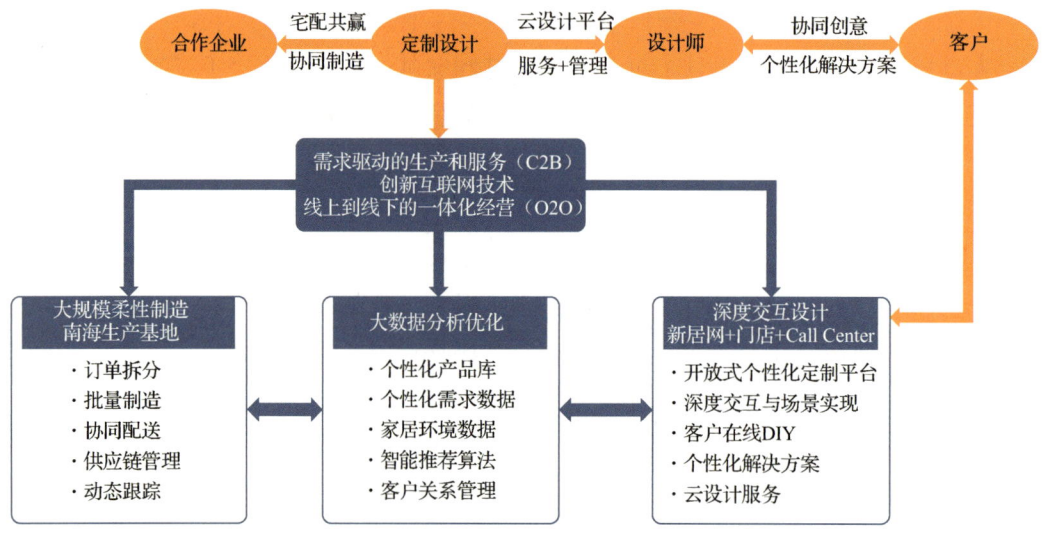

图 4-1　维尚大规模个性化定制系统结构

1. 通过需求端驱动生产和服务（C2B）

依托圆方软件的云平台和数据分析技术，建立个性化产品数据库，根据用户个性化需求数据、家居环境数据，结合智能推荐算法，使得家居方案售前设计师利用专业产品定制设计系统，为消费者提供免费的个性化家具设计及上门量尺服务，实现"客户需要什么，企业就设计什么、生产什么"的服务导向型发展模式，从传统的B2C商业模式转变为C2B新商业模式，即消费者需求驱动厂家，以消费者对家具的个性化需求为起点，提供以大数据分析优化为手段的个性化家具产品的交互设计服务。

2. 建设新居网互动开放式设计平台（O2O）

通过整合新居网家具设计的开放式服务平台、家具企业的技术支持平台和家具产品的电子商务平台三大互动子平台，构建"新居网"家具产业服务平台，家具消费者通过 PC 互联（SEM、SEO、论坛、社群）和移动互联（移动搜索、微博、微信）登录"新居网"，"新居网"平台通过云设计、大数据分析和 CRM 等用户体验方式，优化消费者的购买体验。消费者通过"新居网"平台预约设计师上门量尺并到实体店进行参观、体验，实现从线上到线下一体化经营的新商业模式的转变。

3. 发展绿色高效的定制产品柔性制造技术（大规模制造）

维尚通过信息技术改造，将实时制造信息、物流信息与大数据平台和门店网站进行互联。目标系统将实现定制化产品网络下单，基于大数据的订单拆解与分发，通过云平台协同合作企业完成制造任务。在制造环节，利用仿真和虚拟设计制造、参数化智能设计、网络协同设计等技术实施，有效解决个性化定制与标准化批量生产这一突出矛盾。

4.3 大规模个性化定制系统关键绩效指标

传统家具生产经营方式存在库存量大、资金周转慢、附加值较低等缺陷。针对传统生产模式的弊端，维尚公司大胆改革创新技术和商业模式，把生产技术与信息技术紧密结合起来，采用满足个性化需求的"定制化"柔性生产技术，把消费者从过去被动地接受产品转变到主动参与到产品的设计、制造中来，实施全程数码服务，最大限度地满足消费者的个性化需求。把信息技术运用到设计、生产、配送和服务等环节，将生产操作程序化，大幅减少生产车间的工人，大量的人员都转向接订单、设计、安装等服务方面。商业层面实现了"客户需要什么，企业就设计什么、生产什么"的服务导向型发展模式。技术和产业层面通过信息化和工业化的高层次的深度融合，实现了真正的"大规模定制技术"——成为国内"两化融合"的典范。与同行业相比企业典型经济技术指标如下：

（1）生产效率/能力较传统模式提高了 10 倍，生产周期缩短，交付周期缩短，有效实现了降本增效及提升顾客的消费体验。

（2）材料消耗占家具制造企业经营成本的比例较高，材料利用率上升到 93%（行业平均值为 85%），有效改善了企业的盈利水平，提升了企业的市场竞争能力。

（3）出错率从行业平均水平 5%～8%下降到 3%以下，有效提升了企业的品质控制水平，改善了企业的盈利水平，提升了企业的市场竞争能力。

（4）实现了成品零库存，规避了企业库存占用流动资金及产品跌价风险，这是一般传统家具企业所无法做到的。

（5）资金周转率高，相比传统同行企业年资金周转率的 2～3 次，维尚提升到 10 次以上，有利于增加企业年利润量及提高资金利润率。

4.4 案例特点

4.4.1 各环节做法

1. 体验设计

客户无须亲自跑到实体店看家具、与销售人员沟通，只需在家上网即可通过维尚的新居网体验一站式家具定制设计服务（见图 4-2）。

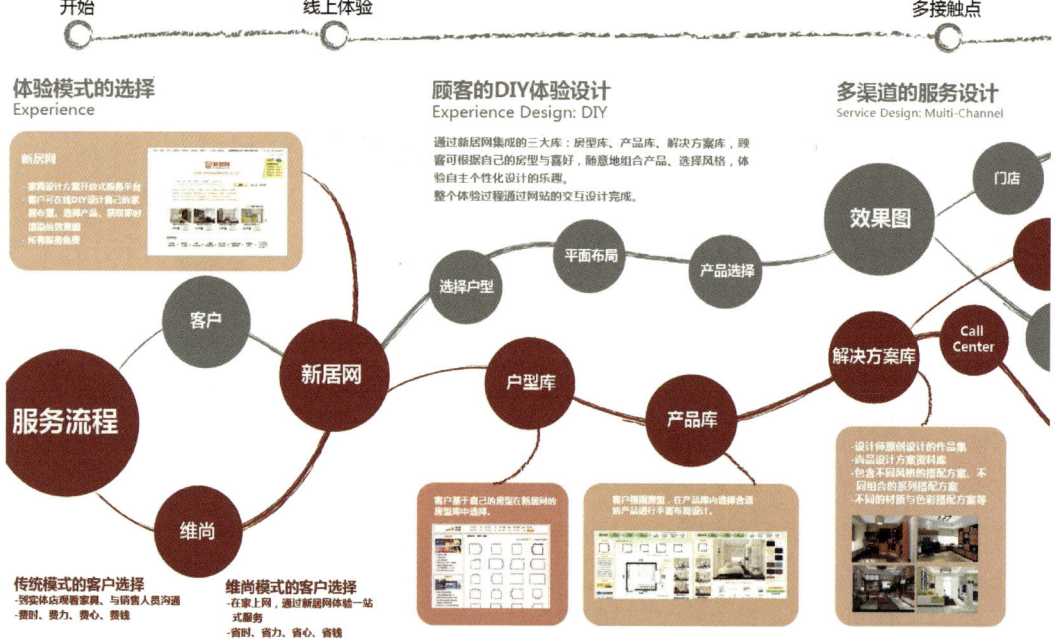

图 4-2 一站式家具定制设计服务

2. 线上 DIY 体验设计

客户通过新居网集成的三大库——户型库、产品库、解决方案库，客户可以根据自己的户型与喜好，随意组合产品、选择风格、体验自主个性化设计的乐趣。整个体验过程通过网站的交互设计完成，所形成整套家居解决方案还包含参考价格、产品清单明细等信息（见图 4-3～图 4-8）。

图 4-3　新居网——开放式线上服务平台

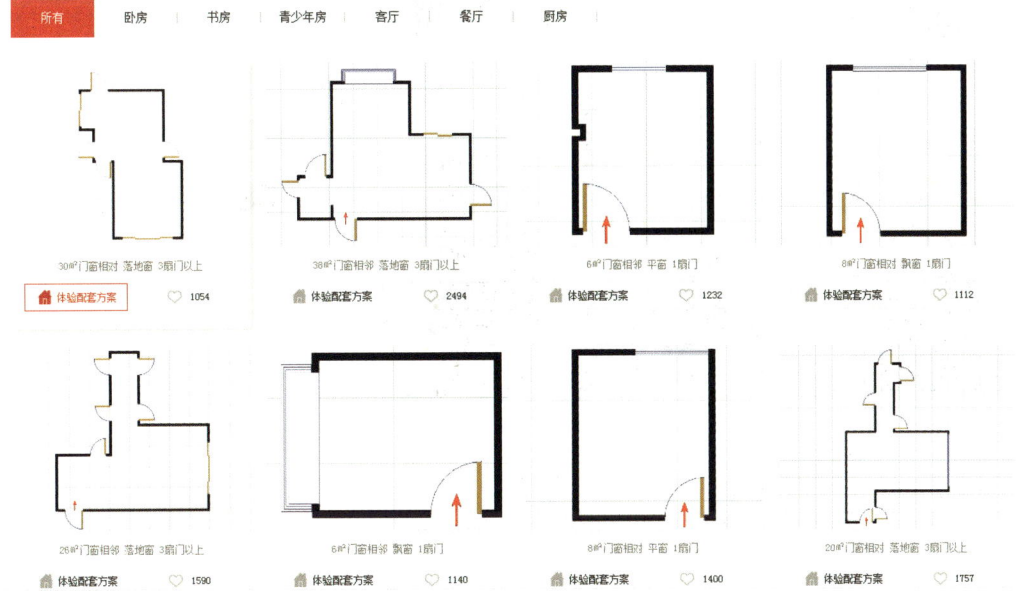

图 4-4　选择户型

图 4-5 选择平面布局方案

图 4-6 各类组合设计

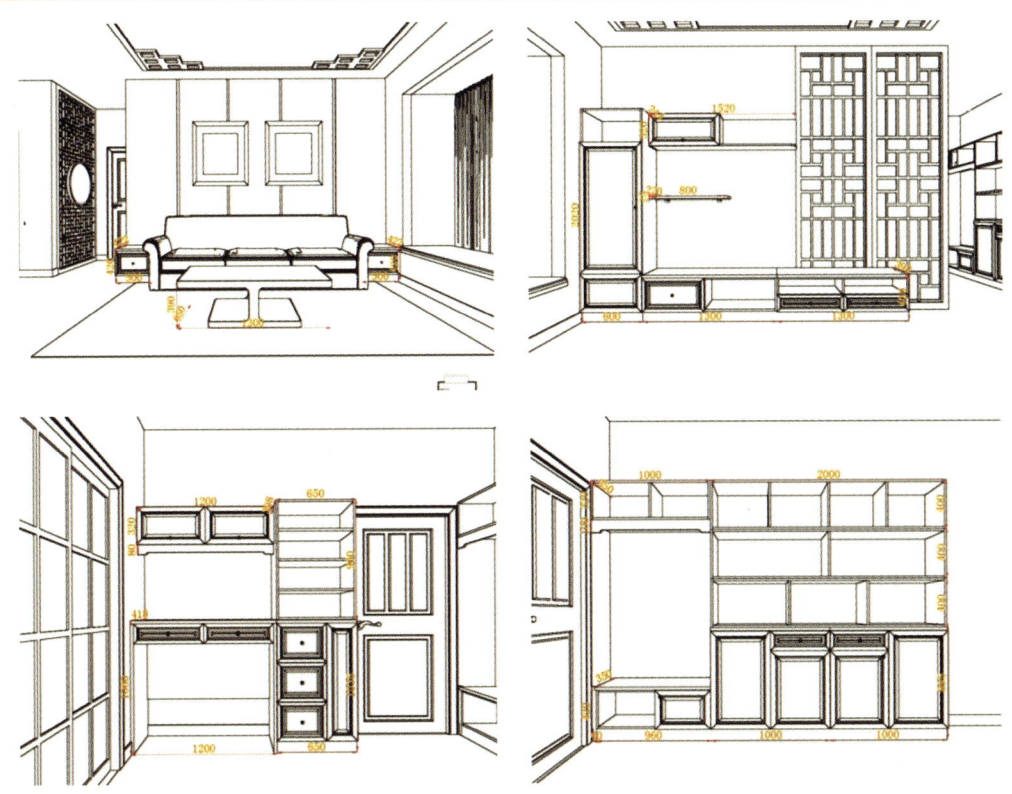

图 4-7　产品清单

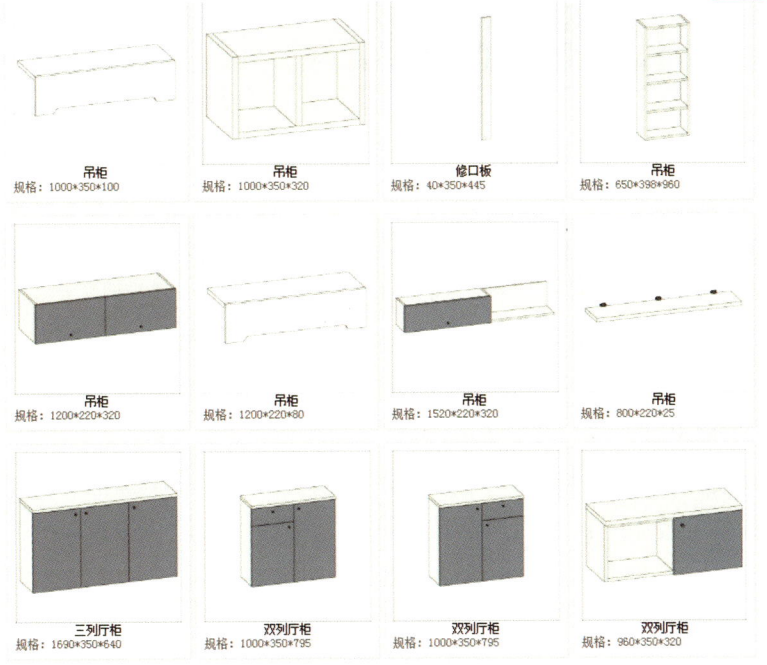

图 4-8　产品明细

3. 渠道设计

维尚目前在全国设立了约 2000 家实体门店，客户除了通过新居网体验一站式服务，还可以前往各个实体门店，与设计师进行面对面沟通，让设计师们结合每一位客户的家庭室内环境，当场设计整套家居方案；通过加强客户的参与感，根据客户的喜好及需求，改变家具的材质、颜色、尺寸等，最终形成符合客户家居装饰需求的全新设计方案（见图 4-9）。

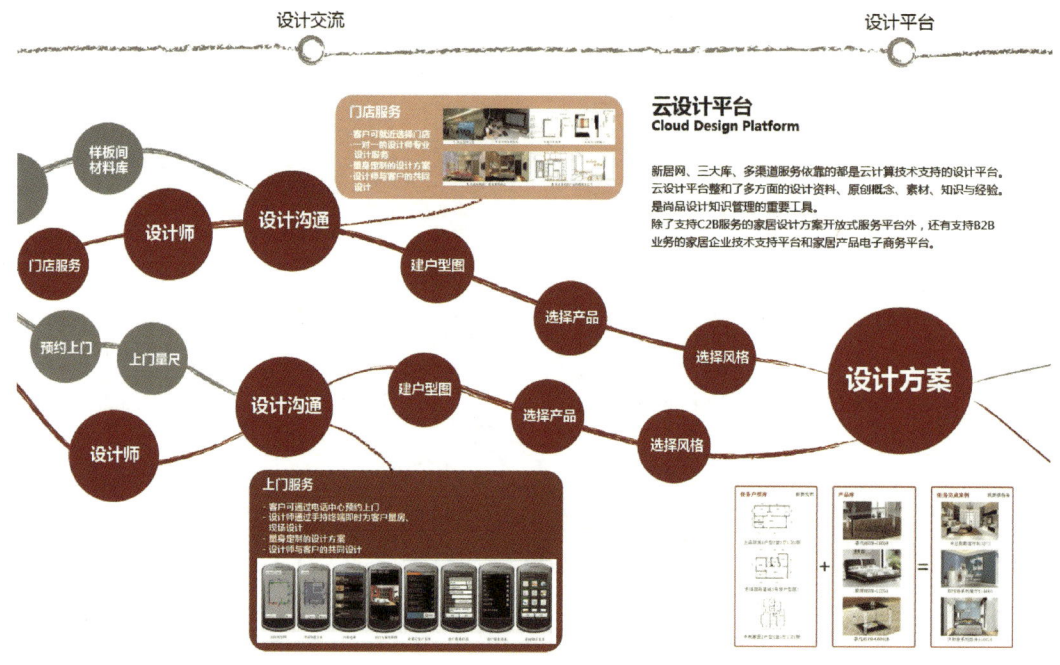

图 4-9 渠道设计流程

4. 线下服务

线下服务流程如图 4-10 所示，主要分 5 个步骤：①客户通过新居网或实体店预约设计师上门量房；②设计师根据预约时间上门量房，并和客户沟通生活需求；③设计师结合量房结果，进行需求分析、方案制作；④设计师与客户在实体门店进行设计方案确认；⑤维尚对客户所有产品的生产、配送、安装及售后服务。

5. 生产流程设计

生产流程设计如图 4-11 所示，主要分 5 个步骤：①遍布全国的订单通过网络传输汇总到维尚订单管理中心；②多产品按批次智能柔性制造混合排产；③生成本批次板件加工总任务单；④生成本批次产品各车间作业指令；⑤按指令加工生产，并将成品智能入库/出库。

案例 4　家具行业大规模个性化定制新模式 | 077

图 4-10　线下服务流程

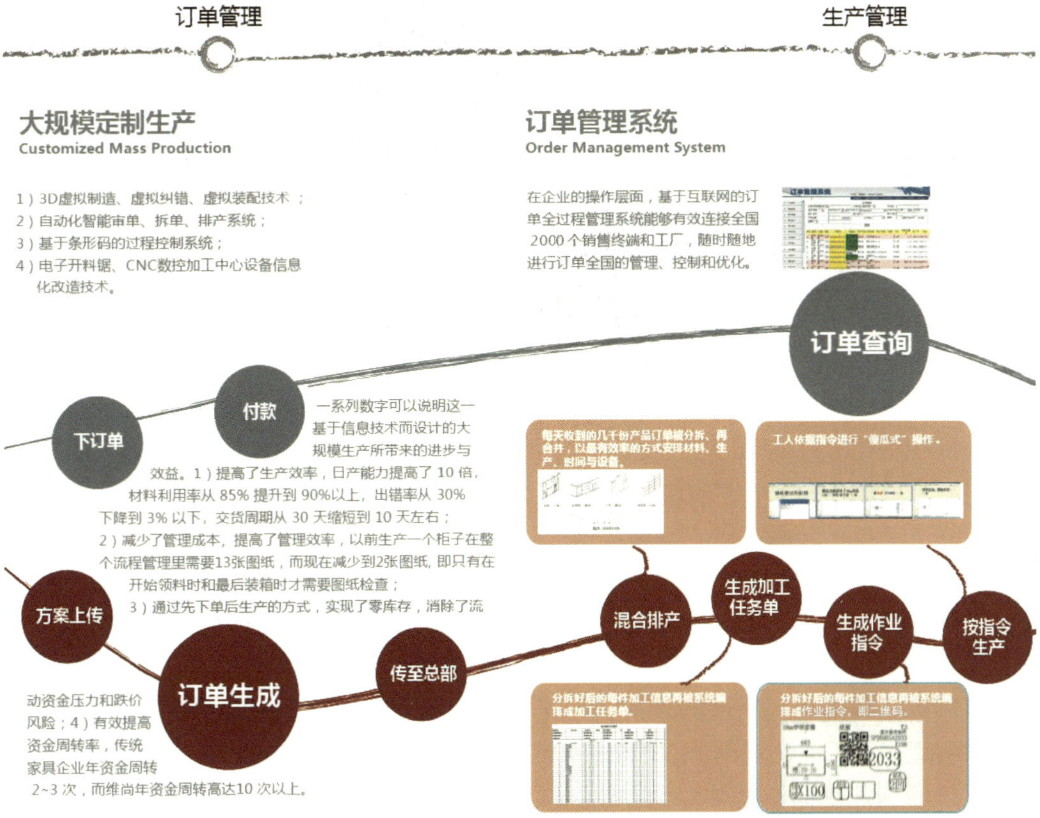

订单管理　　　　　　　　　　　　　　　　　　生产管理

大规模定制生产
Customized Mass Production

1）3D虚拟制造、虚拟纠错、虚拟装配技术；
2）自动化智能审单、拆单、排产系统；
3）基于条形码的过程控制系统；
4）电子开料锯、CNC数控加工中心设备信息化改造技术。

订单管理系统
Order Management System

在企业的操作层面，基于互联网的订单全过程管理系统能够有效连接全国2000个销售终端和工厂，随时随地进行订单全国的管理、控制和优化。

订单查询

下订单　付款

一系列数字可以说明这一基于信息技术而设计的大规模生产所带来的进步与效益。1）提高了生产效率，日产能力提高了10倍，材料利用率从85%提升到90%以上，出错率从30%下降到3%以下，交货周期从30天缩短到10天左右；
2）减少了管理成本，提高了管理效率，以前生产一个柜子在整个流程管理里需要13张图纸，而现在减少到2张图纸，即只有在开始领料时和最后装箱时才需要图纸检查；
3）通过先下单后生产的方式，实现了零库存，消除了流动资金压力和跌价风险；4）有效提高资金周转率，传统家具企业年资金周转2~3次，而维尚年资金周转高达10次以上。

方案上传　订单生成　传至总部　混合排产　生成加工任务单　生成作业指令　按指令生产

图 4-11　生产流程设计

6. 设计知识管理

订单完成后的设计知识管理如图4-12所示。在订单所有工作完成后，客户的信息、设计方案等资料会被更新到已有的信息平台中。一方面，起到丰富和更新数据库的作用；另一方面，和客户服务系统结合，更好地做到售后服务与追踪。

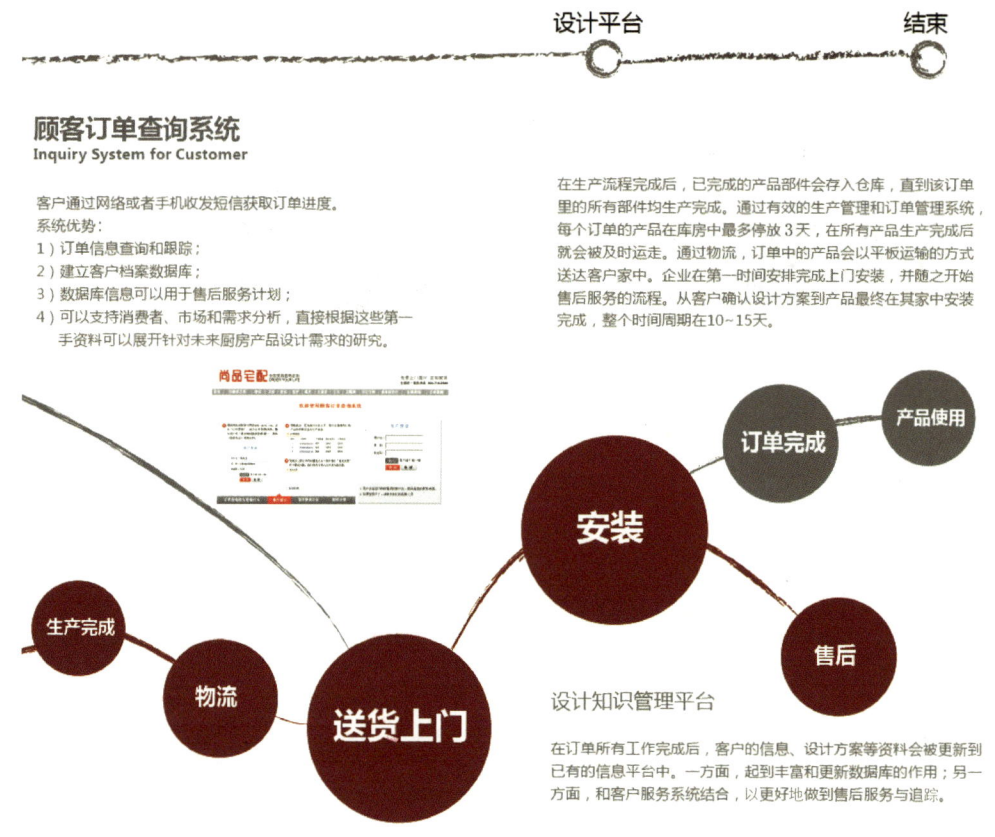

图4-12　设计知识管理

4.4.2　与非个性化定制模式的对比

1. 变革家具企业的生产模式

维尚是国内真正实现"大规模定制"这一先进的生产经营模式，完全的柔性化制造（批量为"1"），且无须提前做任何成品或半成品库的家具企业。而其他同行企业，要么只能做"标准化大规模生产"，即生产大批量一模一样的东西；要么也做到定制，但是只实现了"标准化定制"，即其所谓定制型产品乃"标准部件（提前大批量生产库存）"+"非标件小批量生产"。

2. 变革家具企业的商业模式

维尚颠覆了传统家具制造业的商业模式，改写了定制家具服务的行业规则；实现了提质增效,以价值竞争代替了价格竞争,以解决方案和用户体验的竞争代替了单纯的产品竞争,将我国传统家具行业以廉价劳动力为基础的价格竞争核心向以系统服务为基础的价值竞争核心转变。

4.5 家具行业大规模个性化定制实施步骤

4.5.1 基本要求

传统家具行业是先生产、再销售,客户了解产品或购买产品,需亲自跑到实体门店与销售人员沟通,被动选择家具企业制造提供的标准产品,费时、费力、费心、费钱,而且传统家具行业提供的产品缺少个性化设计,难以满足客户的各种需求。

维尚的家具个性化定制服务流程主要为:客户通过线上或线下了解产品→设计师与客户之间的需求交互→给客户做上门量房服务→根据客户需求制作设计方案→与客户沟通、修改和确定设计方案→合同签订及预付款→订单处理→订单生产→货物发运→上门进行产品安装→客户回访及售后服务(见图 4-13)。

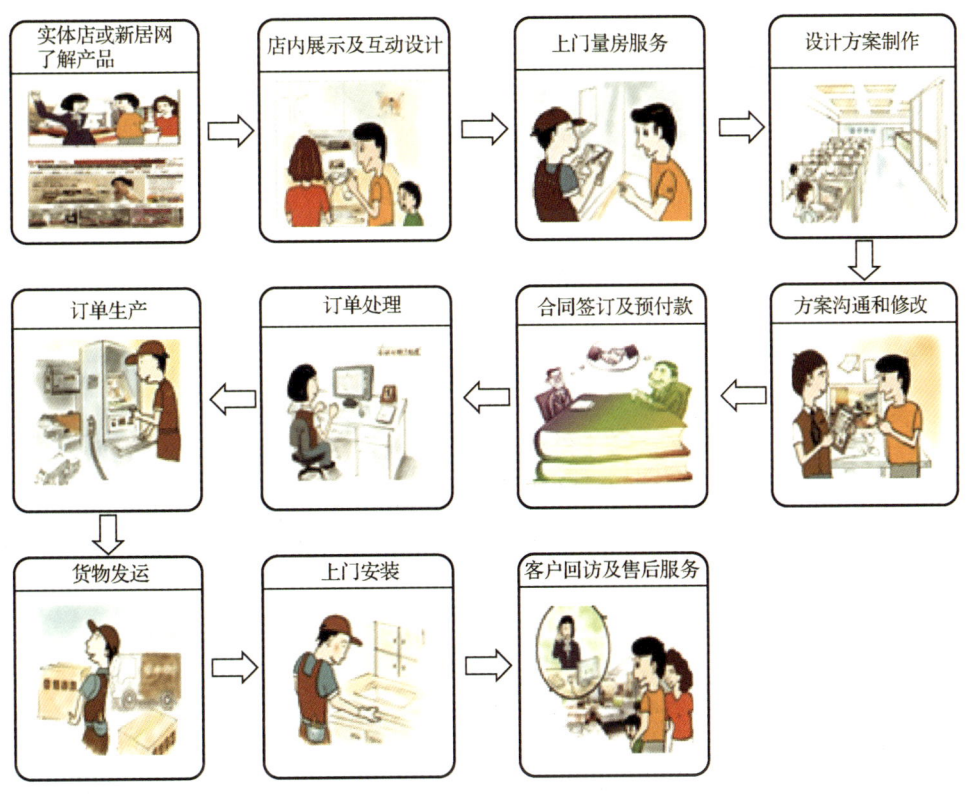

图 4-13 家具个性化定制服务流程

维尚给每一个潜在客户提供"免费上门、免费设计"的服务,与客户进行沟通,与客户一起设计属于他的每一个个性化产品,让客户更能省时、省力、省心、省钱。

4.5.2 需求交互

开放式交互设计平台要素如图 4-14 所示。维尚交互平台有三种类型的终端接口:新居网、门店和 Call Center。设计师通过消费者需求或上门服务在交互设计平台中为用户建立户型数据模型,随后按用户个性化定制需要进行初步设计,将解决方案进行可视化展示,用户体验后进行多次交互修改,最终形成令用户满意的个性化家具定制方案。

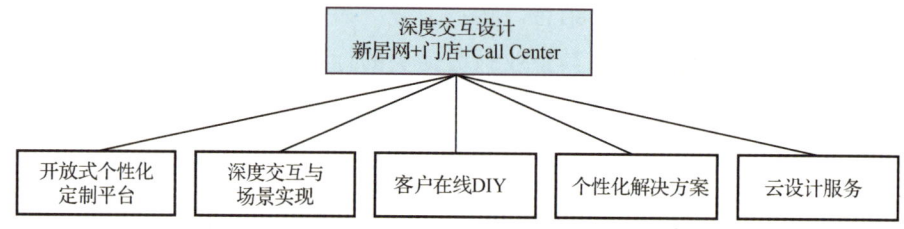

图 4-14　开放式交互设计平台要素

4.5.3 模块化设计

1. 可定制产品的种类

维尚所有自制板式家具均可按需定制,包括卧房家具、书房家具、儿童房家具、客餐厅家具、厨房家具等。充分满足消费者"三房两厅"的全屋家具产品个性化定制需求,具体如表 4-1 所示。

表 4-1　全屋家具产品

应用空间	定制家具分类	图例	
卧房	整体衣柜、衣帽间、定制床、飘窗利用、装饰柜组合、电视柜组合		

续表

应用空间	定制家具分类	图 例	
书房	书柜组合、直角书桌组合、转角书桌组合、多功能室、榻榻米		
儿童房	衣柜组合、上下床、书柜组合、书桌组合、飘窗利用、榻榻米		
客餐厅	电视柜组合、餐柜组合、沙发茶几组合、鞋柜组合、隔断柜组合、吧台组合		

应用空间	定制家具分类	图例	
厨房	一字型、L型、U型		

2. 各品类可定制的参数

可定制的参数包括颜色（材料）、尺寸、功能、形状等。尤其在尺寸定制上，维尚实现了"无极定制"，即相对于其他定制企业只能实现 50mm、100mm、150mm 的有条件定制，维尚是可以完全根据消费者的喜好以及家居空间的具体尺寸，进行 1mm 级的伸缩定制，每一个客户、每一件产品都是不一样的。

另外，项目实现了参数化定制功能，即调整尺寸、形状等参数后，产品的物理加工信息指令也同步更新。

4.5.4 生产工艺

大规模个性化定制家具生产流程如图 4-15 所示，其主要环节分别介绍如下。

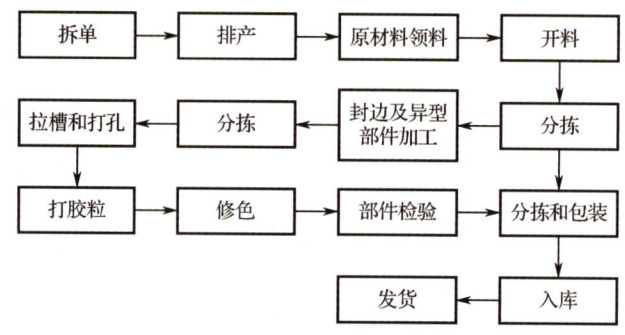

图 4-15 大规模个性化定制家具生产流程

1. 拆单

工艺部门对销售门店设计生成并经工艺部门确认的订单进行分拆，拆成独立的各种部件,并生成一种为生产提供信息的数据文件,包括部件的尺寸和加工要求等信息。

2. 排产

生产计划调度部门根据拆单生成的数据文件,利用软件自动处理,生成一系列生产指令,这些指令为生产和其他部门的工作提供各种详细的数据。

生产计划调度部门会生成以下五种指令。

(1)领料指令:开料车间将数十个订单集中形成一个批次,根据该批次所形成的领料指令,进行开料工序。

(2)二维码:在开料完成后,每个部件需要贴上各自的"身份证"——二维码。二维码是各部件在生产全过程中的唯一的身份标识,各工序根据二维码编号可在电脑上找到加工相应的各种指令和要求,包括封边、物流分拣等所有加工信息。

(3)加工指令:包括开料指令、CNC加工指令(CN码)等。

(4)包装指令:包装工根据指令形成的最优化材料分包文件,将加工完成的部件打包。

(5)计件工资指令:各部件在加工时自动计算加工所需的工作量,使计算机得到相应统计数据并最后根据个人的工作量汇总,提供给财务部门和人力资源部门,用于成本核算和工作量统计。

3. 原材料领料

物控部门根据生产计划调度部门的生产批次要求,结合在库材料数量和生产进度情况编制物料配送计划,确保库存物料满足生产需求;在生产过程中,物控部门根据生产计划调度部门的生产批次领料指令向生产车间配送物料,生产车间根据领料指令领料。

4. 开料

生产车间各开料工位的操作工人,将根据排产时生成的相关加工指令,在开料电子锯旁计算机的提示下,将板材加工成单个部件,并在部件上贴上专用条形码。

5. 封边

对一般部件,工人根据二维码上的可视指令,对各部件的切面用封边机进行封边。

6. 拉槽和打孔

对于不需要拉槽和打孔的部件将直接进入下一工序;对于需要CNC加工的部件,工人根据二维码在计算机上直接调出排产时生成的加工指令,在CNC加工中心机台上,对部件快速完成拉槽和打孔。

7. 部件检验

对于已完成全部加工工序的部件,检验人员对加工完成的部件进行检验。检验人员分别采取目测和计算机检查两种方式,计算机检查指输入部件条码后,调出部件图纸和加工数据后进行核对的检查,总体上检查的项目包括是否有漏打孔、打错孔、拉错槽、漏拉槽等。

8. 分拣和包装

按照在排产时形成的装箱清单，对完成加工的部件进行分拣，将清单中的部件包装在一起，并在包装上标明发货地址、订单号、收货人等信息，确保发货资料的完整和安全。

9. 入库

仓库用扫描仪器对各个分包装上的条码进行扫描，根据品牌、发货区域和顺序确认货位，分类存放。

4.5.5 排产管理

个性化定制家具生产管理如图4-16所示。

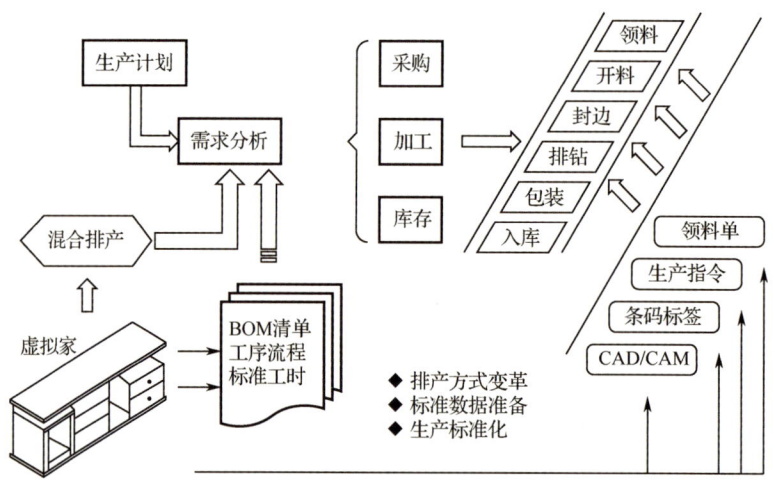

图 4-16 个性化定制家具生产管理

针对定制产品多品种、小批量的特点，采用按批次、按部件生产的大规模混流生产模式。主要实现对多个用户个性化产品订单进行智能拆分、分批分部件量化生产、按生产区域进行协同物流配送，并对生产计划和配送方式进行优化，达到降低成本、节约能耗、缩短交货期的目的。

将订单产品按数据库中的标准产品分类进行拆分、编码，相同或相近部件分派给指定基地进行生产。各个生产基地按接收到的生产任务以15~20个订单为一个批次进行混合排产，生成本批次的板件加工总任务单、本批次产品各车间各工序作业指令（包括机器指令和手工指令）、装箱清单、五金配件清单、入库清单等。

在现有条码系统的基础上，实现基于二维码的板件管理（见图4-17），使每块板件有了"身份证"，实现对加工信息的灵活跟踪，实现按"部件即产品"组织工业化生产，实现多产品同批次混流生产，实现制造执行信息化、指令简单化。车间的各工段只需根据二维码上的信息对零部件进行加工,无须了解产品生产的整个过程细节,可大幅提高工人的生产效率。

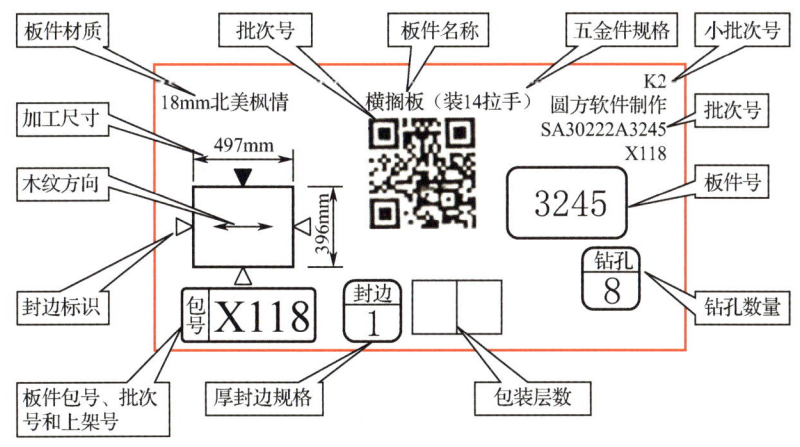

图 4-17　基于二维码的板件管理

4.5.6　物流配送

客服部发货组每日根据管理系统上已全部完成的订单清单安排发货。由外包运输公司将货物运送到物流公司,再由物流公司完成发货。

4.5.7　安装及售后服务

客服部每日对管理系统上的安装信息进行收集和分类,并根据不同的区域和产品数量,把安装指令派到有关的安装组。安装组接到指令后,根据客户情况及任务量,提前预约客户及配备好有关工具,及时上门为客户提供家具安装服务。

4.6　家具行业大规模个性化定制标准化现状与需求

4.6.1　标准化现状

定制家具在销售、生产、售后服务等方面,均与成品家具有着较大区别。据了解,由于国内定制家具的发展时间不长,业内尚未形成完善的定制家具标准体系。截至目前,涉及定制家具的在研或已发布的相关标准,包括但不限于以下情况。

1. 国家标准

(1)《定制家具　通用设计规范》(项目编号 20172544-T-607,在研阶段)。

(2)《定制家具　组合组装标识技术要求》(项目编号 20172545-T-607,在研阶段)。

（3）《定制家具 质量检验及质量评定》（项目编号 20172546-T-607，在研阶段）。

（4）《定制家具 挥发性有害物质现场检测方法》（项目编号 20172547-T-607，在研阶段）。

2．行业标准

（1）《木质集成家居安装、验收和使用规范》（项目编号 2017-LY-141，在研阶段）。

（2）《木质集成家居部件制造通用技术要求》（项目编号 2017-LY-141，在研阶段）。

3．中国家具协会团体标准

《定制家具》（标准号 T/CNFA 1—2017，已于 2017 年 12 月 1 日发布）。

从以上情况可以看出，目前国内定制家具的在研或已发布的相关标准主要侧重于产品质量及服务方面的要求，而大规模个性化定制标准化体系建设仍处于空白状况。

4.6.2 标准化需求

定制家具越来越受消费者青睐，成为近年家具消费领域中新的快速增长点。定制家具产业虽然在产品质量及服务方面正逐步建立相关的标准体系，但受消费者订单多样性、产品复杂性等因素制约，目前定制家具企业中大部分企业仍难以实现大规模柔性化生产，因此，建立起一系列的大规模个性化定制标准，对指导和提升定制家具企业的制造水平，助力家具企业继续做大做强，推动家具行业的转型升级，将有着重要的引领示范意义。

4.7 案例示范意义

维尚家具个性化定制新模式对提升我国家具行业的定制服务，促进信息化与生产技术的深度融合，解决技术上的障碍，优化信息技术条件下家具产品整体解决方案的可操作性，提升家具制造质量、效率和升级换代速度，带动家具行业整体的制造和服务能力，促进传统家具产业的转型升级，起到了关键的引领示范作用；同时对正在蓬勃发展的定制家具产业制造端的良性发展，以及为广大消费者提供高品质的定制家具产品起到了积极的推动作用。

维尚家具个性化定制新模式中客户驱动生产（C2B）的个性化定制服务系统、客户个性化需求数据采集与分析系统、基于大数据的需求特征挖掘技术、一站式定制的数字化服务技术、订单管理与智能排产系统、全流程信息自动采集系统、管控与协同优化系统、智能化制造单元系统等研究成果，以及专项实施过程中所积累的相关经验对将来的高端家具制造是至关重要的，并且还会积极推动其他轻工业柔性化生产，促进整体轻工业的发展。

此外,在"中国制造"面临艰苦爬坡、转型升级的巨大压力面前,维尚模式不仅为珠三角制造业转型和产业升级提供了可靠和有效的示范,也为"广东制造"走向"广东创造",乃至"中国制造"迈向"中国创造"开辟了一条崭新的通道。

4.8 下一步工作计划

下一步维尚将深入推进大规模个性化定制模式,围绕高效、低成本满足客户需求的目标提升各环节的能力水平,主要工作计划有以下几方面。

1. 交互设计方面

依托大数据手段,不断地充实知识库(产品库、户型库、解决方案库),提升企业的数据服务能力;开发与应用人工智能云设计、极速云渲染等技术,进一步升级与完善用户自主参与的开放式设计及 VR 互动体验平台,提高客户深度交互的效果。

2. 生产方面

深入推进我国"互联网+智能制造"思维,践行工业 4.0,开发包括基于人工智能的仿真和虚拟制造、自动化智能拆单和排产等信息技术;开发一站式完成板件开料、贴标签、钻孔和造型加工的柔性生产线;开发吸塑分拣项目(机器人)、门板包装自动扫描与贴标流水线、智能化环保封蜡机等自动化项目,从而满足更加规模化、高效化、定制化的生产需求,全面提升维尚定制家具的大规模柔性生产能力。

3. 物流方面

以整合上下游产业链、供应链为基础,提升供应链物流配送效率,将物联网、传感网与现有的互联网整合起来,通过精细、动态、科学的管理,实现物流的自动化、可视化、可控化、智能化、网络化,达到"智慧"状态,打造智慧物流(配送)平台。另外,携手苏宁物流打造更高标准的服务模式,通过资源整合、管理创新、技术创新,在运输、仓储、城配、家居送装、一体化供应链等领域开展深度合作,搭建基于双方互联互通、高效协同的家居物流信息管理系统,改善家居商品的多次转运和分散服务现状;通过集中配送、分类打包等做法降低商品破损率;通过送装一体等到家服务,解决安装烦琐、效率低下的行业痛点问题。通过全链路的合作,探索"干仓配装"四合一的家居物流解决方案。

4. 服务方面

利用信息化手段,整合产业资源,通过整体解决方案,带动一系列家居产品配套销售,构建涵盖陶瓷、卫浴、家具、厨衣柜、家纺等行业的"共生体系",为消费者带来更为便捷、安心、贴心的服务体验。

积极进行新零售方式的尝试，打造集"家居、时尚、艺术、社交"于一体的大型家居生活体验店，集合各种业态，为消费者提供更完善的一站式购物体验。

大力拓展整装业务，通过开发及完善整装云赋能平台，为广大的家装企业提供整装销售设计系统、BIM虚拟装修系统、中央厨房式供应链管理系统、机场塔台式中央计划调度系统四大系统，以系统技术驱动行业的进步和发展，并为消费者提供一站式的装修解决方案，真正意义上实现从毛坯房到"拎包入住"服务模式的转变。

案例 5

汽车制造行业大规模
个性化定制新模式

——重庆长安汽车股份有限公司

5.1 大规模个性化定制案例基本情况

在互联网+时代背景下，随着消费者对汽车产品的青睐和出行需求，自驾出行也是目前主要的旅游方式，因此消费者在接受汽车产品与服务时，都有着强烈的个性化需求。80后、90后的消费者已占据主要的消费比例，年轻一代的消费者主张表达自身的特点与诉求，因此对于个性化的需求非常强烈。在整车领域，大规模批量化生产已逐步成为历史，未来将迎来个性化小批量生产的时代，如何打通订单与生产环节、实现按订单生产与配送，并允许客户跟踪订单的各环节成为汽车生产模式的重大变革。在服务方面同样如此，汽车用户会在维保时进店获得服务，一般需要解决用户在上次进店到本次进店期间的各种使用问题，如刹车片磨损、异响等，用户希望4S店是按照自己车的实际情况提供个性化服务。

重庆长安汽车股份有限公司（以下简称"长安汽车"）是中国汽车四大集团阵营企业、中国品牌汽车领导者，拥有35年经验积累（见图5-1），在全球有15个生产基地、35个整车及发动机工厂。长安汽车打造了世界一流的研发实力，连续5届10年居中国汽车行业自主品牌销量第一。

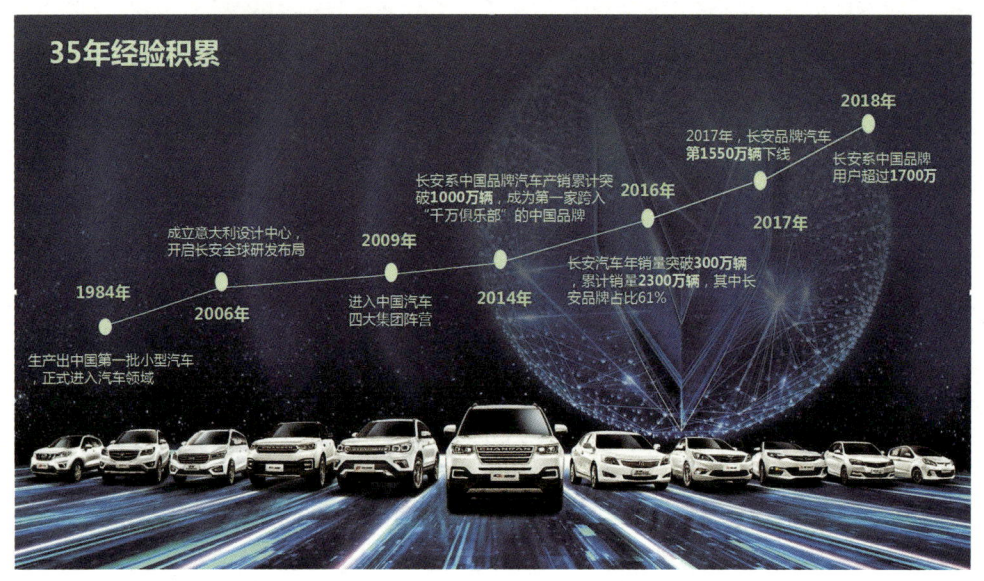

图 5-1　长安汽车发展历程

在这种背景下，长安汽车因市场和用户的需求迅速采取行动，于 2015 年 5 月 21 日启动了大规模个性化定制项目。对现有业务管理方式、操作流程等进行了改革和转变，对相关的 IT 系统进行了新建或升级改造，除传统销售渠道外，新增电商网络销售渠道，成为行业内首个天猫汽车旗舰店建设者，进一步推进与落地 C2M（Customer to Manufacturer）模式，实现交付周期缩短 10 天。通过个性化定制的实施，不仅开拓了新型消费市场，还有效降低了库存，资金周转期也随之得到缩短。

未来，长安汽车将以"引领汽车文明，造福人类生活"为使命，努力为客户提供高品质的产品和服务，为员工创造良好的环境和发展空间，为社会承担更多责任，向"打造世界一流汽车企业"的宏伟愿景迈进。

5.2　大规模个性化定制系统结构介绍

大规模个性化定制项目是长安汽车首次创新型业务改变，是 C2M 供应链模式的进一步推进与落地。大规模个性化定制业务的开展与实施，建立了客户的个性化定制需求直达工厂，以及供应链快速、敏捷响应的长安 C2M 商业模式。主要涉及的业务点有：电商平台、整车编码自动生成、超级 BOM 平台、拉动式生产计划模式、MES（制造执行系统）柔性生产满足个性化功能需求、ESB（企业服务总线）接口应用、用户订单实时跟踪等。

大规模个性化定制整体架构如图 5-2 所示。

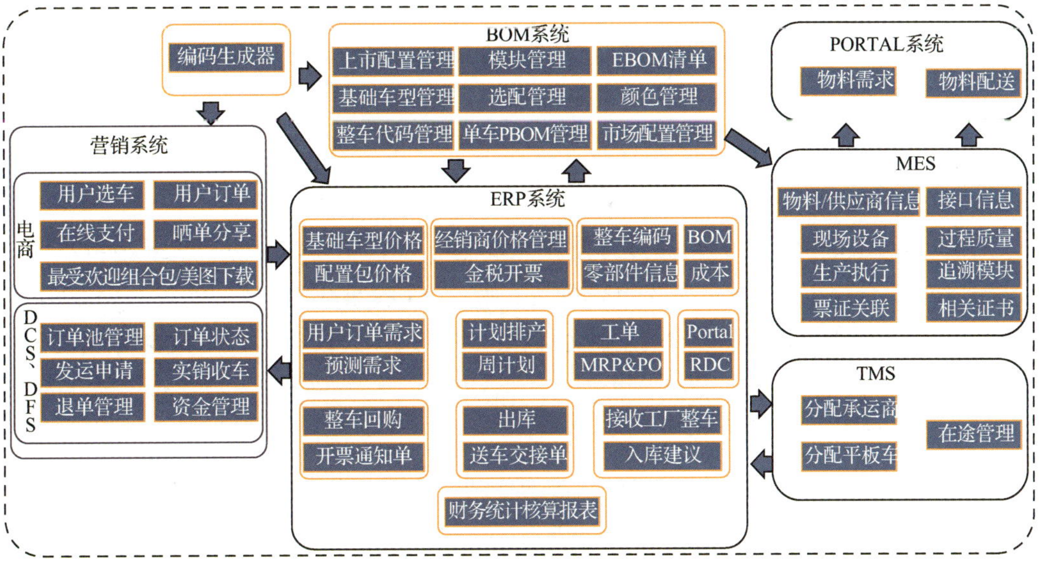

图 5-2　大规模个性化定制整体架构

5.2.1　电商平台

CS15 个性化定制是长安汽车打造电商平台的切入点。长安汽车作为自主品牌销量第一的汽车集团，在汽车电商的布局上没有盲目跟风"纯电商"的做法，而是基于供应链、货源、线下服务优势，选择"个性化定制服务"切入。

"通过数据来驱动制造"的 C2M 在线定制模式是部分商业零售领域的发展趋势，即用户先下单，工厂根据用户需求数据进行生产，该模式之前在服装和家具行业有部分应用，如今已被引入汽车行业。该模式不仅可以为线下渠道引流，更是通过一些定制化的内容满足用户个性化的需求。长安汽车主推的正是汽车行业的 C2M 在线定制模式 CS15。CS15 个性化定制车拥有 6 个定制服务包，超过 1 万种个性化定制方案，包括外观 7 种可选基色、3 种车顶辅色、4 种可选拉花、3 种可选内饰，以及 16 种可选配置，客户可以根据喜好直接在线选择车型、颜色、天窗等多种配置，点击下单后，直接进入排单生产。如此缩减了客户沟通、交易的环节，从而带来成本的节约；同时满足个性化时代客户多样化的需求，让客户可以低成本享受定制化的产品，抓住了更多年轻客户的心，这契合的正是互联网时代体验为王的定律；更值得一提的是，这种 C2M 模式是按需求生产，没有库存，有订单再生产，在一定程度上解决了库存问题。

电商平台主要包含以下三部分。

（1）基础运营系统：通过建立产品运营、交易支付、会员管理、在线客服等子系统解决基础运营问题。

（2）客户运营系统：通过建立多渠道的导流机制，实现客户的导购管理，建立完善的流量运营系统。

（3）商家运营系统：通过搭建上游供应商和下游服务商的运营管理系统，实现线上货品销售和线下服务商服务的商家管理系统。

5.2.2 整车编码自动生成

整车编码系统主要实现对用户选配的选配包进行自动编码，生成选配包顺序号，以便于 BOM 系统进行解码。其主要功能是：从 BOM 收集基础车型、老车型整车编码、颜色、基础车型编码规则、选配包基础信息；生成选配包序列号；生成整车编码。

5.2.3 超级 BOM 平台

现有的 BOM 结构不足以支撑自由配置组合的需要，只支持有限的 BOM 层次和人为的 BOM 搭建，其结构流程如图 5-3 所示。

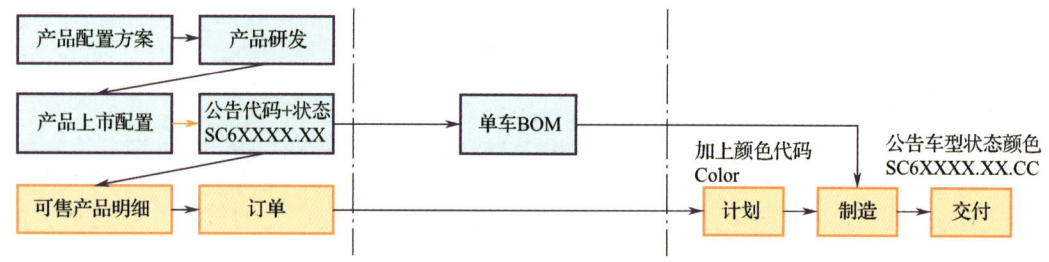

图 5-3　BOM 结构流程

在个性化业务特殊需求下，BOM 的结构必须是配置型的，可以由整车编码通过 BOM 系统进行超级解算，形成单车的 BOM 信息（见图 5-4），而不是人为去设置 BOM 结构。现阶段，长安汽车的 BOM 系统已经由人工搭建转换为系统自动创建 BOM 的配置型的 BOM 系统，并建立了长安汽车 BOM 系统平台。BOM 系统平台现已实现了产品基础数据集中管理，同时零件通用化率及研发效率也在逐步提升，可实现的车型选配状态总数预计会超过 100 万。

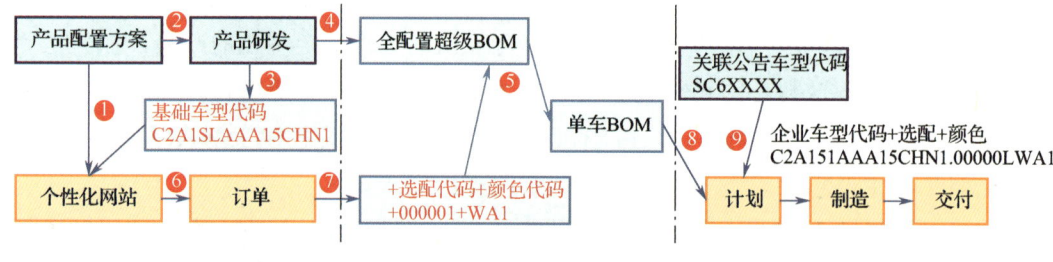

图 5-4　单车 BOM 形成图

5.2.4 拉动式生产计划模式、MES（生产制造执行系统）柔性生产

从生产计划到产品入库全生产过程增加选配包代码的识别和应用，针对长安汽车合肥基地目前的基础数据，在作业指示、法规信息、设备识别等阶段都加入选配包代码的应用，在选配包代码加入的同时尽可能地减少用户数据维护工作量。

5.2.5 ESB（企业服务总线）接口应用

个性化业务的总体要求是业务系统之间处理数据要快，这必然对系统之间的接口工具提出更高的要求，以前定时触发的方式已经满足不了要求，必须是及时响应的方式才能满足个性化业务的需求。

根据个性化定制的数据接口实际需求，采用了 ESB 作为个性化业务系统接口的主要数据交互工具，ESB 被长安汽车首次用于业务系统之间的接口管理（见图 5-5）。数据交换平台主要用于定时、大数据量的数据交互，ESB 主要用于及时、频率高、数据量小的数据交互。

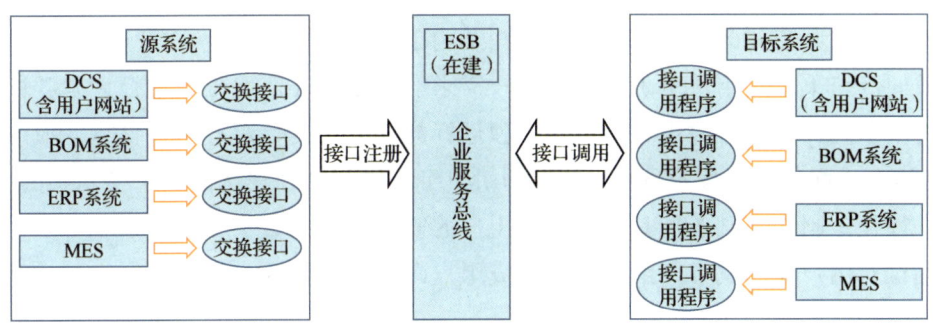

图 5-5　数据接口架构

5.3　大规模个性化定制系统关键绩效指标

大规模个性化定制的核心在于定制车的产能、生产周期控制、选配防错过程控制，因此制定关键绩效指标如下。

（1）生产效率指标：涂装车间双色车一次性合格率（FTT）≥85%（行业平均水平为 80%～85%），确保定制车辆关键工序生产产能。

（2）交付的制造时长（DTD）：目标为 3 天（行业一般水平为 5 天，通过生产计划优化及内部有效管控，压缩至 3 天，下降 40%）。

（3）产品不良品率：0。通过信息系统支撑，精益管理，制定个性化车可视化色彩

标准、多重工位检查等有效防呆防错措施,个性车的状态准确率达 100%,产品不良品率降至 0。

5.4 案例特点

汽车行业特别是乘用车和商用车都是遵循一体化、批量化的原则进行生产和销售的,但是批量个性化定制完全打破了这一常规流程,并按照用户的需求进行一系列供应链的供应活动。其主要特点分别介绍如下。

5.4.1 需求交互方面

随着时代的变迁,个人的喜好逐步占据商品市场主流,现在很多商品生产厂家也在挖空心思想满足用户的各种想法,并通过各种渠道满足用户的这些要求,比如在商品上刻字、拉花、增加附加功能等一些外观的变化。但如果要对汽车进行个性化需求改变,则是非常困难的,外观方面的变化倒是容易满足用户的喜好,但如果涉及汽车内部的变化,则需要改变汽车内部的一些结构了。

长安汽车秉承对用户负责、满足用户需求的原则,在研发领域进行大胆尝试和改革,对汽车配件进行有效组合,将可单独运行的独立元器件进行组合打包,形成选配包,把这个选配包面向用户开放。这就为用户可以进行个性化选配打下了坚实的基础。

个性化定制的基础条件具备了,对用户的需求方面也做了一些调研。

通过对用户需求进行归纳分析,形成用户画像,如图 5-6 所示。

汽车价值观
关注外观和安全性、乘坐空间、价格和舒适性

消费观念
消费理性,追求实用兼顾品质、设计体面、时尚

性别	男性(80.47%)	兴趣爱好	户外活动(35.96%)
年龄	30~40岁(22.75%)	居住城市	五级城市为主(24.39%)
学历	高中及以上(50.28%)	行业	制造业为主(58.28%)
个人收入	3000~5999元/月(73.36%)	职业	其他职业(44.54%)
星座	天秤座为主(10.16%)	职务	一般员工为主(100%)

图 5-6 用户画像

通过对用户群体的分析，从年龄、婚姻、经济实力、价值观及消费观念等各个方面看，要满足用户的个性化需求，不能从单一的因素去研究产品未来发展趋势和服务人群；战略上更是要全面考虑以上因素，去制定研发团队的研发方向。

5.4.2 供应链模式变革

为满足个性化定制业务的需要，必须对现有供应链的模式进行改革，把以前的正向思维转变成逆向思维，等用户订单发起时才进行生产经营活动。

各供应链流程以用户订单为纲，逐级展开业务。大规模个性化定制的供应链流程主要有：用户（电商）流程、BOM流程、生产计划流程、生产制造流程、销售流程、整车物流流程等。

（1）用户（电商）流程：属于创新业务，而且直接面对的是客户，所以电商就以客户为导向，以用户体验为中心，规划了长安汽车电商总体发展规划，构建集新车销售、售后服务、汽车生活、汽车金融保险、二手车、汽车共享等汽车相关业务于一体的汽车互联网O2O生态圈，围绕客户消费生命周期提供愉悦服务体验，建立客户车生活愉悦体验生态圈。采用自主和第三方合作模式：自主掌握核心架构；与第三方合作，引进成熟技术、人员和经验。

（2）BOM流程：个性化定制业务的开展必须依托配置BOM才能实现，因此建立一套完整的超级BOM体系是个性化业务的基础。通过引进行业先进的BOM管理经验和IT技术，建立了长安汽车的BOM系统平台。

（3）生产计划流程：包括零部件物流计划和生产计划。零部件物流计划在前期依据市场调研，预计部分零部件库存；在后期根据个性化订单的数据分析，理性地制订零部件的采购计划。生产计划以用户的需求优先进行计划排产，实现当日订单排产。

（4）生产制造流程：在生产计划生成时带有用户订单号信息，因此在生产过程中可根据订单号以及个性化选配信息指导生产。生产工位上会有个性化需求装配的指示，在总装完成装配后下线，进行入库。

（5）销售流程：用户订单生成后，首先进入的是整个销售系统，然后再把订单信息传到整车编码系统和生产计划排产系统，这主要是为了车辆到达后作为收车的基本依据。根据已经入库的订单，系统会自动生成销售订单，然后传入发运系统。

（6）整车物流流程：根据传入的销售订单和入库时的车辆详情，已经知道该订单对应的是哪个条码。在物流管理和业务上优先发运个性化定制的用户订单，整个个性化定制订单流程如图5-7所示。

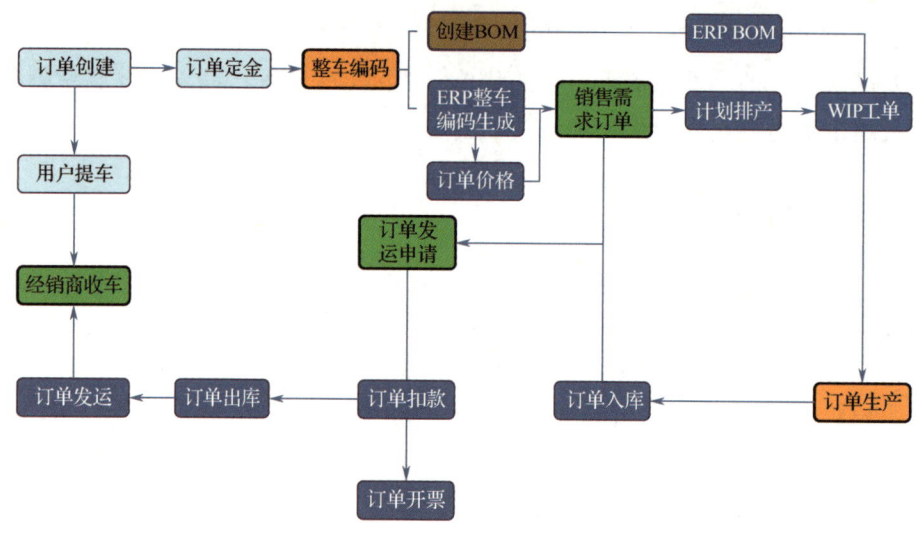

图 5-7　个性化定制订单流程

5.4.3　颠覆传统定制模式

大规模个性化定制在供应方式、BOM 方式、整车编码方式等方面颠覆了传统模式，个性化定制与传统定制模式的差异如图 5-8 所示。

（1）供应方式：大规模个性化定制是需求拉动式生产，即根据订单进行生产；非个性化订单是计划式生产（库存式）。

（2）BOM 方式：大规模个性化定制是选配 BOM（超级 BOM）；非个性化订单是一般的树状 BOM。

（3）整车编码方式：大规模个性化定制是系统自动编码；非个性化定制是预编码。

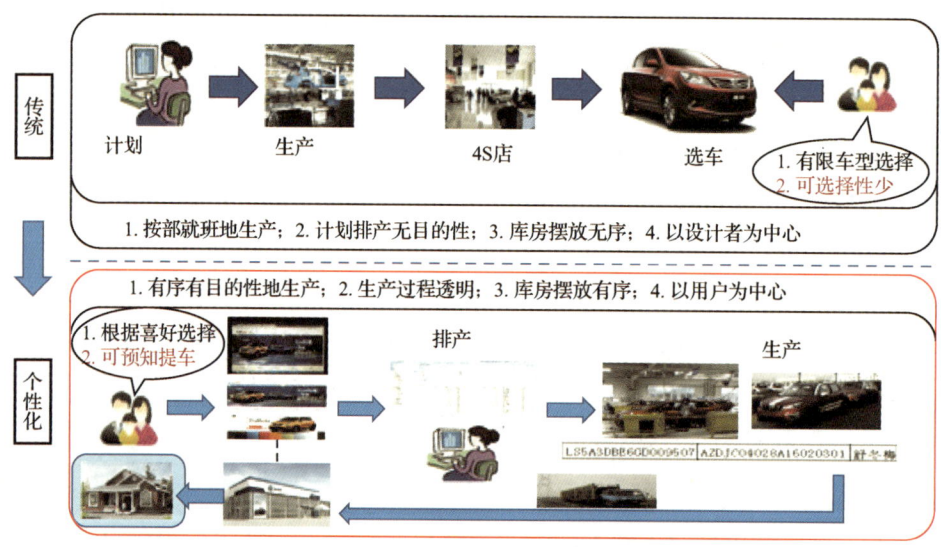

图 5-8　个性化定制与传统定制模式的差异

5.5 汽车行业大规模个性化定制实施步骤

5.5.1 基本要求

大规模个性化定制业务属于从用户到用户的全闭合业务流程，对汽车企业的各个业务系统要求非常高，其特点是快和准。快是响应客户需求的速度要快，系统的数据处理速度要快，接口传输信息的速度要快，工厂生产速度要快，物流发运速度要快；准是基础车型要准，选配信息要准，BOM信息要准，计划排产要准，工厂工艺装配要准。

个性化定制是以用户需求为起点，经过电商平台，以满足用户爱好为主选择配置；整车编码对应用户的订单能够在企业内部所识别的车型，便于用户订单能够在企业内部系统中传递并得到应用；BOM平台对整车编码进行BOM解算，支撑零部件物流计划及供应；生产计划排产系统要根据工厂的产能、物流部件供应能力进行合理的订单排产计划；采购系统按照排产计划和零部件信息发布采购信息，供应商看到采购信息后安排备货和生产；工厂柔性制造按照计划排产的订单进行柔性生产，生产工艺会根据订单的特殊要求进行自动工艺变更；零部件系统根据生产的节奏和个性化的需求将零部件及时配送到工位上；整车物流系统根据入库的订单车辆组织合理发运；销售系统在车到店后，把信息传递到电商平台，用户看到自己订购的车辆已经到店的信息后，自己安排到店提车。

5.5.2 需求交互

1．案头研究

扫描目标市场行业现状以及分析个性化需求必要性，分析、明确目标用户群并研究其基本属性及性格特征（性别、年龄、职位、人生观、价值观、汽车观等）。

2．市场调研

基于前期案头分析及研究，开展对应个性化需求调研项目，具体可包含已知需求重要度排序、潜在配置需求度挖掘、需求配置感知价格测试等。

3．可行性分析

根据调研结果，结合用户需求、技术可实现性、产品自身定位目标，确定最终可实现的个性化配置方案。

4．交互方式

在用户购买个性化定制类产品时，可以结合线上线下的渠道，让用户可以轻松、有保障地进行个性化定制下单（见图5-9）。线上的活动信息可做到及时新增、及时更新、及时维护，线下提货可以让用户觉得购买有保障，买得放心。

图 5-9　个性化定制下单平台

线上交互，用户在线上浏览商品详情、活动、促销信息，以及具体的定制化配置规则和选项，在下单时选择用户定制化的选项和细节，并且可以实时在线查看个性化定制的模型；下单成功之后在线上支付定金。

线下交互，当商品根据用户的定制化配置生产好之后，由物流快速发运至离客户最近的提车点，由专业的服务人员进行跟踪服务。

线上交互界面含基本功能和扩展功能。基本功能：用户可以浏览定制商品的详情、细节图、可定制的配置项和不可定制的配置项，并告知具体价格；可获知个性化定制选项的最低数量及选项之间的联系。扩展功能：配置选项实物的视频展示，可实时查看选中定制配置之后的 360 度效果图。

交互数据包括个性化定制的基本信息、图片信息、可配置功能数据、定制选项相关的依赖互斥的数据。

5.5.3　设计研发

为了提升企业竞争力，做大做强自主品牌，打造世界一流汽车企业，长安汽车针对产品自主研发过程中面临的进度、质量、成本的三重矛盾，主动探索研究新的开发模式，开展了自主品牌汽车模块化开发与管理体系的创建与实践，其主要内涵是：以追求"快速＋最优性价比"理念和提升市场客户价值导向为指导思想，通过搭建模块化开发管理体系，固化模块化开发流程，开展整车模块化开发体系的架构搭建、设计开发和推广应用,达到了持续完善模块化开发体系,优化管理方法和应用技术,提升模块化开发水平的目标,实现了提高开发效率,产品性价比最高,对自主研发能力的提升起到了积极的促进作用。

个性化定制研发设计思路如图 5-10 所示,在推进工作中,以整车各模块为着力点,以贯穿各平台的通用化为落脚点,以缩短开发周期、最少的技术状态、最优的成本和可靠的质量来满足多平台不同车型需求为目标,运用接口界面约束分析、"十步漏斗"分析等创新技术和管理工具,采用"种子工程试点、全面扩展、新领域突破"推进方式,在设计制造集成、主力方向、新技术、二级物料、原辅料五大方向实施模块化开发,达到进度、质量与成本的最佳融合。

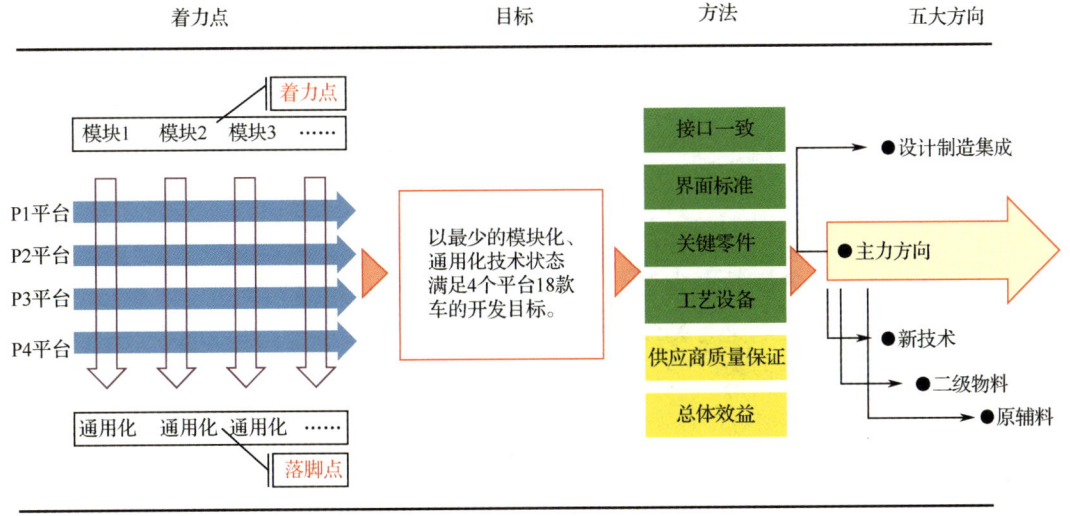

图 5-10　个性化定制研发设计思路

在具体实施方法上,需要从以下五个方面推进实施。

1. 组建矩阵式项目团队

在组建项目团队时,充分贯彻团队工作的思想,以产品模块为主线,贯穿产品平台和质量、采购等专业团队,按产品模块组建起立体化矩阵式项目团队。采用这种方式,有利于将各产品平台纳入整体规划,实现各平台车型之间零部件的通用化、系列化和标准化。

2. 创建多层级的工作推进机制

在企业层面,以模块化项目组为核心,推动采购、质量、技术、工艺、IT、产品策划、项目管理等跨部门工作开展。在专业层面,建立了一级网络计划图及关键任务监控表(Key Task Monitor, KTM)周推动机制,确保各项工作按计划完成,还建立了多种方式的会议沟通机制，如各专业板块的周推进会。

3. 搭建整车模块架构的顶层设计规划

自主品牌的模块化开发管理是个循序渐进的系统化过程，它首先需要结合企业的设计能力、制造能力和采购供应链能力，科学、合理地对整车架构、模块进行划分。根据顶层设计，自上而下统一思想，需要将汽车的整车架构划分为闭合件、底盘、车身、驾驶舱、电子系统、车身附件6个大模块，再逐步细分为中模块和基础模块，并从顶层至底层按照3个层级划分各具体模块，为推进设计模块化、采购模块化、装配模块化的开发管理奠定基础。

4. 构建模块化边界接口分析技术

模块化开发的核心思想是实现模块关键零件的通用化、系列化；系统界面标准化、规范化；边界接口一致，力求以少量的模块组成尽可能多的产品。为实现最少状态的最多组合，在B图（边界图）技术的基础上，项目组创建了模块化边界接口分析技术，包括六大边界要素分析：物理接触、能量转移、信息交流、材料转换、多项关联和边界线。

5. 创建"十步漏斗"分析评价技术

一个模块化开发方案是否先进，是否可行，需要通过市场、技术、质量、制造、采购等领域的特征和表现进行判断。为此，长安汽车创建了一个独创的"十步漏斗"分析方法，它从模块的层级、市场成熟度、质量表现、重量及成本、状态数及装配层次、技术规划、供应商评价、目标适应性、接口及周边约束分析、供应商体系分析等维度，通过十个步骤对模块化方案进行综合分析评价。

5.5.4 柔性制造

柔性制造是目前国内外先进汽车制造企业广泛采用的一种灵活、高效的生产模式，可实现多车型共线、混线、混流生产。其目的是既满足汽车生产规模效益，又保证产品的多元化，还可以针对变化的市场做出快速反应，以满足市场需求。这种先进的生产理念，以其时效优势和成本优势极大地增加了企业的竞争力。在汽车产品如此快速的更新换代中（见图5-11），汽车企业的生产能力能否弹性适应市场波动并进行快速调整至关重要。

支撑柔性制造的生产线设计应具备以下特征：

（1）可以满足车型的柔性，即具备同平台多车型或跨平台车型共线生产的能力。

（2）可以满足生产方式的柔性，即能满足任意混流生产或批量生产的生产方式。

（3）可以满足产能的柔性，即能够较容易完成产能提升的需求。

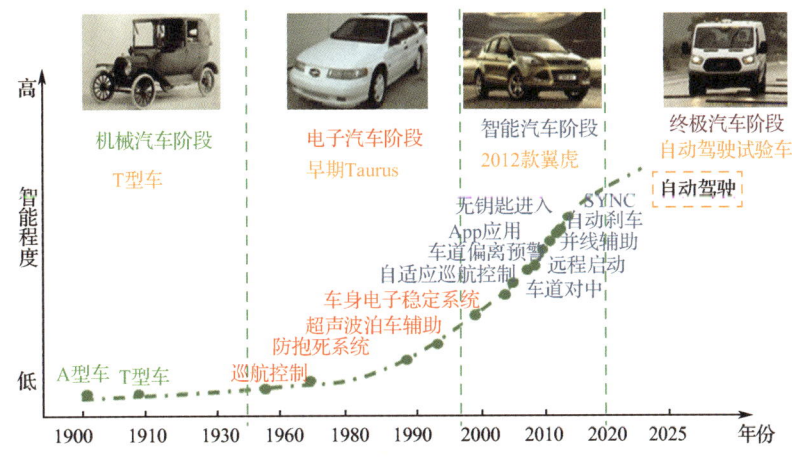

图 5-11　汽车产品更新换代趋势

柔性生产线具备以下优势：

（1）由于配备相同的设备，使用相同的生产工艺，所以在生产设备、生产工艺流程和质量管理方面实现了三个标准的统一，将产品的不合格率降到了最低限度，提高了产品质量，提升了竞争力。

（2）生产适应性强：柔性生产系统能帮助汽车生产企业迅速应对市场变化，跟上消费者的需求，这是汽车企业提高竞争力的关键。

（3）缩短开发建设周期：由于使用了标准化的配置，生产线的开发和建设周期都大大缩短，使用周期大大延长，降低了投资，提高了效益。

柔性化制造实现个性化生产的研究方向，主要从工艺设计、生产线设备、物流（新物流设备 AGV 见图 5-12）、生产信息化管理四个方向开展研究工作。重点研究模块化工艺设计、防呆防错、新工艺方法、工艺设备标准化设计。

图 5-12　新物流设备 AGV

5.5.5 物料采购

1. 备货流程

在月度计划下发后,采购部门应统筹经销商按照月度计划备库存,供应商需根据库存及备货标准数量进行生产备货。

(1)工厂采购部门根据个性化零部件备货原则及备货数量,通知供应商建立初期库存,库存量需达到备货数量标准。

(2)在完成初期库存备货后,工厂接收个性化整车订单,运行生产计划,发放零部件需求三联单,物流公司根据计划指示配送至 RDC 等待上线配送。

(3)第三方物流按生产指示配送物料,生产车间完成生产,每月完成后盘点库存,供应商继续补充至初期库存。

个性化零部件备货配送流程如图 5-13 所示。

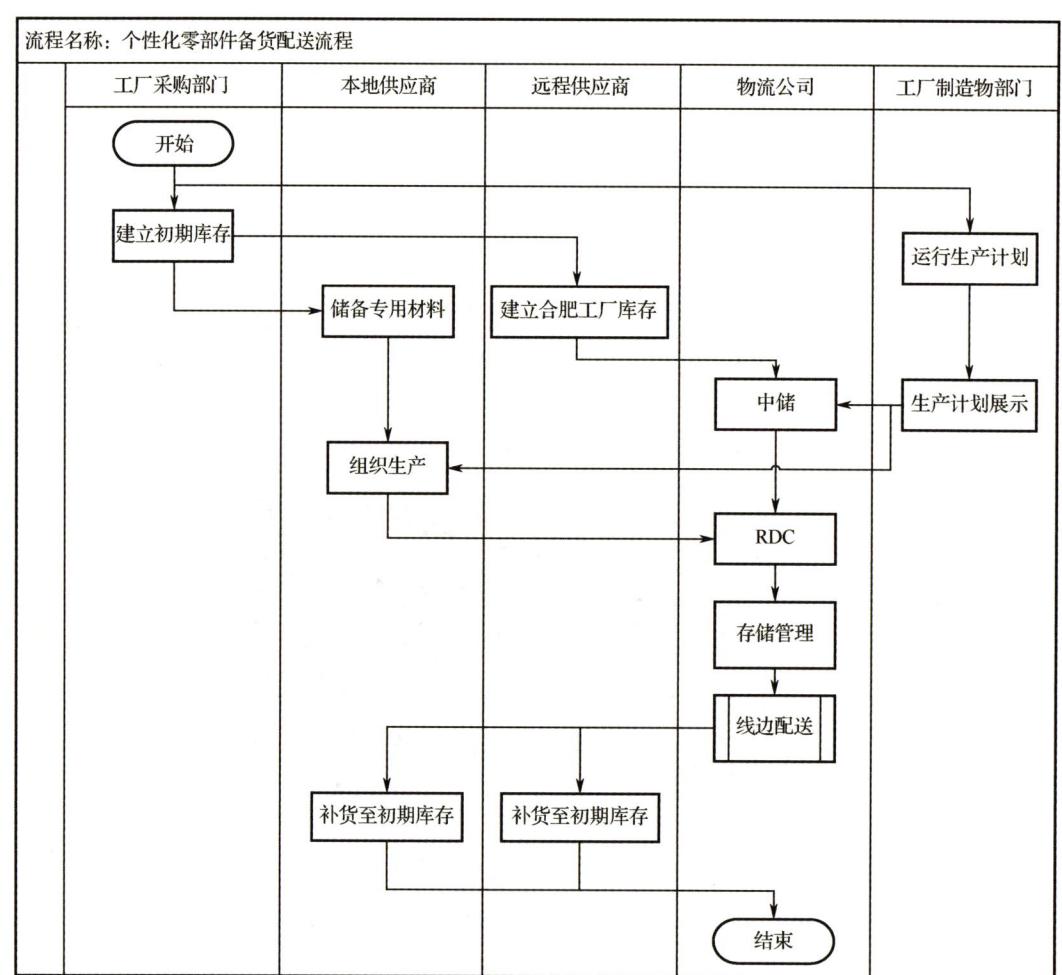

图 5-13 个性化零部件备货配送流程

2. 个性化零部件备货原则

根据产品个性化配置包上市规划,整理个性化零部件产品数量及供应商信息。根据供应商所在区域、供货运货时长、零部件品种状态、存储有效期等多种因素,制定个性化零部件的备货原则。

(1) 钣金件:因钣金件产品为钢板直接冲压成型,不具有防腐蚀性,易产生锈蚀,建议不储备库存,直接按订单生产。

(2) 线下件(拉花):该件生产周期为20天/2000套(多品种生产),公路运输周期为2~3天,产品有效期为1~2年(视存放环境)。因订单执行周期较长,装配时易造成工废,建议采用工厂库存储备方式,初期每个品种储备50套(供应商建议储备30~100套/每品种),待销售数据具有一定样本量后,再分析调整库存储备数量。

(3) 总装件(本地化):该类产品主要是内外饰件和座椅类产品。因供应商均在工厂周边,且涉及产品颜色较多,建议采用供应商储备半成品库存,接订单后再组装生产的方式。例如,保险杠可以准备坯件库存,接订单后安排面漆和组装;座椅产品采用准备面料库存,接订单后安排组装。但该方式需要给供应商提前2~3天的生产准备周期,以保证装配过程和最大限度地减小对供应商的生产扰动。

(4) 总装件(600公里内):该类产品运输距离较短,且主要是外饰件,采用工厂少量库存+供应商库存方式。工厂储备库存主要是应对订单稀少、排产不均衡、装配过程中易造成损伤更换等问题。供应商库存用来应对工厂存量部分不足、批量订单生产、运输周期和发运批量不定、供应商排产周期不足等因素。工厂库存建议储备200套/每品种,供应商库存应是工厂库存的2~3倍。

(5) 总装件(1000公里外):该类产品运输距离较长,涵盖内、外饰件,建议采用工厂库存方式,单品种储备300~500套,供应商滚动补货。

(6) 总装件(安全带):该类产品具有特殊性,主要是涉及多颜色和需要提前装配。可采用两种方式,一是工厂储备库存,以应对预装周期和工厂生产;二是提前订单发放周期,供应商储备半成品库存,接订单后及时插单生产、发运,订单发放周期需要考虑安全带生产运输周期和座椅装配周期,同时还需要供应商做好插单应对措施。

3. 个性化零部件备货明细更新机制

个性化零部件备货更新流程如图5-14所示。

(1) 个性化零部件每月进行常规库存清理并通报,通报部门为制造物流部、轿车销售事业部、电商专责组及合肥工厂相关单位。

(2) 个性化零部件在出现新增时,或在季度消耗审核中发现单品种消耗量较大的零部件时,按个性化专用件备货原则,更新初期备货数量标准。

(3) 在接到更新指令后,采购部门先核定出修改的初期库存量,通知供应商确认,然后依据个性化零部件备货流程按照修订的初期数量标准进行备货操作。

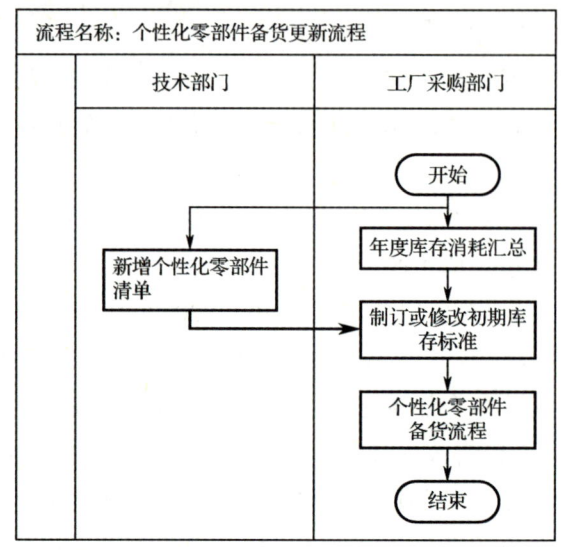

图 5-14　个性化零部件备货更新流程

5.5.6　生产管理

生产计划/精细排程是一种考虑了产能约束（有限资源计划）、柔性敏捷制造的短期物料和生产计划方法，能够实现优化资源配置的作用，并创建精确的以工厂为单位的生产安排，以便缩短生产周期及提高对市场需求预测变化的反应速度。众所周知，在供需平衡的等式中，对需求的精确预测仅是等式的一部分，另一部分则是根据需求发货的能力。企业需要以"最大限度地利用现有生产能力"为指导思想安排生产日程，并在新的需求出现时修改这些日程表，以确保以工厂为单位的材料和资源流的平稳流动。

根据个性化订单的特殊性和不确定性，生产管理部门通过对整个计划排产流程进行详细梳理，制定了个性化订单原则：个性化订单需轿车销售事业部确认（客户、经销商）；月度以个性化订单预计总量为基础；个性化订单输入系统数据直接发往制造工厂，具体操作频次以周为单位。

以此为依据对生产计划的排产流程进行了相应修改，优先把已经确认订单的个性化车辆列入生产计划中。根据6+3的计划发放原则，每周一、周四各发放一次订单，周一和周四中午前满足发放条件的订单即纳入下一计划周期，减少计划准备周期。

根据产能及工艺约束条件，确定工厂个性化生产最大产能，在最大产能内进行正常计划排产，超出部分即顺延至下一工作日。

针对本日处理的生产计划日确定计划部分的车辆，制定出生产顺序。

总装下线顺序：起点是总装顺序。为了提高总装线的生产效率，同时因为设备和生产方面存在限制，所以遵从平准化条件来计算顺序。所谓生产的均衡化，就是最终装配线每天遵循循环时间以均衡的数量制造各种产品，意味着把产品流量的波动尽可能控制到最小,特别是个性化车型的影响。因此,提炼产品流量波动对生产环节影响的关键要素,即在同一条生产线上生产不同车型会出现装配工时不等的差异情况,根据该要素统计计算将所需工时多的车、少的车合理地搭配均衡进行流水线生产。这种情况主要集中在内饰件和总装线上。排序优化的做法和约束条件是:①在同一单元内安排的车型差异最小,一般安装同一平台车型、同一平台相同型号车型、同一型号同一配置车型逐步区分;②排序的订单交货期是将订单中的车型组合后排在什么时段上的生产单元中执行的约束条件;③遵守生产线中如颜色匹配等固有约束条件进行物流匹配。

涂装下线顺序:考虑到涂装的设备要求,在完全不打乱平准化的情况下也许不能满足实际生产需要,需要在 PBS 平台的调整能力范围内,适当打乱平准化,对颜色批量化未完结的车辆计算顺序。如对最低同种颜色成组油漆的设计要求,改要求可减少因涂装双色、同种工序重复操作而产生的能源消耗、材料消耗及污染排放。同时有双色车工艺需要的,涂一遍后需要遮蔽返回原处再喷涂第二种颜色,还会有相当比例的车身质量、喷涂质量返工,涂装车间极大地影响按订单生产的可靠性(其概率为 60%~70%)。

涂装上线顺序:关于涂装下线前面的涂装上线顺序,在考虑到双色车的情况下计算顺序。

焊装主线开工顺序:在焊装车间,需要根据设备方面的限制,遵从批量台数,用批量化条件(白车身物料号)来进行批量化处理。

焊装辅线开工顺序:在焊装主线开工顺序的基础上,以焊装辅线为单位进行分解,计算每条辅线的开工顺序。

车辆的排序是在车辆生产过程中在不同车间精确跟踪车辆的生产顺序,以及在生产过程中进行生产防错的一种方式。如总装生产线,上线之前,车身经排序后,每辆车都有了装配顺序号,在子线上线时,通过校验车辆的装配顺序避免系统跟踪的车辆和实际车辆的位置不同。车辆的排序对于车辆的防错以及正确的生产线物料的需求拉动十分重要。随着整车厂的物料管理精细化水平、整车生产的个性化程度及混线程度越来越高,越来越多的物料采用排序拉动供应。对于采用排序供应的物料,正确的顺序是制造防错的一种方式。

排产计划线上车辆识别与跟踪,是实现车辆排序生产的重要手段。

5.5.7 物流配送

随着经济的发展,人民的生活水平逐步提高,千篇一律的流水线产品已经很难满足人们的消费需求,"个性化定制"风潮开始在国内萌芽。汽车消费的逐步普及,消费者也不再满足于无差别的流水线产品,能否实现汽车的个性化定制,对客户需求做出快速反应已经成为决定企业成败的关键。

大规模个性化定制对汽车制造企业的供应链及企业的快速反应能力提出了新的挑战，物流配送环节作为大规模个性化定制商品车最终与客户进行面对面交付的环节，直接影响到客户的购车体验，因此，如何保证个性化汽车交货期及商品车交付质量已经成为汽车制造企业物流配送部门亟待解决的问题。

物流配送环节位于智能制造系统架构生命周期中的物流环节。

大规模个性化定制物流配送是通过整车物流信息系统对商品车从订单下单开始跟踪整个物流过程，直到商品车完全交付到客户手中整个过程的管理。在保证商品车质量前提下，需实现物流全过程可追溯，并可满足客户对按单配送、交付方式和交付期限的个性化需求（见图5-15）。

图 5-15　个性化定制整车物流配送

大规模个性化定制物流配送的特征如下，流程如图5-16所示。

1. 客户需求为导向

大规模个性化定制物流配送旨在充分识别客户的物流需求，并根据需求特征进行市场细分，提供客户化定制物流服务，是一种需求拉动型物流服务模式。

2. 以现代信息技术和物流技术为支持

大规模个性化定制物流配送必须依靠现代信息技术和物流技术，目前长安汽车全新自主开发的整车物流信息系统（VDS）能够为客户提供较为先进的计划管理、仓储管理、整车发运管理、在途管理、送达交付管理,并支持个性化定制客户订单数据的监控与查询。

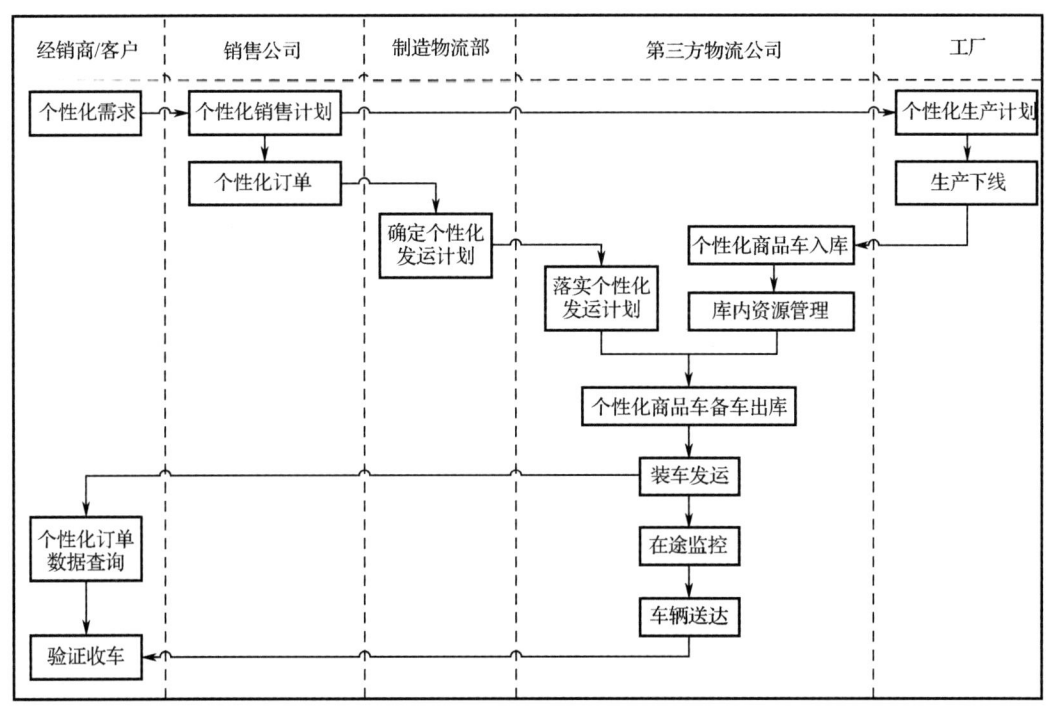

图 5-16 大规模个性化定制物流配送的流程

5.5.8 售后服务

个性化定制车辆由于自身配置较传统生产模式车辆有更丰富的配置选择,所以给售后服务的维修工艺、备件保供、保养策略等增加了难度,但通过个性化定制车辆在生产的物料信息(MOBM),可以完整导出所需售后的物料信息(SBOM),从而为售后服务的维修工艺和备件保供策略提供了数据支撑和预测计划。具体来说售后服务分为四方面,即进站车辆的识别和风险判断、维修索赔、服务站备件采购建储、质量分析评估,详细如下:

1. 进站车辆的识别和风险判断

当个性化定制车辆实销上报并在 DMS 系统记录以后,即可作为服务站识别车辆的依据。大规模个性化定制售后服务流程如图 5-17 所示。

通过 VIN 号,流程中的维修登记、DMS 预警历史查询、DMS 工单登记预警检查为个性化定制车辆的配置识别和后续维修诊断起到了信息初步判断和维修风险识别的作用。

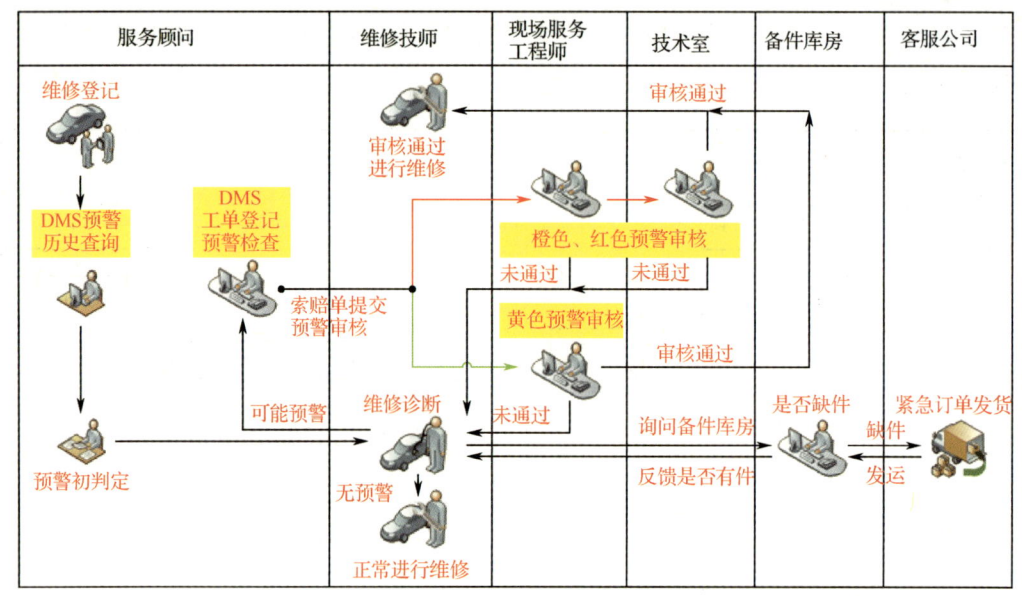

图 5-17 大规模个性化定制售后服务流程

2. 维修索赔

维修索赔是指车辆在三包范围内因质量问题产生维修费用,服务站先进行维修,再向车厂进行索赔的过程。整个过程中个性化定制车辆的 SBOM 备件配置信息起到关键维修指导作用。维修索赔流程如图 5-18 所示。

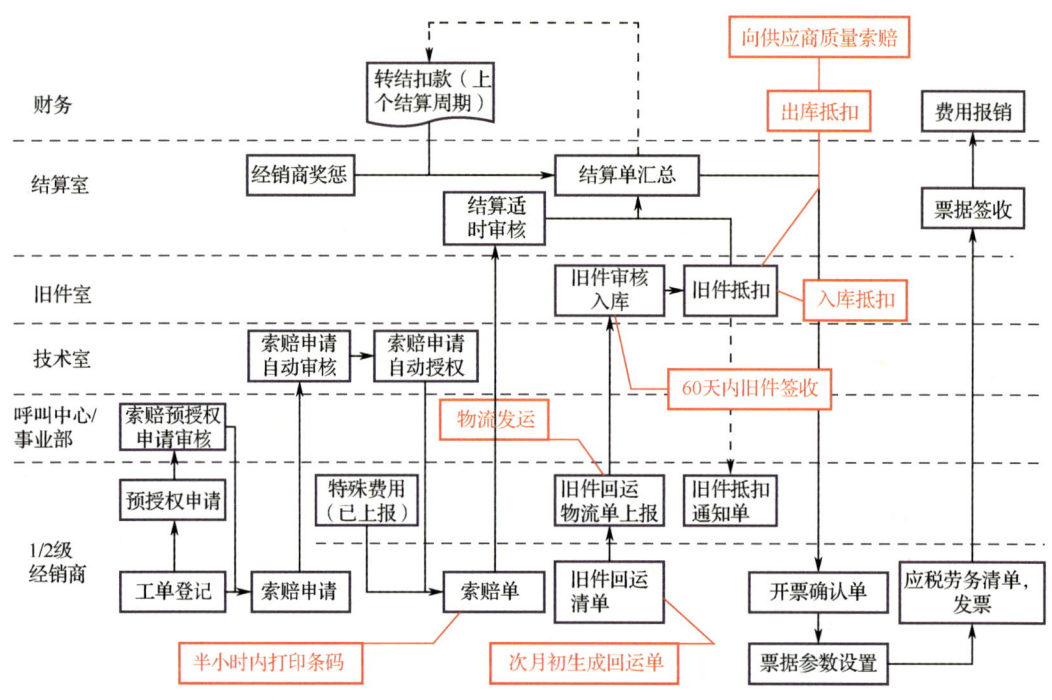

图 5-18 维修索赔流程

流程中在产生车辆索赔单后,必须半小时内打印换下旧零件的条码,以便进行旧件向车厂的回运跟踪,利用条码信息和 SBOM 中的供应商信息,可以支持车厂将个性化定制车辆产生的维修费用精准地向供应商进行再次索赔。

3．服务站备件采购建储

根据个性化定制车辆的实销数据的地理区域分布,各配置车型质量数据分析、季节性变化等,可以通过备件采购预测系统向服务站和各级保供组织提供备件采购建储策略,每周向保供组织提供合理的建议备货目标,并转化为备件采购订单。

4．质量分析

通过对 DMS 系统中个性化定制车辆产生的维修工单内容进行分析,发现定制化生产和配置中的零件批量性问题,并传递到从设计到生产制造的各个环节进行改进。

5.6 汽车行业大规模个性化定制标准化现状与需求

5.6.1 标准化现状

1．汽车标准体系框架

汽车标准体系框架如图 5-19 所示,现行有效标准共 1308 项,其中:国家标准 501 项、行业标准 807 项。乘用车强制性国家标准体系如图 5-20 所示。

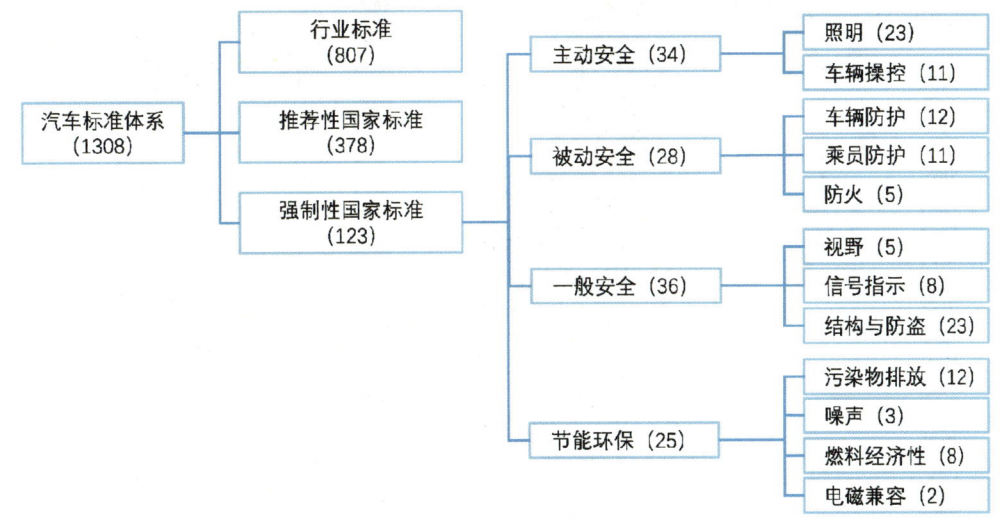

图 5-19　汽车标准体系框架

中国乘用车强制性国家标准（2020版）

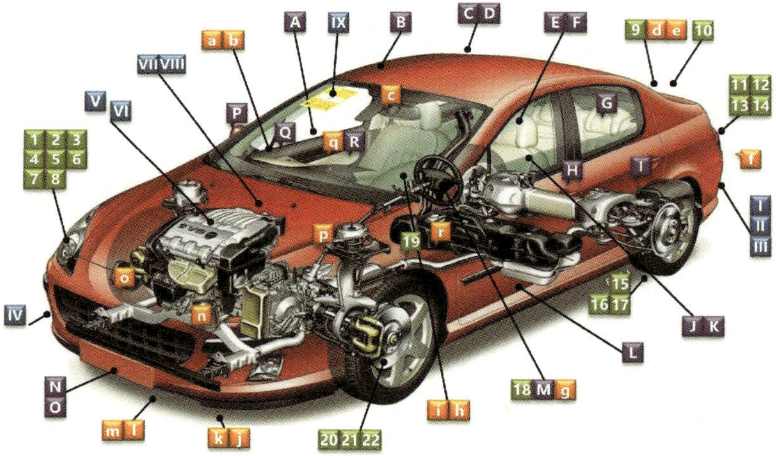

环保与节能

I	GB 18352.5-2013 GB 18352.6-2016 轻型汽车污染物排放	VI	GB 27999-2019 燃料消耗量评价方法及指标
II	GB 3847-2018 柴油车排放（自由加速及加载减速法）	VII	GB 14023-2011 车辆等装置无线电骚扰特性
III	GB 18285-2018 汽油车排放（双怠速及简易工况法）	VIII	GB 34660-2017 道路车辆电磁兼容性
IV	GB 1495-2002 加速行驶车外噪声	IX	GB 22757.1-2017 GB 22757.2-2017 轻型汽车能源消耗量标识
V	GB 19578-2014 燃料消耗量限值		

一般安全

a	GB 11555-2009 风窗玻璃除霜和除雾	j	GB 7258-2017 机动车运行安全技术条件
b	GB 15085-2013 风窗玻璃刮水器和洗涤器	k	GB 1589-2016 外廓尺寸、轴荷及质量
c	GB 15084-2013 间接视野装置	l	GB 16737-2019 世界制造厂识别代号（WMI）
d	GB 30509-2014 车辆及部件识别标记	m	GB 16735-2019 车辆识别代号（VIN）
e	GB 19239-2013 燃气汽车专用装置安装	n	GB 15742-2019 喇叭
f	GB 32087-2015 轻型汽车牵引装置	o	GB 15741-1995 号牌板（架）
g	GB 15740-2006 汽车防盗装置	p	GB 11568-2011 汽车罩(盖)锁系统
h	GB 4094-2016 操纵件、指示器及信号装置	q	GB 11562-2014 驾驶员前方视野
i	GB 15082-2008 车速表	r	GB 24545-2019 车速限制系统

主动安全

1	GB 4599-2007 汽车用灯丝灯泡前照灯	9	GB 19151-2003 三角警告牌	17	GB 36581-2018 车轮安全
2	GB 5920-2019 前位灯、后位灯、示廓灯和制动灯	10	GB 18408-2015 后牌照板照明装置	18	GB 17675-1999 汽车转向系
3	GB 4785-2019 外部照明和光信号装置	11	GB 15235-2007 倒车灯	19	GB 18099-2013 侧标志灯
4	GB 17509-2008 转向信号灯	12	GB 11554-2008 后雾灯	20	GB 16897-2010 制动软管
5	GB 21259-2007 气体放电光源前照灯	13	GB 18409-2013 驻车灯	21	GB 5763-2018 制动器衬片
6	GB 23255-2019 昼间行驶灯	14	GB 11564-2008 回复反射器	22	GB 21670-2008 乘用车制动系统
7	GB 25991-2010 LED前照灯	15	GB 9743-2015 轿车轮胎		
8	GB 4660-2016 前雾灯	16	GB 26149-2017 轮胎气压监测		

被动安全

A	GB 8410-2006 内饰材料燃烧特性	H	GB 15086-2013 门锁及车门保持件	O	GB 11551-2014 正面碰撞乘员保护
B	GB 26134-2010 顶部抗压强度	I	GB 7063-2011 汽车护轮板	P	GB 11566-2009 外部凸出物
C	GB 18296-2019 燃油箱	J	GB 14166-2013 安全带和约束系统	Q	GB 11552-2009 内部凸出物
D	GB 20072-2006 后碰撞燃油系统安全	K	GB 14167-2013 安全带固定点	R	GB 9656-2003 安全玻璃
E	GB 15083-2019 汽车座椅、固定装置及头枕	L	GB 20071-2006 侧面碰撞乘员保护		
F	GB 11550-2009 座椅头枕强度	M	GB 11557-2011 防转向机构伤害		
G	GB 27887-2011 儿童乘员用约束系统	N	GB 17354-1998 前、后端防护装置		

图 5-20　乘用车强制性国家标准体系

2. 核心领域标准化布局

新能源汽车领域，加强新能源汽车标准体系建设（见图 5-21），根据《中国电动汽车标准化工作路线图》推进重点标准制定，推动关键技术研究与进步，例如电动汽车系统集成技术、动力电池技术、燃料电池基础材料与过程机理研究等。

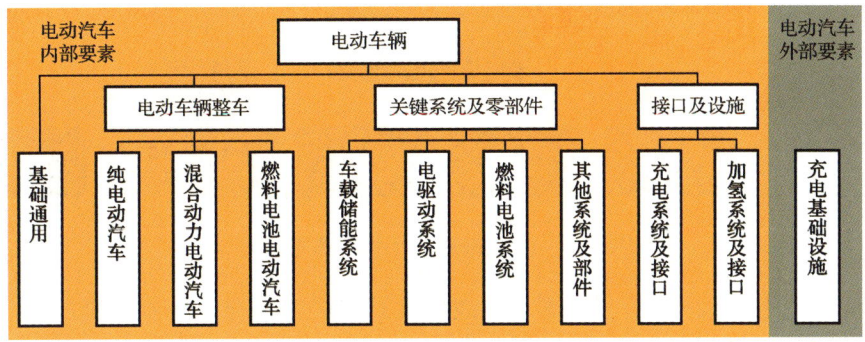

图 5-21 新能源汽车标准体系建设

汽车节能领域，加强汽车节能标准体系建设（见图 5-22），推进 GB/T 19233 和 GB/T 27840 采用中国工况，启动 GB/T 19573 和 GB/T 18386 修订工作，推进中国工况、第五阶段油耗标准等一系列重点标准制定完成。

图 5-22 汽车节能标准体系建设

智能网联汽车领域，成立智能网联分标委，推进智能网联汽车标准体系建设（见图 5-23），推进驾驶自动化分级、先进驾驶辅助系统术语和定义等重点标准制定。

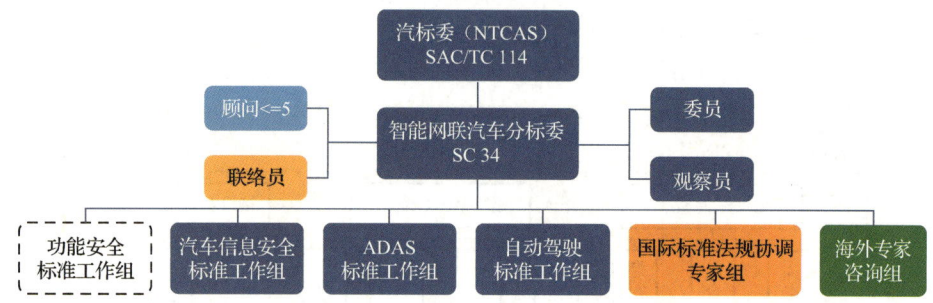

图 5-23　智能网联汽车标准体系建设

当前，我国正处在加快节能等汽车战略性发展关键时期，随着新科技革命浪潮的推动，高科技手段不断融入汽车工业领域，用户个性化需求愈发强烈与多样化。当前行业仍以传统车标准建设为主，个性化定制产品领域标准匮乏，急需建立相应标准支撑汽车产业快速发展。

5.6.2　标准化需求

互联网与汽车的深度融合，使得安全驾乘、便捷出行、移动办公、本地服务、娱乐休闲等需求充分释放，用户体验成为影响汽车消费的重要因素。互联网社交圈对消费的导向作用逐渐增强，消费需求的多元化特征日趋明显，老龄化和新生代用户比例持续提升，个性化定制服务成为主要方向。需求交互，不仅是接受客户主动表达的需求，也需要用大数据等先进技术手段深度挖掘客户潜意识需求，以搭建交互平台手段与客户进行交互。个性化定制以模块化设计为主要特征，急需明确模块化设计的基本原则，建立系统要求及过程要求。同时，汽车生产方式向充分互联协作的智能制造体系演进，产业上下游关系更加紧密，生产资源实现全球高效配置，研发制造效率大幅提升，个性化定制生产模式将成为趋势。

基于汽车行业大规模个性化定制发展现状，建议完善汽车行业个性化定制相关标准，指导汽车行业开展大规模个性化定制。遵守"先基础、后专业"的标准制定原则，有优先度地开展标准制定研究工作。

5.7　案例示范意义

1. 提升产品质量服务意识

个性化定制会根据用户订单相关信息进行分析，来对研发、制造、物流产生正向的改变。比如通过对用户选配的分析，研发可以进一步研究出符合用户需求的产品；用户反馈的问题信息能帮助车厂更具有针对性地解决质量问题，提升一次性下线合格率；因可以跟踪，将促使物流提升发运效率和优化路径等。

个性化定制未来不仅可在车型外观、内外饰、简单配置上进行选配，还会在影响线束、电解等配置上进行选配。在选配包上进行模块化、服务化等方面的开发，为用户提供全方位的车型选配模式，更加体现出是用户自己在组装车，汽车厂商只是一个按照用户意愿生产车的服务商。

2. 提升用户消费体验

个性化定制的业务推进与开展，拉近了用户和汽车服务商的关系，用户个人喜好的消费体验通过个性化定制，能够在汽车服务商那里快速地获得满足，提升了用户对个性化需求的满足感。同时个性化定制业务也推动了汽车业的快速发展，大规模个性化定制模型效果如图 5-24 所示。

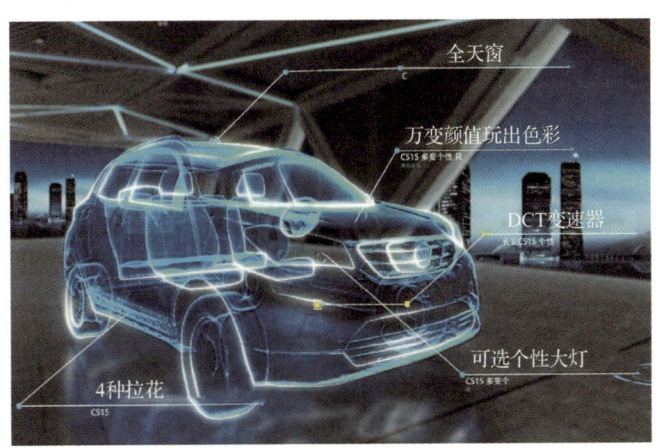

图 5-24　大规模个性化定制模型效果

5.8　下一步工作计划

目前长安汽车已经计划全面开展批量个性化定制相关方面的工作，包括智能化工厂、智能物流、大数据 DDM、智能网联等。

1. 在产品上深入推进，为用户提供多产品服务

目前在合肥长安的 CS15 个性化定制上，已经完成十多个选配包的应用，未来还会研发更多的选配包让用户进行选配。研究的大规模个性化定制模式以合肥长安为标准，正在推广向其他基地，下一步会在其他工厂推广的有渝北基地的 CS35 个性化、重庆鱼嘴基地的 CS55、北京长安的 CS95、南京长安的欧尚等。

2. 开展与互联网公司的合作，为用户提供智能服务

与互联网公司深入开展合作，成立梧桐车联、联合创新中心、T3 平台科技公司等，着力打造智能网联、智能出行等智能化领域先行者。

3. 建立 DDM 平台，应用大数据服务客户

通过 DDM 数据平台，对用户行为进行分析，提前部署产品研究方向，在用户个性化配置上提前进行研究。

4. 建立智能化工厂，为个性化定制提供坚实基础

长安汽车在重庆鱼嘴基地正在着力打造智能化工厂，以国家的"2025 规划"为纲要，努力打造成汽车行业真正意义上的智能工厂，从而为批量个性化定制业务提供坚实的基础。

案例 6

客车行业大规模个性化定制新模式

——厦门金龙联合汽车工业有限公司

6.1 大规模个性化定制案例基本情况

厦门金龙联合汽车工业有限公司(简称"金龙客车")创立于1988年,隶属于厦门金龙汽车集团股份有限公司。金龙客车是中国客车自主品牌代表和领军企业,专注大、中、轻型客车整车的研发、生产、销售和服务,下辖厦门大中型、厦门轻型、绍兴公交/前置客车三个生产基地,总占地面积80万平方米,大中型客车年产能超过2万辆,轻型客车年产能超过3万辆,年产值超70亿元。厦门大中型客车生产基地集研发、试验、制造、营销服务为一体,周围布置有配套完善的产业集群,该基地自建立以来,不断升级制造装备及大力推进智能制造水平,目前已形成自动化程度高、工艺先进的世界级客车制造工厂。厦门轻型客车生产基地拥有先进的冲压、焊装、电泳、涂装、总装五大工艺自动化生产线,是国内少有的具有完备现代化轻型客车生产线的制造基地。

公司拥有国家认定的企业技术研究院、国家级试验中心及博士后工作站,是国家"两化融合"示范企业。并长期与高等院校及优秀企业合作开展技术研究,与清华、华为、美的、百度及阿里巴巴等的合作都取得了丰硕的成果。

客车产品客户定制化程度极高，每个客户的需求都不一样，几乎是每个订单都存在差异，大型客车企业都面临大批量定制的问题。金龙客车大规模个性化定制模式解决的就是企业面临的大批量定制问题，主要研究方向是客户个性化需求交互、研发如何快速响应市场需求，以及如何快速交付个性化产品问题，主要实施内容有模块化设计、搭建需求交互平台、构建柔性制造生产线、个性化售后服务等几个方面。通过大规模个性化定制新模式的实施，构建了获取客户需求、理解客户需求的能力，快速响应需求的能力，柔性化生产的能力，实现了生产效率、研发能力、产品质量、服务水平的提升，公司整体经营管理水平有大幅提升，生产效率提升 21.4%，研发周期缩短 33.3%，单车运营成本下降 16.33%。

6.2 大规模个性化定制系统结构介绍

金龙客车大规模个性化定制系统围绕以客户为中心的理念展开设计，从产品全生命周期维度统筹考虑，结合客车行业和企业自身的情况，围绕大规模个性化定制系统的关键环节，构建大规模个性化定制系统的核心能力。

以客户为中心的大规模个性化定制模式，客户需求的订单信息贯穿企业整个业务流程，驱动各项业务的开展，从销售端开始，经过设计、生产（含计划排程、物料采购、物料配送、生产制造）、服务，并最终反馈到客户，形成客户需求的闭环。以客户需求为中心的大规模个性化定制模式如图 6-1 所示，大规模个性化定制系统框架图如图 6-2 所示。

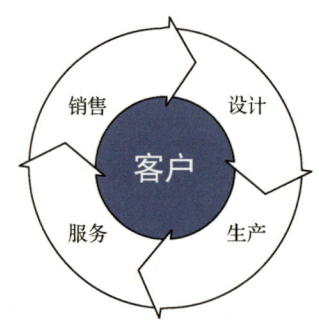

图 6-1 以客户需求为中心的大规模个性化定制模式

需求交互环节，构建了销售管理平台（CRM），构建理解客户需求、挖掘客户需求的核心能力。通过产品配置器系统实现与客户的交互，向客户全面展现产品相关信息，让客户参与产品的配置设计，合理地提出其个性化需求，并通过配置器将客户的需求无缝传递给公司内部，使公司能即时协调资源满足客户需求。销售业务的所有环节都在销售管理平台中进行，实现端到端的营销过程管理，同时通过营销管理平台加强对客户关系的管理。

模块化设计环节，建立产品全生命周期数据管理系统，构建快速将客户需求转化为设计方案的核心能力。运用模块化设计技术，有效解决个性化需求和批量生产的矛盾，构建数字化协同研发平台，将人员、流程、知识有机地联系起来，极大提升设计效率；同时在平台中建立了以超级 BOM 为核心的产品数据中心，支持研发快速响应市场多种配置组合的需求,有效协同设计人员开展设计,引导供应链等下游业务的开展。

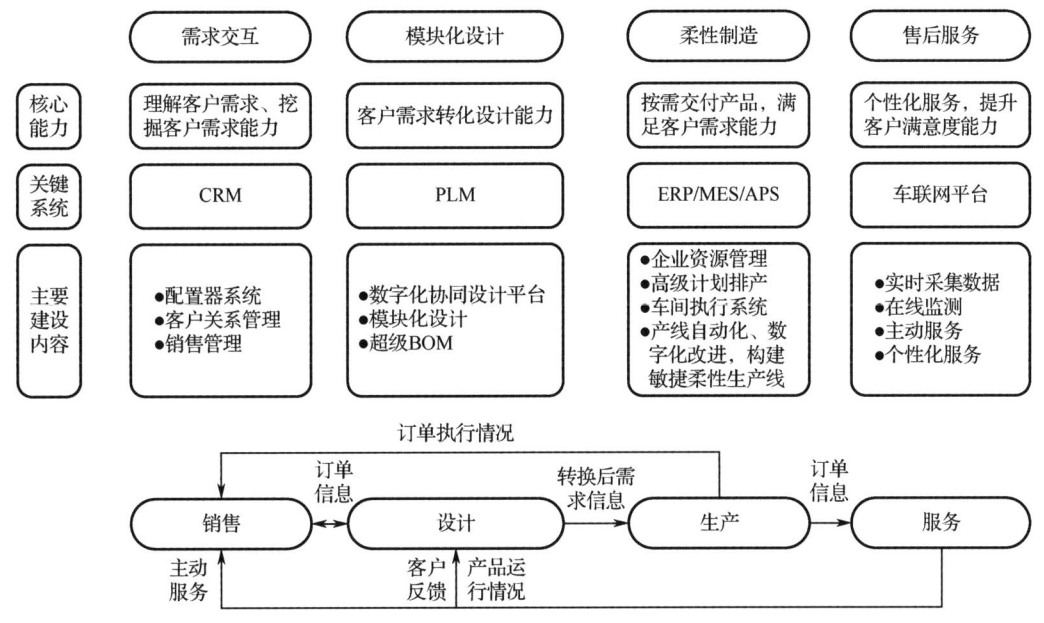

图 6-2　大规模个性化定制系统框架图

柔性制造环节,建立以 ERP(企业资源计划)为核心,以 MES(制造执行系统)和 APS(高级计划排程)为支撑的关键信息系统,系统间全面集成,实现供产销一体化及集成供应链管理,提升供应链的协作及相应的市场能力。同时对生产线进行自动化、数字化改进,构建敏捷柔性生产线,打造按需、按时交互产品,满足客户需求的核心能力。

售后服务环节,以公司自主研发的车联网平台的建设为中心,依托平台实现运行车辆数据实时采集、在线监测车辆运行情况、实时提醒故障信息、保养提醒、在线维修指导等功能,为客户提供主动售后服务,构建个性化服务,提升客户满意度。

6.3　大规模个性化定制系统关键绩效指标

客车行业传统定制模式产品有限、生产周期长、成本高,大规模个性化定制模式与传统定制模式相比较,其核心能力就体现在能够低成本、高效率地满足客户需求,所以大规模个性化定制系统关键绩效指标就围绕着成本和效率展开设置,通过研发、生产等环节的绩效提升,促进公司整体运营成本的提升,从而提升公司整体效益。大规模个性化定制系统的关键绩效指标设置如图 6-3 所示。

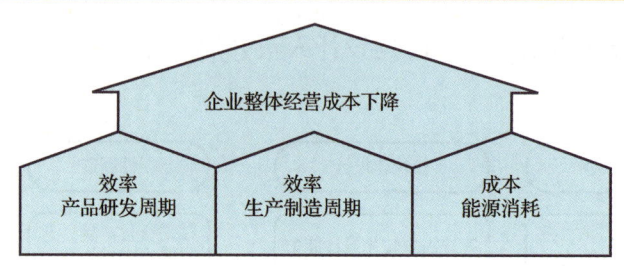

图 6-3 关键绩效指标设置

大规模个性化定制系统的实施,构建了企业与客户的需求交互平台,内部建立了集成的信息化系统、柔性化的生产线,使企业能精确地理解客户需求,并将客户需求信息高效、准确地传递给企业内部。企业内部研发、生产、供应链等相关业务始终围绕客户需求开展,形成了一切以客户为中心的经营理念,使企业能及时、准确地响应市场需求,减少资源浪费,提升运营效率。系统实施前后生产效率、能源利用率、企业运营成本、产品研制周期等主要指标的变化情况如表 6-1 所示。

表 6-1 系统实施前后主要指标对比

主要指标	实施前	实施后	实施效果
产品研发周期	标准产品研发周期为 18 个月	标准产品研发周期为 12 个月	标准产品研发周期缩短 33.3%
生产制造周期	标准制造周期为 28 天	标准制造周期为 22 天	标准制造周期下降 21.4%
能源利用率	万元产值能耗(吨标煤)为 0.0108	万元产值能耗(吨标煤)为 0.0087	能源利用率提升 19.44%
企业运营成本	20.26 万元/台	16.95 万元/台	单台企业运营成本下降 16.33%

6.4 案例特点

客车行业几乎一直都是按个性化定制模式进行运营,大规模个性化定制模式与传统定制模式相比,区别主要在于能否大规模、高效、低成本、大批量地生产出个性化定制产品,快速地响应客户需求,交付客户产品,主要的不同点主要体现在以下几个方面。

1. 需求交互方面:配置器,端到端贯通

客车行业大规模个性化定制模式,由于产品丰富、配置组合也较多,故研发了专门的客车产品配置器系统和客户进行需求交互。产品配置器系统可全方位展示产品信息,比如车辆的外观造型、主要配置信息等,可在线为销售人员提供销售支持,通过配置器系统可对客户录入的订单配置进行技术可行性校验等,使销售人员拥有丰富的产品知识、法规知识,使销售人员能更好地引导客户需求,并能将客户的需求通过系统进行精确表达,确保客户最终的需求符合法规要求,符合公司的产品制造要求。非大规模个性化定制模式，需求交互方式较为随意，主要通过传真、邮件等形式，产品需求表达不够规范，不能全面、准确地表达客户需求，需求传递到公司后还需要和客户反复进行需求对接、确认，有时甚至会出现由于需求表达不精确，生产出的实物产品与客户需求不一致的情形。

大规模个性化定制模式，重视对整个销售过程的管理，通过优化，借助信息系统可实现端到端的销售过程管理，同时对客户及其产品需求等相关信息能更好地管理与分析，有利于深入挖掘客户需求、加强客户关系管理。非大规模个性化定制模式，销售过程的管理较混乱，随意性大，客户信息没有记录，不利于客户需求的挖掘和客户关系的管理。

2. 产品研发方面：正向研发，模块化

客车大规模个性化定制模式，产品采用正向研发的方式，产品规划有充足的市场需求调研支持，深入了解行业不同区域、不同用途（客运、旅游、团体等）的市场需求，对细分市场的需求掌握充分，开发的产品更符合市场需求，产品针对性强，产品成功率更高。非大规模个性化定制模式，产品研发更倾向于按公司情况开发产品，让市场接受产品，满足市场需求的能力相对较弱，成功率较低。

客车大规模个性化定制模式，采用模块化的设计方式，产品结构和功能模块化、通用化、标准化，可以按客户的需求对模块进行快速组合，通过对模块的重新设计、更新或重新组合都可以产生新产品，产品开发效率高，产品更为丰富，同时由于标准化、通用化程度高，产品成本也相对较低。非大规模个性化定制模式，客车产品需求满足一般都是一单一设计，针对客户需求对整车进行重新设计，产品开发也是对整车进行重新规划、开发，产品设计响应市场需求的能力比较差，新产品开发周期较长、开发成本较高。

3. 生产制造方面：信息化，柔性制造

客车行业原来规模较小，企业产量也不高，生产组织相对简单，生产管理主要依靠手工的方式进行管理。随着行业规模扩大，企业产量提升，生产组织活动变得异常复杂，所以客车企业在大规模个性化定制模式的推进过程中，在生产管理环节必须运用 ERP、CAPP、APS、MES 等现代信息系统提升企业生产管理水平，以应对复杂的生产组织活动。通过现代信息管理系统的运用及信息系统间的有效集成，使企业的经营计划、产品设计、生产制造、物料采购、仓储配送、产品销售等一系列活动构成一个完整的有机系统，可以更加灵活地适应市场环境变化的要求。

客车行业传统制造模式和大规模个性化定制模式，企业都是围绕市场需求开展生产，不做成品库存，两者最大的区别在于对客户需求的理解程度、客户需求正确传递到生产各环节的能力，以及各环节严格以客户需求为依据组织生产的能力的不同。客车行业传统制造模式由于对客户需求理解较差，客户的需求也不能完全准确地传递给

企业内部生产相关的各环节，客户需求在企业内部的可信度降低，削弱了客户需求在企业内部的引导作用，生产各环节仍然存在按自己部门计划进行组织的情形，靠增加库存保证任务的完成。客车大规模个性化定制模式借助信息系统，将销售、设计、供应、生产、配送等业务集成在一起构成一个有机的系统，企业有能力完全以市场需求为依据制订企业一体式的计划，以需求为导向准时地组织各环节的生产，消除整个生产过程中的一切松弛点，减少库存，从而最大限度地提高生产过程的有效性和经济性，并最终做到生产与市场需求相同步。

企业在实施大规模个性化定制系统过程中构建了柔性制造能力，生产工艺技术在通过工艺设计模块化、工装模块化、模块化工艺路线维护等之后，提升产线对不同产品、不同结构的适应能力，使产线具备混线生产能力，可依据订单、市场预测情况及产线负荷调整产线生产车型，快速响应客户需求，实现多品种、个性化、大批量生产，最大化利用产能。

4. 售后服务方面：车联网，个性化服务

客车行业传统售后服务是被动式售后服务，当车辆在运行中出现问题时，客户反馈给售后服务部门，请求帮助、支持，售后服务部门再依托车联网平台，实现运行车辆数据实时采集、在线监测车辆运行情况、实时提醒故障信息、保养提醒、在线维修指导等功能，为客户提供主动售后服务、个性化服务。

"主动售后服务系统"是公司龙翼车联网科技平台的重要组成部分，可实现全球金龙客车运行数据的实时采集、传输、分析处理和存储服务。该系统综合利用现代信息传感器、计算机网络、专家知识库资源等技术手段，为远程车辆提供及时和准确的实时监测、车辆预警和故障诊断等主动售后服务。

6.5 客车行业大规模个性化定制实施步骤

6.5.1 基本要求

企业管理决策层首先要意识到大规模个性化定制对客车企业发展的重要性，能理解大规模个性化定制为企业带来的改变，要使客车企业能可持续地发展、壮大，大规模个性化定制模式是重要的途径，先形成发展大规模个性化定制的意愿，并做好相应资源投入的准备。企业内部依据长期发展目标、企业内外部环境、企业优劣势、企业管理基础等实际情况制定实施大规模个性化定制的战略规划，形成整体的系统框架，指导实施。

客车行业由于产品复杂、所处市场环境特殊，产品生产制造相关环节多，各环节衔接情况复杂，企业生产经营活动比较繁杂，所以在形成战略规划后，为了确保战略顺利实施落地，因先对企业流程进行全面梳理，并建立相应的流程管理机制，这是项目实施的基本条件和重要保障。

6.5.2 需求交互

1. 设计特征项

客车产品由于运输线路、运输用途、路况等不同，产品应用场景差异很大，同时用户为了自己企业的车辆保养维修便利、经济，一般都会要求产品的配置与现有产品尽可能接近，这些因素导致了客车产品的客户需求个性化明显、差异性较大。在设计产品特征项时要紧紧围绕客车行业客户需求特点，对客车行业客户需求进行深入分析，寻找出客户比较敏感、关注的需求类别，作为公司产品的个性化特征。

客车产品的个性化特征项按照客车产品需求特点一般可划分为整车、底盘、内外饰、电器、其他五大组。其中，整车组为整车级别的特征项，如车型配置版本、运营线路等；底盘组为底盘相关的动力链、行驶系、转向系、制动系等提供配置，如发动机、变速箱、方向机、缓速器等；内外饰组有座椅、窗帘等；电器组有电器仪表、空调等；其他组依据需要设置。每个特征项下方再设置具体的特征值，通过这些特征值的组合满足具体客户需求，一个成熟的产品理论上可以有上万种配置组合。定制特征项设置示意如图 6-4 所示。

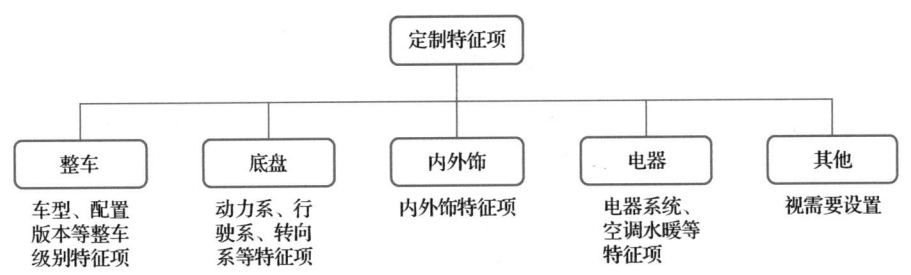

图 6-4 定制特征项设置示意

2. 配置数据标准化

统一产品术语、对产品及配置进行标准化定义、统一产品及配置描述是产品配置管理的基础，也是需求交互的基础。所以需求交互的实施应先从产品及配置数据的标准化建设开始，建立产品编码与描述、配置编码与描述等标准，明确产品与配置之间、配置与配置之间的关系定义表。要实现客户需求数据向产品数据的转换，企业必须建立产品平台、产品系列、产品型号、产品配置、产品结构、模块、零部件等数据的标准，实现产品数据标准化，并建立产品数据管理系统进行数据管理、应用，通过产品数据管理系统与其他业务系统的集成，实现产品全生命周期全流程数据贯通，实现客户需求无缝转换为企业内部可快速响应的产品数据。建立配置系统及 CRM 销售与客户关系管理业务平台。

客车产品复杂，产品的配置过程除需要对产品及配置现象有全面的了解外，还需要专业的车辆匹配知识、法规知识等，所以企业与客户的需求交互过程很复杂，为此需要基于 Web 技术构建需求交互平台，实现与客户基于 Web 的交互，交互平台具有产品配置功能，用于管理、应用配置数据，借助系统实现向客户推荐产品、引导客户需求、让客户参与产品的配置设计，合理地提出其个性化需求、准确理解客户需求并正确传达客户需求的目的。另外，需要建设 CRM 销售与客户关系管理业务平台，确保销售业务的所有环节都在销售管理平台中进行，实现端到端的营销过程管理，同时通过营销管理平台加强对客户关系的管理。产品配置器系统功能图如图 6-5 所示。

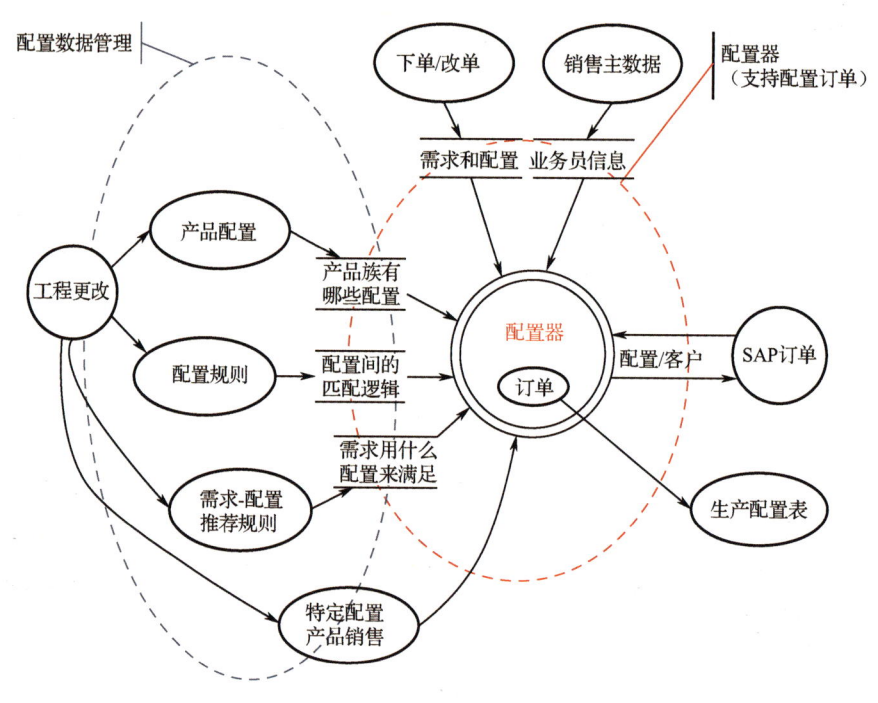

图 6-5　产品配置器系统功能图

6.5.3　设计研发

客车行业大规模个性化定制模式要求研发能快速响应市场需求，在保证设计质量的前提下，尽可能地缩短时间，提供满足客户需求的设计方案；同时要能指导下游协同、高效、低成本地制作出符合客户需求的产品。所以研发不能采用原有一单一设计的模式，必须要能解决客户需求多样化与标准化批量生产的矛盾。而模块化设计正是解决这一矛盾的重要方法，所以在设计研发环节的重点就是构建模块化设计方式，同时要建立协同设计平台支持模块化设计方式的实现，尤其是基于三维环境的协同设计平台，可高效地开展并行设计，提高设计效率。

1. 模块化设计

客车行业模块化设计是解决客户需求多样性与标准化批量生产矛盾的重要方法，基本思路是对客车产品进行充分市场预测、调研，了解各区域市场的路况、地方法规，以及主要客户的车辆使用路线、用途等，在调研基础上进行功能分析，划分并设计出一系列通用的功能模块，然后根据客户的要求，选择和组合不同模块，从而生成具有不同功能、性能或规格的产品。要实现模块化，数据标准是基础，零部件编码、BOM 编码、BOM 结构等产品数据实现标准化，统一编码和描述并要纳入产品数据管理系统进行管理。

客车产品实现模块化首先要从客户需求下手，充分调研市场，理解客户需求；然后从满足客户需求角度出发，分析需求、产品、模块的关系，明确产品的定位；再进一步建立 BOM 层级，划分模块，明确模块的边界、接口规范等；在需求分析、产品模块划分的基础上，确定产品模块化 BOM 结构。客车产品模块化 BOM 结构如图 6-6 所示。

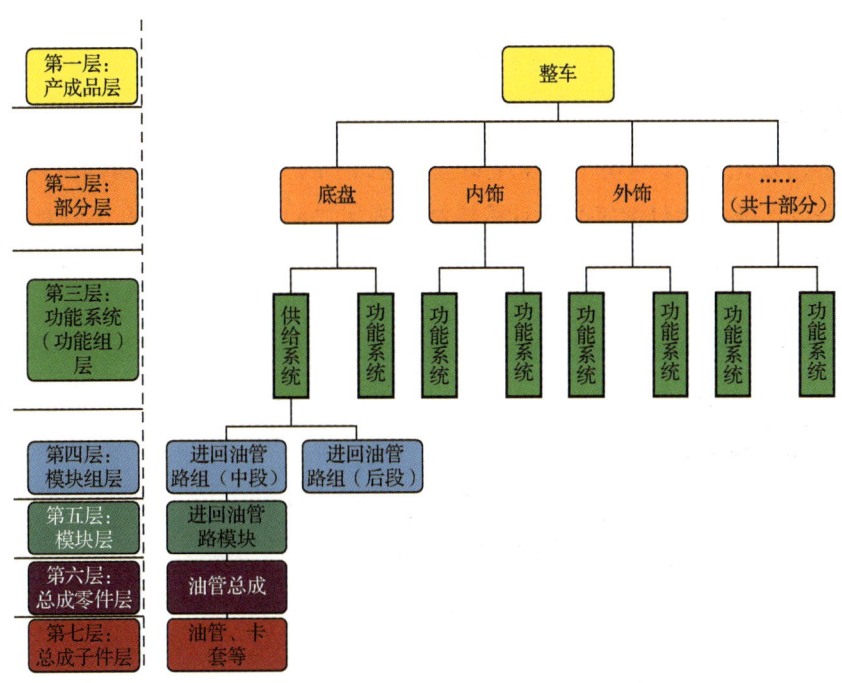

图 6-6　客车产品模块化 BOM 结构

模块化的设计过程也是紧紧围绕需求开展，并将市场常见的需求做预先开发储备，设计相应的需求满足模块，并借助协同设计研发平台进一步建立超级 BOM 可配置数据。超级 BOM 与市场配置需求关联，使得客户需求可以通过从全配置 BOM 中抽取符合条件的模块进行组合，对于常规的需求，全配置 BOM 组合出的实例 BOM 直接就可以满足客户需求，指导生产，不需要设计人员的介入。对于极其特殊的客户需求，设计人员只需要在全配置 BOM 生成的实例 BOM 基础上做局部调整，使其符合客户的需求,即可借助全配置 BOM 实现研发快速满足客户需求的目的。从全配置 BOM 到订单 BOM 的过程如图 6-7 所示。

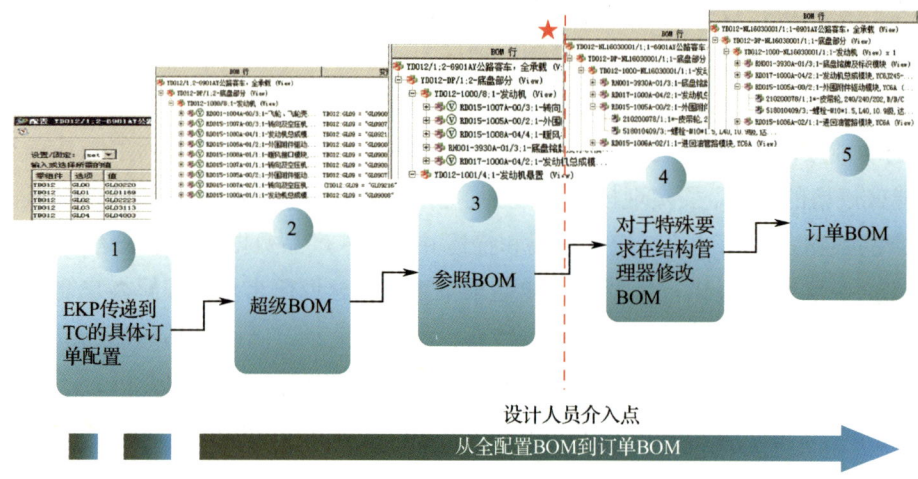

图 6-7　从全配置 BOM 到订单 BOM 的过程

2. 构建协同设计平台

建立协同设计规范,应用产品全生命周期管理(PLM)系统建立协同研发设计平台,推行三维设计工具,通过数字化设计手段和可视化协同设计环境,开展并行协同设计,提高设计效率,缩短开发周期。协同设计平台开展设计工作示意图如图 6-8 所示。

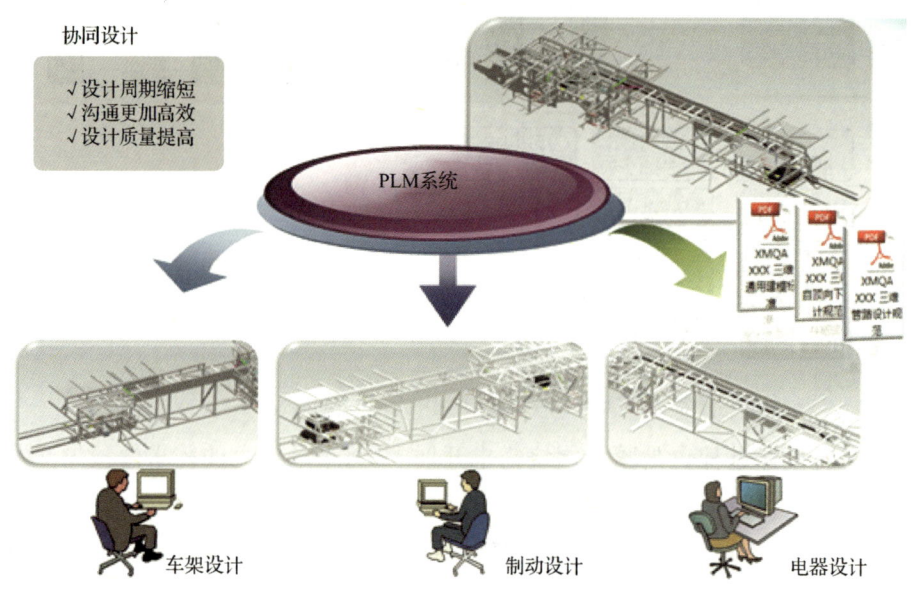

图 6-8　协同设计平台开展设计工作示意图

通过在需求环节实施产品配置设计系统、在研发环节实施模块化技术及构建三维协同研发设计平台,并对需求和研发环节进行有效、深度的融合,使公司可实行并行开发,具备了敏捷产品开发能力,可以快速满足客户多样化和个性化的产品配置需求。基于模块化的产品设计过程如图6-9所示。

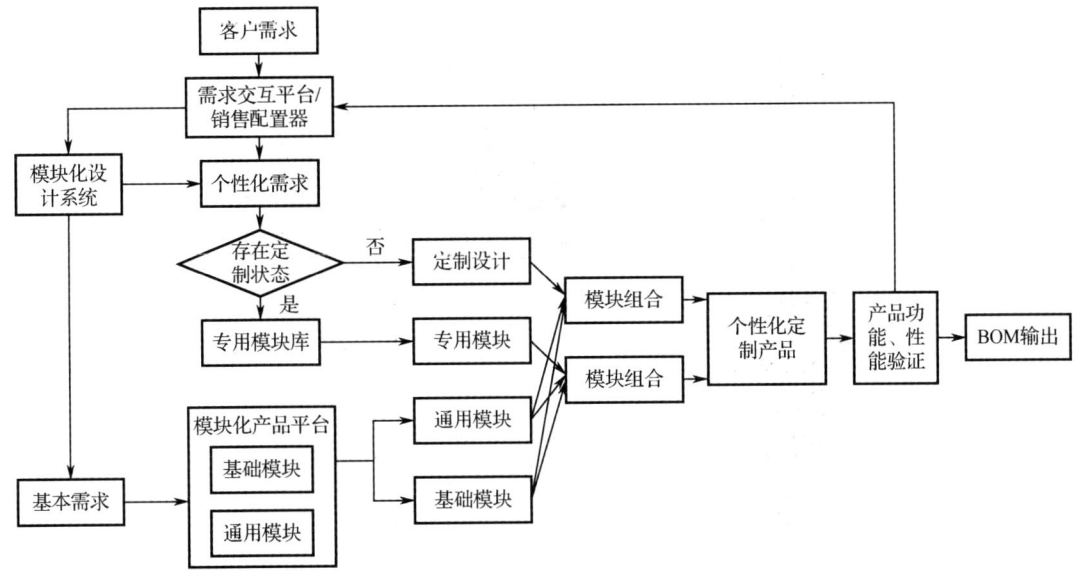

图 6-9 基于模块化的产品设计过程

6.5.4 柔性制造

大规模个性化定制模式相比于大规模标准化生产,订单的不确定性更强,无法按库存生产;产品的状态较多,生产活动的动态调整特征明显,要求制造兼具灵活性和高效率,生产线要能适应客户多样化和个性化的需求,及时做出响应,高效生产出符合客户需求的产品。产线模块化、工艺模块化、工装模块化、混线生产和可重构特征是个性化定制柔性生产线的主要发展方向,客车企业构建柔性生产线措施主要是运用自动化、智能化设备和提升生产工艺的柔性,实现产线模块化、工艺模块化、工装模块化、混线生产和可重构。

生产工艺的提升要从基础做起,充分了解产品的结构及需求的边界,分析产品不同状态,分析不同产品的工艺路线、操作工艺、工装等需求,针对这些需求进行整合、梳理,指导工艺模块化工作,进一步实现工艺设计模块化、工装模块化等,使生产能快速响应产品跨线、混线生产的要求。

1. 自动化、智能设备应用

培育和发展智能装备是智能制造的重点发展方向,对于加快制造业转型升级,提升生产效率、技术水平和产品质量,降低能源资源消耗,实现制造过程的智能化和绿色化发展具有重要意义。在一些产能瓶颈工序或标准化程度较高的工序中可运用自动化、智能化设备，比如地板革裁剪、竹胶板或木地板的切割工序，由于每一个订单的配置都不同，人工操作效率低、容易出错，可以应用智能设备，由设备自动识别图纸、自动加工，准确率和效率提升非常明显；再比如骨架焊接部分，通过焊接机器人的应用，大幅改善焊接质量，提升工作效率。产线上的焊接机器人如图6-10所示。

图6-10　产线上的焊接机器人

2．产线模块化

为了提升产线对订单多状态的生产适应性，产线需具备柔性生产能力，需在现有产线中快速适配出订单的生产条件，产线的模块化建设为一个可行的解决方案。

基于产线生产的技术要素分析，客车产线模块化能力建设主要有工艺模块化、产线结构模块化、工装模块化，通过多种要素的模块化组合，提高产线对多样化订单的适应性。

3．工艺模块化

工艺方案采用模块化设计，依据车辆工艺方案总体路线将工艺分为制件工艺模块、焊装工艺模块、涂装工艺模块、底盘工艺模块、总装工艺模块，各模块又依据车体结构或者系统组成、工艺内容等分为若干个工艺子模块。工艺模块化如图6-11所示。

4．工装模块化

为了实现产线模块化，需合理规划利用安装空间将所有功能组件集成在整车上。因个性化定制车辆的配置不尽相同，那么作为安装基础的骨架在设计时就必须依据订单配置而有所调整。在生产端，为了适应这些变化，对工装的柔性化提出了更高的要求。

案例6 客车行业大规模个性化定制新模式

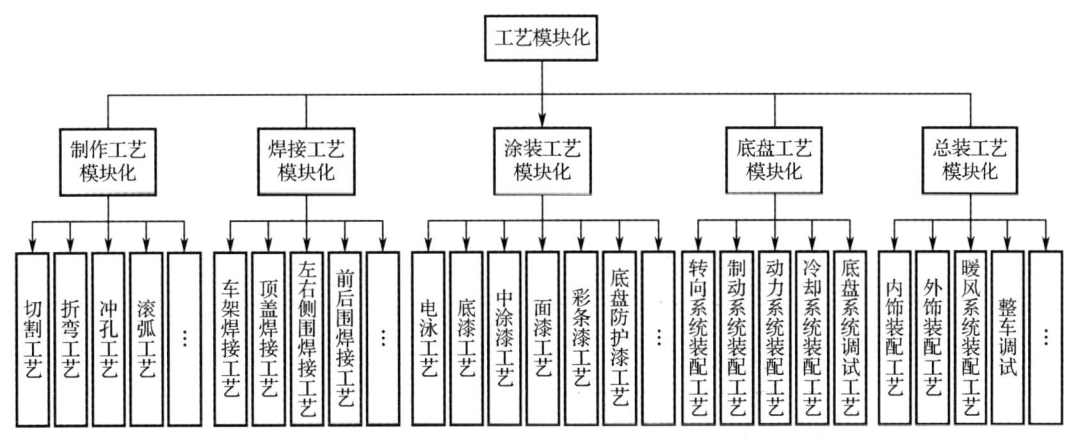

图 6-11　工艺模块化

工装模块化主要分为子母模式工装模块化设计和神经网络定位工装模块化设计，子母模式工装模块化设计采用母模和子模的结构，如图 6-12 所示。母模为一通用化的固定台座，子模为各个车型系列的整体工装胎具；只要更换模块化的整体子模，就能快速切换定位工装对接订单生产需求；通过扩展子模的数量，即可覆盖全车型系列产品的生产。

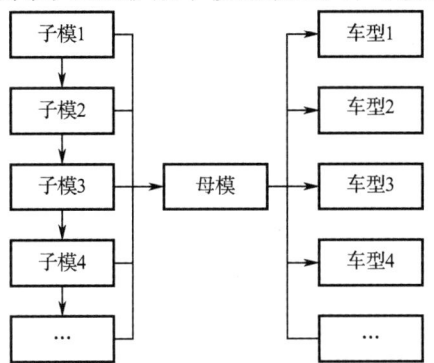

图 6-12　子母模式工装模块化

如图 6-13 所示，神经网络定位工装模块化采用神经网络设计方法，通过将定位块进行模块化，当个性化订单投入生产时，通过调用定位模块按需组合成对应的子模，然后采用子母模结合的方式，实现定位工装的切换，从而实现订单的个性化生产；通过扩展定位模块的数量，即可实现大规模个性化定制生产。

5. 混线生产

混线生产是为了满足不同类型的车辆可跨产线进行有序生产。订单驱动生产的模式下，固定产线生产会使各产线的负荷差异较大，出现部分产线负荷大，而部分产线负荷小甚至停产的情况。这一方面造成产线资源浪费，产能未得到充分利用；另一方面，产能负荷未得到合理分配影响生产效率，进而影响产品交期等关键指标。为了解决以上问题，需要产线能满足混线生产要求，金龙公司混线生产的主要保障措施有产能可视化分析、技能人员多功能化、全产线的工艺路线维护。

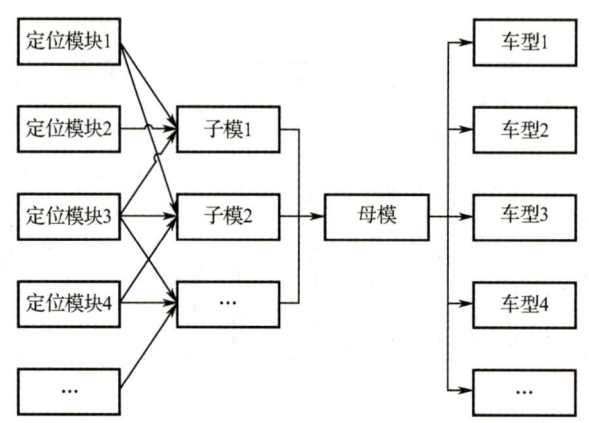

图 6-13 神经网络定位工装模块化

6. 可重构

可重构的内涵在于随订单和生产计划变化，产线具备动态调整的特征以适应个性化产品的生产。个性化定制下的订单驱动生产方式在两个方面形成特殊的变化：一是订单随需求周期性变化导致订单量的不确定性，产线固投方式使得各产线负荷会出现失衡情况，不能适应订单式生产，混线成为一种常态生产方式；二是不同车型产品的工艺流程不同，混线生产时，固定的工艺流程不能满足实际订单的生产需要。因此，客车个性化定制的可重构主要分为产线可选择和工艺流程可调整两部分。

通过生产工艺的改进，提升产线对不同产品的适应能力，使产线具备混线生产能力，可依据订单、市场预测情况及产线负荷调整产线生产车型，快速响应客户需求，最大化利用产能。

6.5.5 物料采购

大规模个性化定制模式企业由客户或市场需求驱动，在获得客户需求后企业内部迅速做出响应，及时交付符合客户需求的产品，这一套模式背后的核心部分是一系列采购、研发、制造等环节在内的供应链快速反应能力。构建此能力离不开信息化的运用，运用先进的信息技术及时有效地获取市场客户需求，并准确传入研发系统，通过研发系统的转化，分解出客户需求对应的各供应商的物料需求，再运用先进排程技术快速高效地组织物料供应、安排生产。最终通过信息技术的应用，形成企业集成供应链信息管理平台，市场实际需求、客户个性化需求形成销售计划，销售计划拉动公司内部供应、生产计划，指导供应、生产等行为，使企业内部各环节运营围绕客户需求展开，以客户需求为源头，缩短公司响应市场的周期。集成供应链信息管理平台如图 6-14 所示。

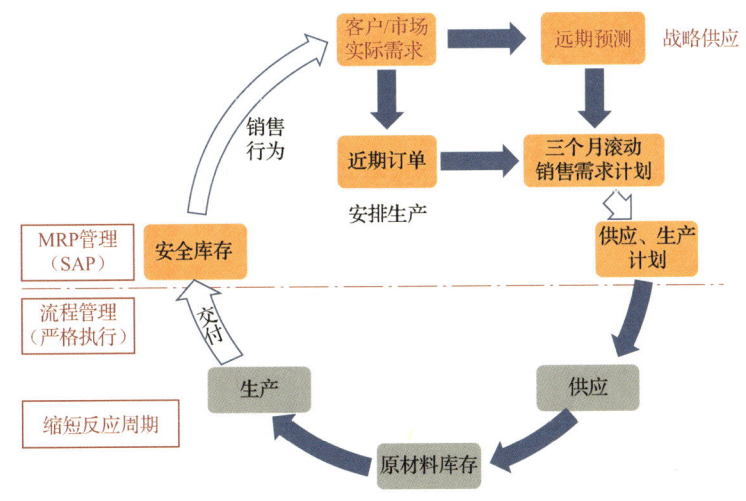

图 6-14 集成供应链信息管理平台

6.5.6 生产管理

生产管理环节需要从流程入手,梳理销售、研发、供应、配送与生产的流程关系,重点理清企业产品研发和产品交付两条最重要的价值流程,并制定订单交付、订单转化、配置变更、物料交付周期等相应的管理制度,确保计划体系有据可依、有法可依。另一个重点就是信息系统的应用,通过 ERP、MES、APS 等关键信息系统的实施,并运用计算机集成技术使系统间全面集成,建立了集成信息管理平台,实现供产销一体化及集成供应链管理,提升供应链的协作及相应的市场能力。生产管理体系结构如图 6-15 所示。

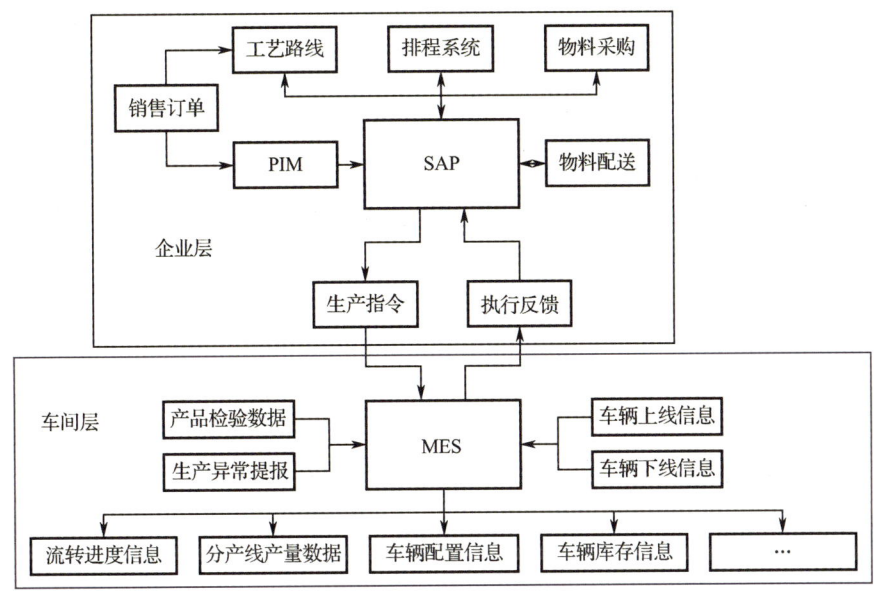

图 6-15 生产管理体系结构

6.5.7 售后服务

金龙客车以自主研发龙翼车联网平台的建设为中心，依托平台实现运行车辆数据实时采集、在线监测车辆运行情况、实时提醒故障信息、保养提醒、在线维修指导等功能，为客户提供主动售后服务、构建个性化服务、提升客户满意度的能力。

车联网服务平台是创新科技与传统客车技术的融合产物，系统基于物联网、大数据、移动互联网、汽车电子技术、智能感知、客车运营专家知识系统等领先技术和专业知识开发而成，让客车具有"能感知、会思考和实施自动控制"能力，并且实现与全国（国家/地方）车辆联网联控系统及国家新能源监控平台对接，满足整车厂、运输企业、监管部门对车辆全生命周期的监管需求。龙翼车联网平台系统结构如图6-16所示。

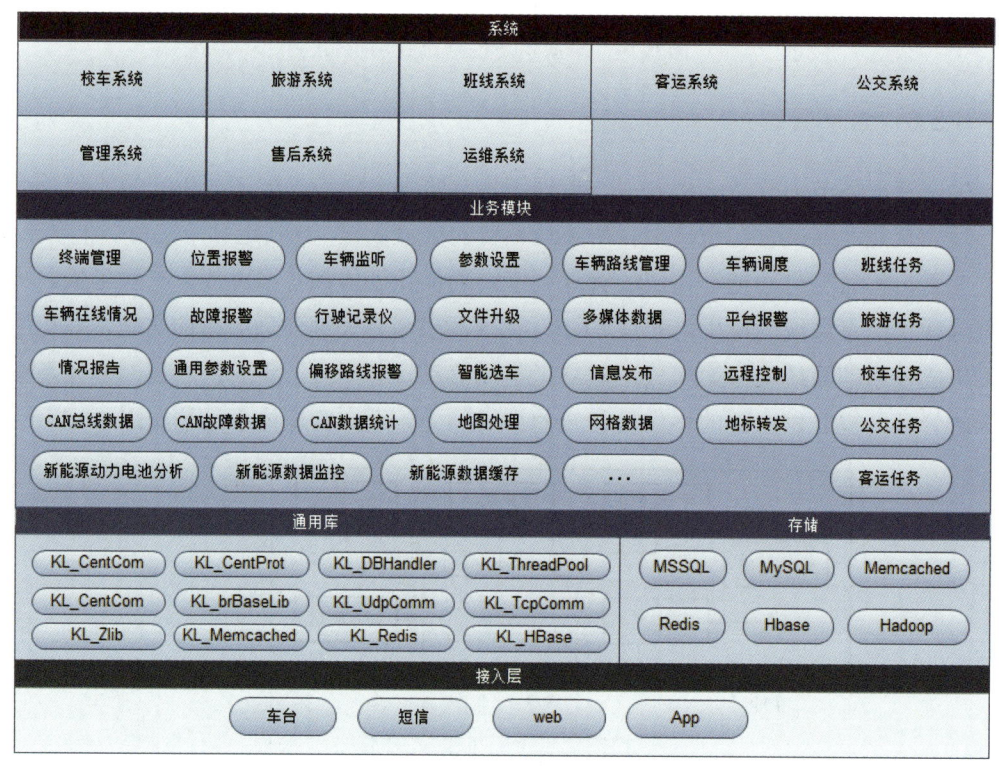

图6-16 龙翼车联网平台系统结构

6.6 客车行业大规模个性化定制标准化现状与需求

6.6.1 标准化现状

我国的汽车产业虽然起步较晚，但发展速度很快，汽车产业已经发展成国民经济中的支柱产业,汽车消费逐渐向多元化和个性化方向发展,汽车的标准建立非常重要;汽车标准在统一汽车技术要求、提升汽车产品质量、保证道路安全、降低能耗和排放等方面起着不可替代的作用,是国家管理汽车产业的基础性技术依据。我国汽车标准经过30多年的发展,已经制定了一套合理、科学的标准体系,汽车标准分为强制性国家标准、推荐性国家标准和行业标准。

1. 强制性国家标准体系

汽车强制性国家标准体系以ECE、EEC技术法规、指令体系为基础,截至目前已形成一整套强制性标准,基本覆盖了汽车的安全、环保、节能等各方面。

汽车强制性国家标准按照汽车主动安全、汽车被动安全、汽车一般安全、汽车环保与节能分类,如图6-17所示。

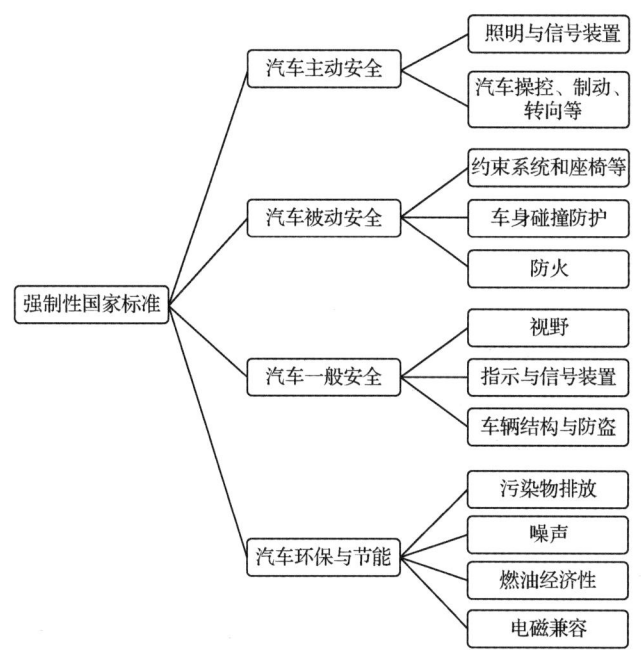

图6-17 汽车强制性国家标准分类图

2. 推荐性国家标准和行业标准体系

汽车推荐性国家标准包含了汽车整车、系统及零部件装置、通用、基础等方面。汽车整车方面包含了家用汽车、摩托车、专用汽车、挂车、矿用车、客车、电动车辆、燃气汽车、碰撞试验及碰撞防护、汽车节能、汽车电子、智能网联汽车等。推荐性标准中客车专用的标准有48个,其中国家标准有8个、交通部行业标准有24个、汽车行业标准有16个。推荐性标准的体系有以下几个方面:

(1)汽车产品定义、分类、术语、词汇等基础标准。

(2)汽车整车产品各项性能(包括部分安全性能)试验方法。

(3）整车产品技术标准（新技术、非安全要求、暂时未强制的安全要求等）。

(4）代用燃料汽车标准。

(5）电动汽车标准。

(6）摩托车标准。

(7）部分汽车零部件标准。

(8）汽车生产管理标准等。

6.6.2 当前汽车标准编写的重点方向

1．智能网联汽车标准体系

根据《国家车联网产业标准体系建设指南（智能网联汽车）》，重点推进先进驾驶辅助系统（ADAS）标准的制定，包括盲区监测（BSD）、汽车事件数据记录（EDR）、乘用车和商用车自动紧急制动（AEB）、乘用车车道保持辅助（LKA）、商用车车道保持辅助（LKA）；推进全景影像监测、驾驶员注意力监测、车门开启盲区监测、后方穿行提示、智能限速提示、夜视系统等6项信息感知类标准预研，适时提出立项。

2．新能源汽车标准体系

贯彻落实《节能与新能源汽车产业发展规划（2012—2020年）》《汽车产业中长期发展规划》，对新能源汽车的安全标准完成了报批稿；同时对电动车辆的电磁兼容及碰撞安全的标准也已经立项。关键零部件完成锂离子动力电池安全强制性国家标准审查和报批，完成动力电池回收利用拆卸要求、包装运输和材料回收标准审查和报批，完成电池管理系统和车载充电机标准起草。

3．行业安全标准体系

针对车辆事故中反应的突出问题，客车行业需进一步明确工作重点，强化标准体系建设，完善客车安全相关标准，促进客车提升安全性能。"客标委"对客车运行过程、车辆事故中反应的突出问题进行全面调研，对相关安全标准的实施情况进行评估，提高产品安全技术规范。交通运输行业针对客车近几年的安全事故，制定了针对营运客车及货车的安全技术条件、爆胎等相关的安全标准。

当前汽车行业的标准研究重点是针对新能源汽车、智能网联汽车、车辆安全领域的标准研究，针对客车生产制造的大规模定制的标准研究存在欠缺，急需对客车的大规模个性化定制生产标准进行研究制定。

6.6.3 标准化需求

1．交互环节

客车产品由于各个客户的应用场景不同，导致用户的需求不同，客户多样化，订单多样化，这就要求做到客户信息系统最优化，使得在有序标准化定制的基础上，最大程度地满足客户个性化的需求，大幅降低成本，需要交互需求的标准化；统一产品术语，对产品及配置定义实施标准化、统一产品及配置描述是产品配置管理的基础，也是需求交互的基础。所以需求交互的实施应先从产品及配置数据的标准化开始。

2. 设计环节

客车的生产要求对市场订单需求快速反应，在保证设计质量的前提下要缩短设计周期，提供满足客户需求的设计方案。研发设计要满足客户需求的多样化与大规模定制标准化，就要基于模块化、平台化提高产品性价比，通过技术手段提高产品品质，减少使用成本，建立模块化设计的标准，使模块化设计的 BOM 结构及物料的编码标准化，满足个性化定制的大规模生产，实现与零部件厂商的协同设计。

3. 生产环节

大规模个性化定制模式相比于大规模标准化生产，订单的不确定性更强，无法按库存生产；产品的状态较多，生产活动的动态调整特征明显，要求制造兼具灵活性和高效率，生产线要能适应客户多样化和个性化的需求，及时做出响应，高效生产出符合客户需求的产品。这就需要对产线模块化、工艺模块化、工装模块化制定标准，以及对生产流程管理制定标准。

4. 物流环节

大规模个性化定制模式企业由客户或市场需求驱动，在获知客户需求后，客车生产的个性化需要供应链快速反应，提高产品的交付速度，满足产品的售后服务需求，通过信息技术大数据的应用，形成企业集成供应链信息平台，建立大规模定制的供应链管理的标准。

6.7 案例示范意义

金龙客车经过多年的努力，探索出适用于客车行业的大规模个性化定制运营模式，促使了公司的转型、升级。经过多年的实践积累，公司掌握了客车行业大规模个性化定制关键技术，深入研究客车模块化设计技术，探索通过运用信息系统、智能设备，实现大规模个性化定制业务思想，拥有丰富的模式转型经验。目前公司产品都已实现个性化定制，通过个性化定制关键技术的运用，公司产品零部件通用率大幅提升，产品设计周期、生产周期下降明显，可以及时响应客户定制化需求。大规模个性化定制模式的实施涉及企业各个环节，是一把手工程，必须要企业负责人亲自抓，所以项目实施成功的首要条件是企业管理决策层有强烈的意愿，能理解大规模个性化定制为企业带来的改变，能促进企业可持续发展、壮大，并做好相应资源投入的准备。企业内部依据长期发展目标、企业内外部环境、企业优劣势、企业管理基础等实际情况制定实施大规模个性化定制的战略规划，形成整体的系统框架，指导实施。通过项目的示范可以促使行业其他企业或者业务模式相近的其他行业企业产生推行大规模个性化定制模式的意愿，并可从中了解客车行业推行大规模个性化定制模式的过程、需要掌握的关键技术，学习从传统制造往大规模个性化定制转型的经验，从而提升行业整体制造水平，也有利于社会资源的整体优化。

6.8 下一步工作计划

下一步金龙客车将深入推进大规模个性化定制模式，围绕高效、低成本满足客户需求的目标提升各环节的能力水平。主要工作计划有以下几方面：

（1）需求交互方面，当前主要是通过在线配置器系统与客户进行需求交互，对客户需求的预测不够，主要是通过市场调研等方式，并未充分运用现有数据，利用大数据分析技术对客户需求进行分析、预测。下一步将在掌握的客户、运营路线、运营方式、路况等信息基础上，运用大数据分析技术，实现个性化营销。

（2）设计研发环节，目前模块化设计主要应用在公司内部，设计工作停留在产品设计方面，没有充分结合客户的应用场景。下一步将继续深化模块化设计，加强与供应商的协同设计，重点提升模块通用性、提升标准化水平，提高产品的集中度，通过丰富的模块组合，用尽可能少的产品和状态满足客户的需求。同时推进智能设计，借助信息系统模拟完成设计的产品在客户应用场景下的应用情况，在设计环节发现产品应用问题，提高客户满意度。

（3）生产方面，当前产线的自动化程度还不够，生产工艺水平还需要提高。未来将引进和吸收国外高端客车先进技术和生产工艺，为客户提供产品及相关配套服务的整套解决方案；按照自动化、信息化和数字化的原则设计高端客车生产基地；通过先进设备和设施的导入，实现高端客车智能化生产。

（4）服务环节，现在基于车联网、云计算、大数据分析等技术实现了车辆监控，主动售后服务也掌握了大量的车辆运行数据，但是这些数据并没有得到有效利用。未来将运用大数据分析技术，充分挖掘这些数据，通过对这些数据的挖掘、分析，结合用户的需求，实现服务创新，同时发现产品问题，为产品开发提供建议。

案例 7

化妆品行业大规模个性化定制新模式

——珠海伊斯佳科技股份有限公司

7.1 大规模个性化定制案例基本情况

珠海伊斯佳科技股份有限公司（以下简称"伊斯佳"）创建于2003年，是一家集化妆品研发、生产、销售为一体的综合性公司，主要业务板块分为自主品牌营运与OEM（Original Brand Manufacturer）、ODM（Original design manufacture）生产服务。伊斯佳2016年成功挂牌新三板，2017年进入新三板创新层，是中国轻工业化妆品行业十强企业之一。

化妆品是指以涂抹、喷洒或者其他类似方法，散布于人体表面的任何部位，如皮肤、毛发、指/趾甲、唇齿等，以达到清洁、保养、美容、修饰和改变外观，或者修正人体气味，保持良好状态为目的的化学工业品或精细化工产品。"爱美之心人皆有之"，人类对美化自身的化妆品自古以来就有不断的追求。随着经济的发展，消费者对化妆品的需求不断增长，并逐渐突显个性化趋势。

早在 2007 年，伊斯佳以爆品原液为起点，以全国 4000 多家加盟终端美容院为基础，开始探索化妆品个性化定制；同年在行业内开创头皮护理，创建丝域品牌（截至目前，丝域在全国已经拥有约 2100 家直营加盟养发馆）。2014 年，伊斯佳率先在行业内进行大规模个性化定制智能升级，以信息化与工业化深度融合为基础，与互联网有效融合，形成皮肤/头皮头发检测—诊断—解决方案设计—制造—物流—服务为一体的互联网-物联网体系，为化妆品行业的转型升级探索道路。

1. 中国化妆品行业有着巨大的发展潜力

众所周知，日、韩、欧、美是化妆品消费的主要国家和地区，日本人均护肤品消费量为 103.75 美元，韩国人均护肤品消费量为 89.53 美元，分别是我国的 6.18 倍和 5.33 倍，充分显示了中国护肤品消费市场潜在巨大空间。随着经济的发展，我国人均消费不断升级。我国消费者的消费升级主要集中在化妆护理用品、饮品与生鲜食品领域，其中化妆品领域体现的消费升级趋势最为明显，消费升级意愿达到 44%，如图 7-1 所示。

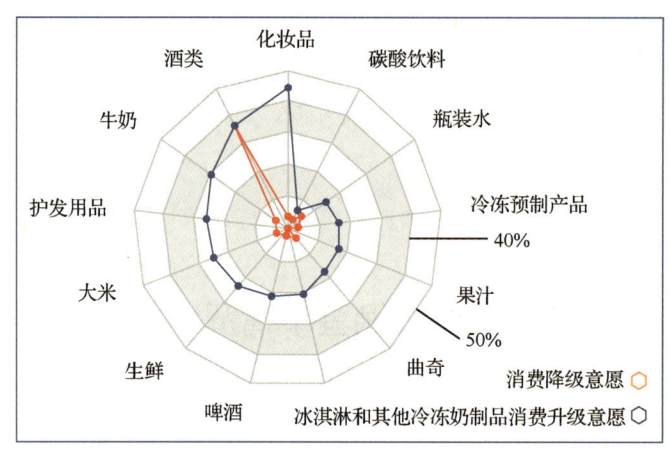

图 7-1　2017 年消费者对不同品类商品的消费升级意愿

我国化妆品市场销售规模从 2010 年的 2045.33 亿元增长到 2016 年的 3360.61 亿元，复合增长率为 9.06%，成为仅次于美国的全球第二大化妆品消费国，预计 2020 年我国市场规模将达 4352.36 亿元，如图 7-2 所示。

2. 探索个性化定制模式，满足消费者个性化需求

国际品牌长期占据中国化妆品市场的主导地位，化妆品市场品牌效应强。但不同人的皮肤具有明显差异性，大众化配方或非定制配方，导致产品并不能满足人们个性化需求。如图 7-3 所示，经调查发现，近 66% 的消费者认为自己买的化妆品不能解决自己的皮肤问题。化妆品个性化定制的实现，将改变消费习惯，从原来向品牌寻求解

决方案转向根据自己皮肤定制方案,满足消费者个性化需求,推动化妆品行业新模式发展。

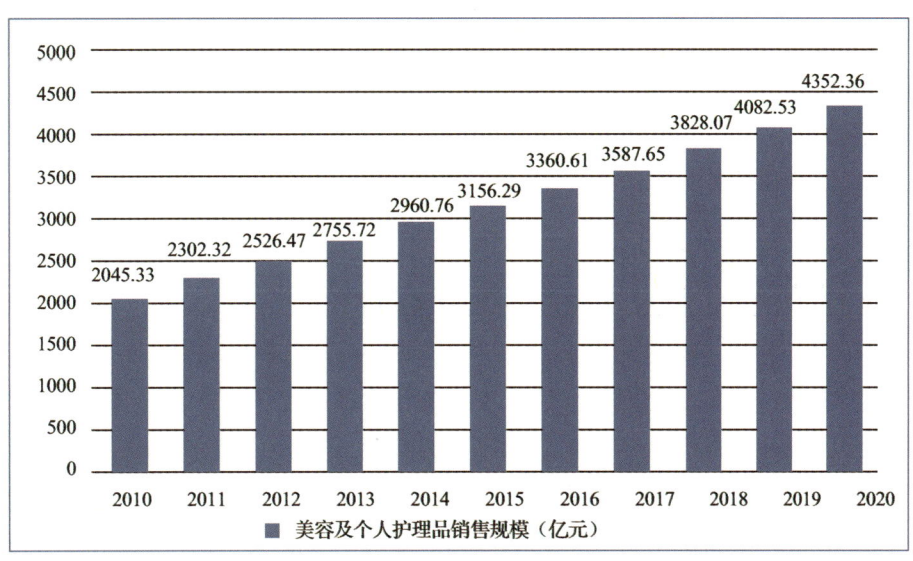

图 7-2　我国化妆品市场销售规模

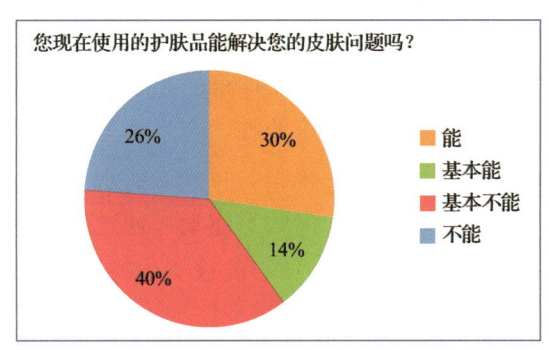

图 7-3　化妆品效果调研分析

3. 企业转型升级,提升竞争力

中国的化妆品行业始于 20 世纪 80 年代,主要从事国外知名品牌的代工,向高端技术渗透力度不够,所以相关的科研力量、科研成果和人才主要集中在外资企业,导致民族企业缺乏核心技术的创新与迭代,与国际知名企业或品牌相比有较大差距。伊斯佳以消费者需求为源点,通过探索大规模个性化定制的模式,建立皮肤数据库、原料数据库、配方数据库,实现从皮肤、头皮头发数据驱动个性配方并通过智能生产线实现大规模个性化定制生产,突破技术难关,提升行业技术竞争力。

伊斯佳化妆品个性化定制类型可分为基础定制、半定制和全定制。基础定制是指化妆品生产企业提供不同的功效材料、剂型和香型供消费者选择，消费者根据自己的需求和喜好，定制需要的产品。半定制和全定制是指通过对消费者皮肤和头皮头发进行检测分析，结合消费者需求、喜好、生活习惯及地理环境等因素制定配方，以皮肤数据库、原料数据库、配方数据库为基础，结合智能生产制作消费者部分或全部个性化产品。伊斯佳建立的个性化定制体系覆盖了皮肤/头皮头发检测、诊断、解决方案设计、生产、物流和服务等化妆品生命周期的全过程。

7.2 大规模个性化定制系统结构介绍

伊斯佳通过建设基于大规模个性化定制的化妆品智能工厂，充分发挥"互联网+"开放式信息优势，架构皮肤养护C2M智能新生态，通过构建消费者皮肤健康数据库、原料数据库、配方数据库，运用数据驱动全价值链运转。在营销端，线上利用皮肤检测包、线下利用终端店采集消费者皮肤数据，建设消费者皮肤健康大数据库；在研发端，原料数据库和配方数据库随着皮肤数据库的不断升级而迭代，最终实现智能提供个性化皮肤问题解决方案，并实现产品全生命周期管理（PLM）。在企业内部管理上，架构企业资源计划（ERP）系统，实现企业运营资源透明化、流程高效化；架构高级计划与排程（APS）系统，自动分派与排配订单；利用制造执行系统（MES）向企业资源计划系统传递方案的执行信息及进度监控，向监控与数据采集（SCADA）系统传递生产工艺信息与流程，实现数据实时采集与可视，实现服务、产品配方、工艺、制造、检测、物流全生命周期各环节的智能数据驱动；通过供应链管理（SCM）系统拉动上下游供应商，形成以皮肤护理产品为核心的康美生态圈。图7-4展示了伊斯佳C2M大规模个性化定制智能生态圈架构。

基于图7-4，伊斯佳协同科研单位及企业，共同开发软硬件装备，将大量资金投入数字化车间的建设，并以其作为化妆品单件生产的物理基础，通过建立客户关系管理（CRM）系统、PLM、ERP、SCM、MES、仓储管理系统（WMS）、SCADA、车间互联互通网络，以及七大模块的集成，实现全生态的数据驱动。通过信息化系统全生命周期的集成，实现设备层、控制层、车间层、企业层的信息融合，使全生命周期的资源要素通过数据来驱动，从而实现企业智能生产，并整合上下游供应商，通过系统对接，实现企业间通过互联网协同作业。C2M大规模个性化定制智能系统集成图如图7-5所示。

案例 7　化妆品行业大规模个性化定制新模式 | 139

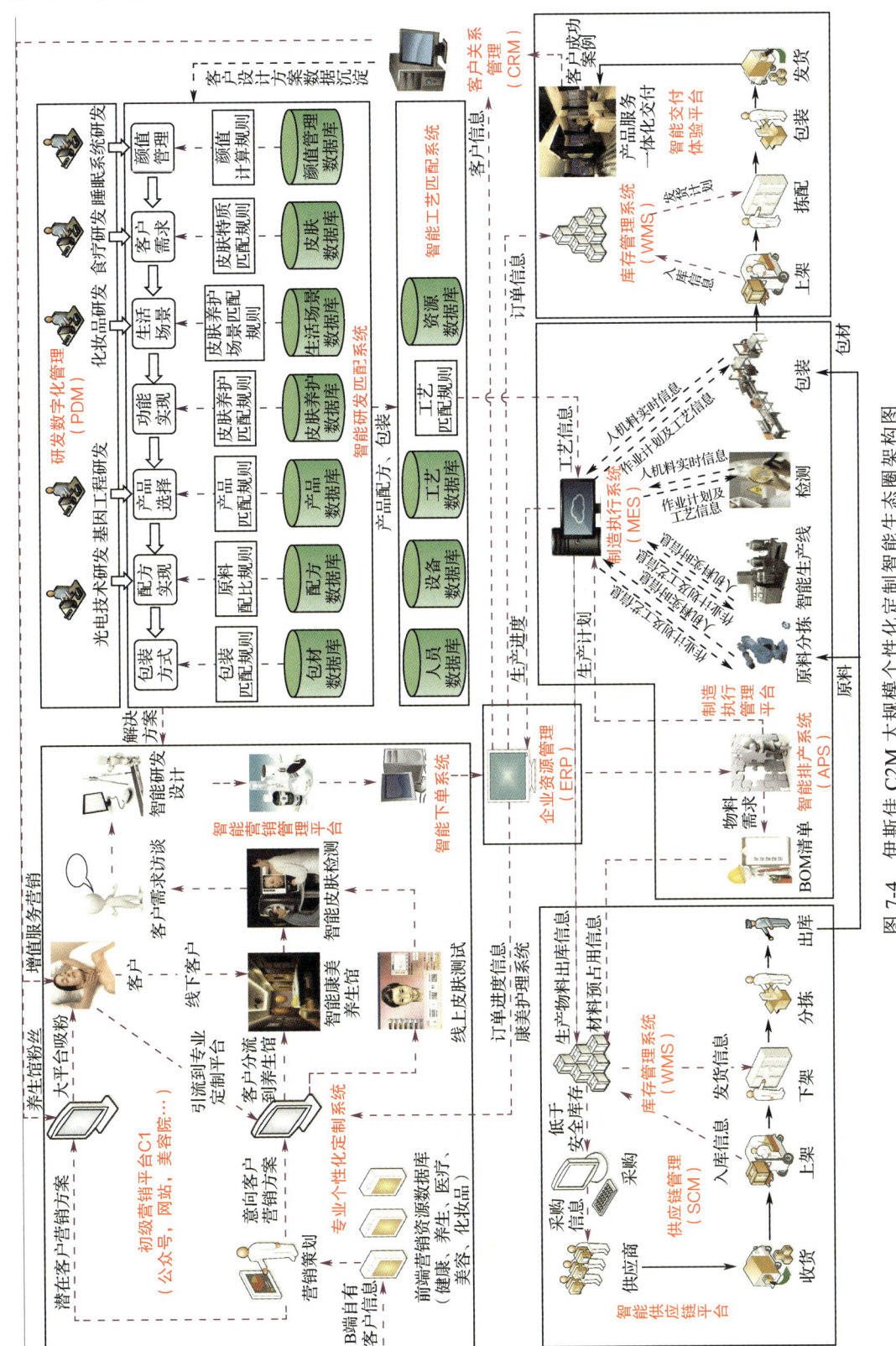

图 7-4　伊斯佳 C2M 大规模个性化定制智能生态圈架构图

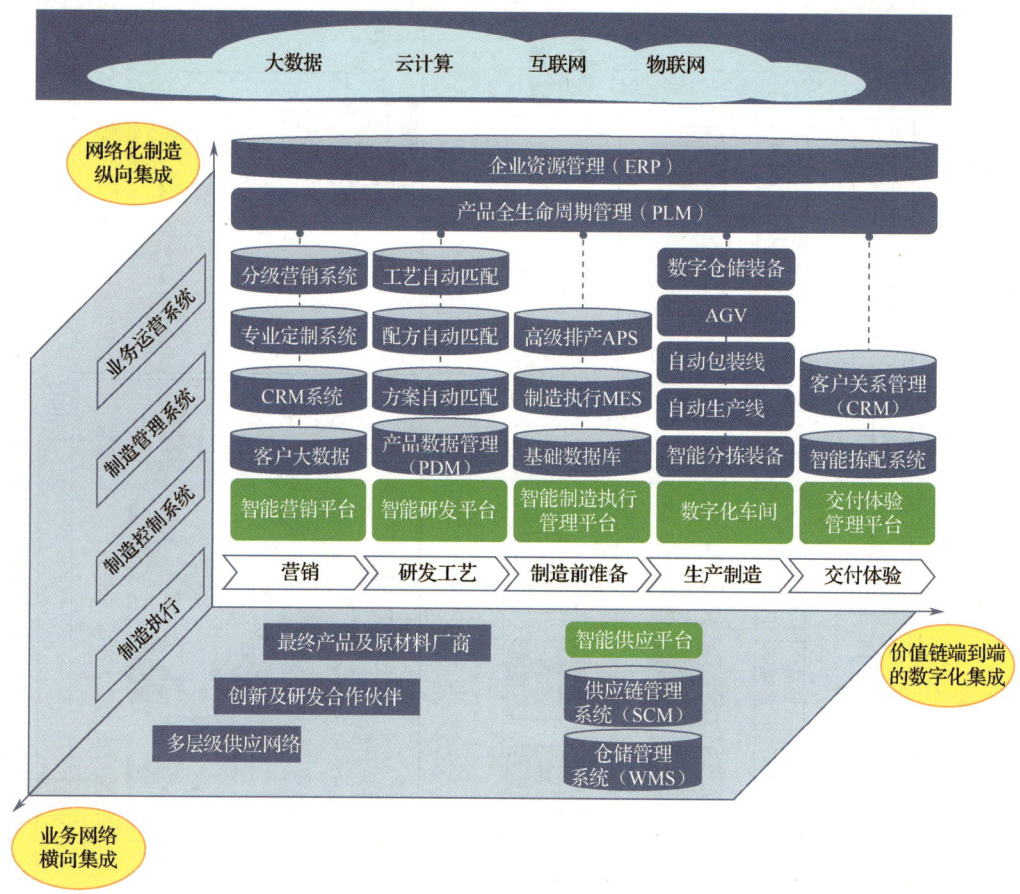

图 7-5　C2M 大规模个性化定制智能系统集成图

7.3　大规模个性化定制系统关键绩效指标

传统化妆品研发制造企业，关键绩效指标通常包括研发周期、生产效率、合格率、库存等，大规模个性化定制系统对这些指标都有明显提升。

本案例通过实现大规模个性化定制，具有下列绩效指标具有提升作用：

（1）使用配方管理系统根据不同的皮肤问题和严重程度，结合区域环境等因素，对产品配方进行模块化设计，建立配方数据库，大大缩短化妆品研发周期。传统化妆品研发制造企业，产品的研发周期短至 3 个月长至 2 年不等，通过模块化设计，建立配方数据库，化妆品研发周期平均可缩短 40%。

（2）传统化妆品生产企业，生产设备的数控化程度不高，化妆品大规模个性化定制设备比传统化妆品生产设备的数控化率高 20%以上，对生产过程进行实时控制、预警和可视化管理，企业信息化程度提高 30%以上。企业信息化程度的提高，对企业整体效率的提升非常重要,从而加速实现企业的两化融合和转型升级。

(3)通过 SCADA 系统对数据进行实时采集,结合智能排产系统,通过线上即时自动检测等措施建立产品质量控制和保障系统,使成品合格率接近 100%。

(4)按需生产,可大大降低成品库存量,最终接近零库存。传统化妆品生产企业,多采取备货制,企业的库存压力比较大。而大规模个性化定制是按需生产,早期可大大降低成品库存量,待大规模个性化定制非常成熟后,不仅可降低成品库存量,相应原材料等库存都会大大降低。

7.4 案例特点

7.4.1 从需求侧看

1. 需求侧的情况

据市场调查分析,整个化妆品行业产品同质化问题非常严重,高达 90%,产品配方趋同、配方价值难敌品牌或广告效应。而现代人的皮肤问题纷繁复杂,除了对产品安全性、便捷性的共性要求外,这种"广谱"产品很难满足消费者对于效果的追求,例如,针对敏感性的皮肤,需要使用安全无刺激性的产品,而干性皮肤对产品的滋润度要求更高。除了不同肤质对产品的需求不一致,不同的皮肤问题对产品的需求差异更大,消费者的差异化需求包括但不限于美白、抗衰、祛痘等,如图 7-6 所示。而大众化批量生产的产品很难满足日益升级的个性化消费需求。

图 7-6 差异化需求表现

伊斯佳通过对消费者皮肤类型及存在问题、护肤习惯、生活习惯、所在地区及气候环境等进行分类,结合产品及配方数据库,生成个性化产品。

案例:敏感性皮肤人群的个性化定制。

敏感性皮肤不是皮肤病诊断名称,而是一种皮肤亚健康状态,或者说是一种特殊的皮肤类型,特指皮肤在一定条件下发生的一种高反应状态,主要发生于面部,表现为受到物理、化学、精神等因素刺激时,皮肤易出现灼热、刺痛、瘙痒及紧绷感等主观症状,伴或不伴红斑、鳞屑、毛细血管扩张等体征。护肤不当也会导致皮肤敏感,敏感皮肤要求使用的护肤品必须强调保湿和修护,同时对安全性的要求更高。伊斯佳在全国有近 4000 家加盟美容院/店,通过调研发现,不同程度的敏感性皮肤人群高达

40%，这些人群很多时候因找不到合适的产品，皮肤长期处于不适状态，他们特别渴望能有适合自己的护肤品。

伊斯佳通过皮肤检测、数据分析，将常见的敏感性皮肤进行分类和评级，并结合消费者的护肤习惯、生活习惯、区域环境气候等指标设计针对性的配方产品，建立敏感人群适用配方库。通过检测、匹配配方、生产产品、试用产品、跟踪测试和反馈，不断优化配方，使产品满意率达90%以上。

2. 每个环节的做法

大规模个性化定制，从订单到交付的业务流程为：对消费者肤质进行检测，数据进入用户数据库；结合产品及配方数据库，客服系统自动匹配肤质数据和配方数据，生成个性化产品订单并确认；运用ERP透明化企业运营资源，APS自动排配产品制造，利用MES传递生产工艺信息与流程，实时数据采集与可视，实现配方、工艺、制造、检测等环节智能制造。通过SCM拉动上下游供应商，按照单只生产的模式完成定制，并通过第三方精准物流交付给用户。

3. 服务环节的改变

消费者从下单到收取定制产品的过程中，可追溯每一步，可实时了解定制进度。在后期的产品使用过程中，配备专业客服人员进行辅导和跟踪服务，每套产品使用完后，应再次对皮肤/头皮头发进行专业的分析检测，并根据客户新的皮肤/头皮头发状态进行配方调整。

7.4.2 与非个性化定制模式的对比

传统的化妆品生产模式，是一种产—供—销模式，每款产品的设计生产都是针对大众人群，或许可以用，但都不是最合适的。同时不注重与消费者之间的交互，容易造成产品滞销，形成库存。而大规模个性化定制要求企业以客户为中心，并能够以标准化生产的时间和成本，迅速满足客户的个性化需求。

伊斯佳的大规模个性化定制以精准的皮肤检测系统为基础，通过互联网、物联网等信息技术将客户皮肤数据、原料数据、配方数据和智能生产融合，实现"一人一方一单"个性化生产。

7.4.3 个性化定制模式对化妆品行业传统制造模式的改变

大规模个性化定制模式比较传统化妆品制造或者少品种大规模的自动化制造，具有颠覆式的工艺组织模式，其主要变革有：

（1）基于大数据实现配方和用户肤质检测的智能匹配，实现化妆品配方的数字化规范表示并建设配方大数据库，实现根据工艺大类区分的前提下，配方由数据库自动生成，从产品研发角度支撑大规模个性化定制业务的完成。

（2）产品制造突破行业现状，自主研发集成式智能化妆品生产线，实现按照单只节拍化流水式生产，原物料做标准化预处理并通过工艺分类实现快速更换和补料。

（3）由数字化配方（物料数据和工艺数据）和高级生产排程系统驱动整个从原物料到成品的工艺路线，由 CRM、ERP、PLM 等构成的智能系统完成从订单到交付的业务流程。

7.5 化妆品行业大规模个性化定制实施步骤

伊斯佳化妆品大规模个性化定制实施步骤如图 7-7 所示。

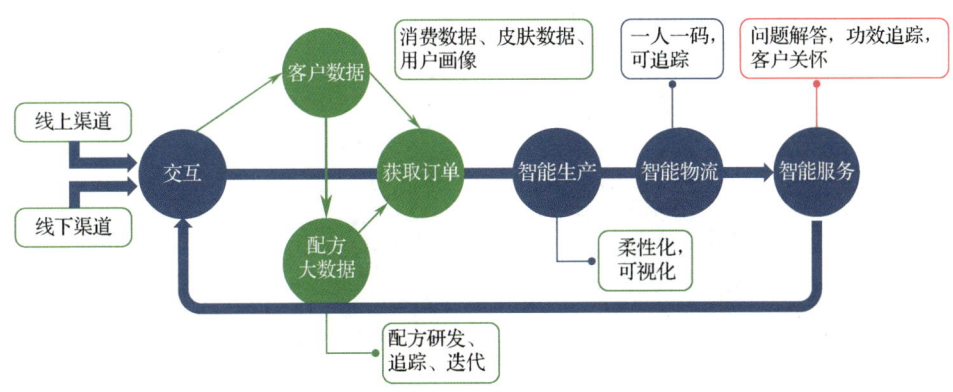

图 7-7 伊斯佳化妆品大规模个性化定制实施步骤

7.5.1 基本要求

以个性化大规模定制为核心，完成工厂总体设计、工艺流程及布局数字化建模、工厂互联互通网络架构与信息模型，实现生产流程实时数据采集与可视化，实现现场数据与生产管理软件信息集成，定制开发和集成 MES、APS、WMS、CRM、PLM、ERP、SCM 等系统。

7.5.2 需求交互

根据消费者的不同消费需求，化妆品个性化定制可分为：

（1）基础定制：根据定制者皮肤/头皮头发类型、所处区域、定制季节、护肤习惯等数据，进行固定配方分类化妆品的定制。

（2）半定制：在基础定制化妆品的基础上，对功效类产品如精华、乳霜、面膜等产品，根据消费者的皮肤/头皮头发专业问卷、检测报告组建个性化专属配方定制。

(3) 全定制：结合消费者的皮肤/头皮头发专业问卷、检测报告等数据，进行系列化妆品的全部个性化专属配方定制。

专业的皮肤调查问卷涵盖以下几个方面：消费者生活所在区域、职业、生活习惯、皮肤护理习惯、自我感知的皮肤状态，以及护肤需求等调查；针对不同渠道的消费者和不同皮肤问题解决需求，采用一种或几种检测方式对消费者皮肤/头皮头发进行检测，检测方法包括但不限于光学检测、角质细胞生理学检测、基因检测等。

光学检测指运用先进的光学成像技术、图像分析技术对皮肤表面或深层问题进行分析的检测方法，采用的光学检测仪器如图 7-8 所示。

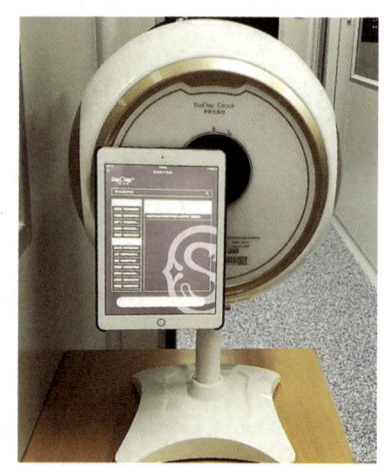

图 7-8　光学检测仪器

角质细胞生理学检测指通过无创采样技术，对皮肤角质细胞相关的生理学指标进行分析的检测方法。伊斯佳采用自主研发的皮肤多维度检测盒（见图 7-9）采集样本，再进行数据分析。

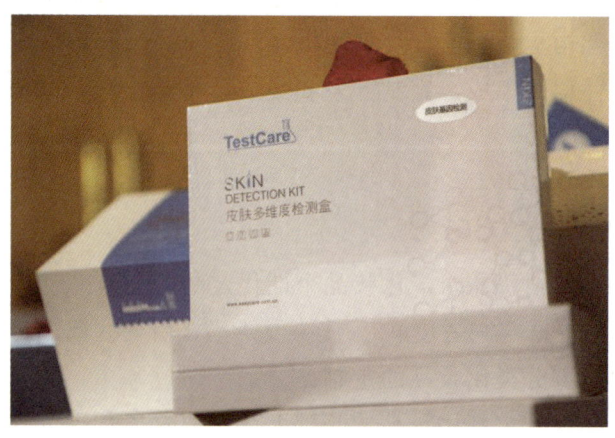

图 7-9　皮肤多维度检测盒

所有数据经分析处理后会形成消费者的皮肤诊断报告，包含消费者肤质、肤色、肤龄及存在问题等相关数据。根据消费者存在的皮肤问题并结合消费者自身需求，生成个性化的皮肤问题解决方案，主要包括以下几个方面：个性化的生活习惯建议、个性化的护理习惯建议、个性化的护理产品推荐、个性化的口服产品推荐等，并针对皮肤问题严重和有特殊需求的消费者，提供个性化的专业护理疗程。伊斯佳个性化定制的界面如图 7-10 所示。

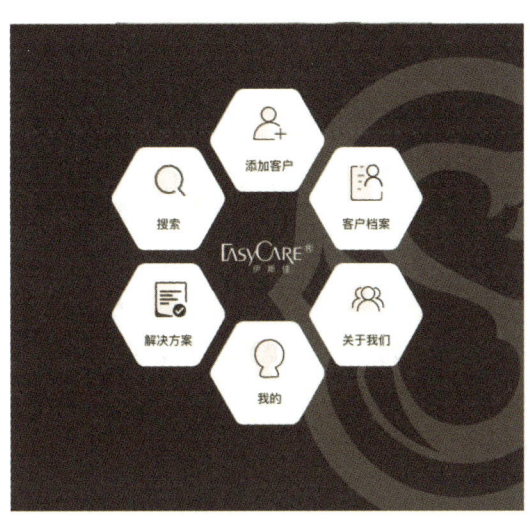

图 7-10　个性化定制界面

伊斯佳交互模型如图 7-11 所示，通过客户管理系统、皮肤/头皮头发检测系统将客户的需求无缝化与配方及智能生产相连接。

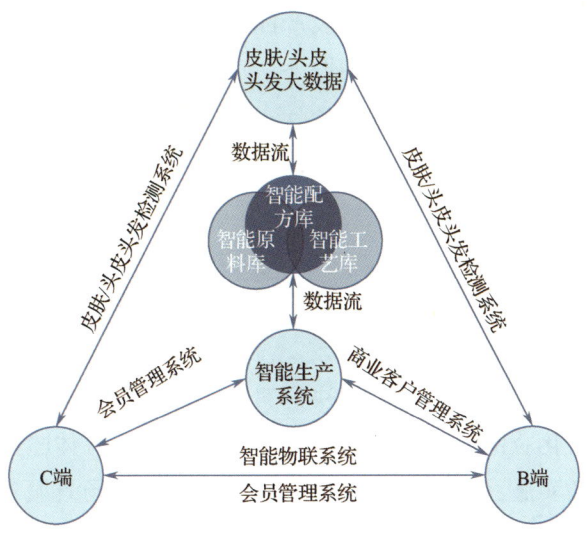

图 7-11　伊斯佳交互模型

在消费者进行皮肤/头皮头发诊断后，与消费者进行在线需求确认，根据结果自动生成数字配方，相应的配方代码发送到智能制造车间后台，智能化妆品生产线根据接受的配方代码进行个性化化妆品生产、罐装和检验，根据用户订单信息分拣与外包装，利用现代物流，快速将产品送至消费者手中。每套产品具备唯一编码，即产品的"出身证明"，并且只有定制者本人才能有效解读编码上的信息。

消费者从下单到收取定制产品的过程中，可追溯每一步，实时了解定制进度。在后期的产品使用过程中，专业客服人员进行辅导和跟踪服务。产品使用完后，再次对皮肤/头皮头发进行专业的分析检测，并根据客户新的皮肤/头皮头发状态进行配方调整。

需求交互贯穿于整个服务环节，分为售前、售中、售后服务。服务是指通过信息化技术收集消费者个性化需求，建立专属个性化大数据库，通过数据分析，有针对性地为消费者提供有偿或无偿、有形或无形的问题解决方案。售前服务是指企业在消费者未接触产品之前所开展的一系列刺激消费者购买欲望的服务工作；售中服务是指在产品销售过程中通过线上、线下为消费者提供的服务；售后服务是指在商品出售以后所提供的各种有形或无形的服务活动。

化妆品行业采用的需求交互方式主要是线上和线下交互。

1. 线上交互

售前服务：包括创造信息；信息标签化；社交功能；信息传播；社交软件协同；个性化推送；一键转发；邀约功能；线上注册；在线咨询；邀约海报生成；在线个性化定制问卷填写；个性化定制检测包申请；申请的递交与接收；物流跟踪服务；回邮录入；接收确认；检测报告上传等。

售中服务：包括企业、品牌、疗程及产品介绍；连锁网络及店内服务人员介绍；转化进店；线上下单；预约请求；预约服务；店面分配；消费路径生成；预约提醒；赴约确认；取消预约；更改预约；预约统计；资源调配；线上咨询；积分发放等。

售后服务：包括服务评价；咨询互动；再次预约；传播分享；会员档案查询；投诉处理等。

2. 线下交互

售前服务：包括个性化定制顾问；消费者认证；参观指导；顾客信息收集；专业设备检测；服务体验；检测包的发放等。

售中服务：包括检测报告分析；解决方案推送，引导下单；专业护理疗程解决方案，引导下单；家居化妆品解决方案，引导下单；自助服务体验，引导下单；场景体验，引导下单；服务实施；专业护理疗程；家居化妆品；场景服务等。

售后服务：包括线下评价；消费者反馈信息收集；消费者投诉处理；增值服务；再次预约；积分兑换等。

7.5.3 设计研发

伊斯佳大规模化妆品个性化定制模式中,包含检测端、研发端和制造端。在检测模端,伊斯佳将皮肤问题从肤质、肤色、肤龄多个维度进行分类分级设置,将皮肤问题与消费者的需求密切结合。不管是通过专业的调查问卷,还是通过光学检测、细胞检测或基因检测,都会从肤质、肤色和肤龄三大维度反映皮肤问题。肤质包括皮肤保湿滋润度、敏感度、毛孔、油脂等指标;肤色包括皮肤光泽度、肤色、斑点等指标;肤龄包括皮肤氧化程度、弹性紧实度和面部皱纹等指标。每个指标按照问题严重与否进行等级划分,将皮肤/头皮头发问题数据化管理,按照不同的年龄,不同的症状建立皮肤/头皮头发模型数据库。

研发端主要包括原料的筛选、配方设计、工艺验证等。收集、分析来自国内外数十万种原料的功效特性及使用方法,经反复实验验证后,按照原料的功能属性如保湿、美白、祛皱、控油、祛痘、祛红血丝、抗敏、修复、去屑、生发、防脱、固色、乌发、黑发、健发等进行分类处理,建立原料特性数据库。所有原料的筛选都遵守相应的法律法规,做到合规化。

伊斯佳积累了20年的专业美容护理研究和开发经验,通过反复实验,将皮肤模型数据库与原料特性数据库有效对接,从功能和肤感上进行分类分级,并与皮肤指标相对应,以满足不同皮肤症状的客户需求。对于解决皮肤问题的功效性成分,会在形成最终配方之前进行大量的测试和验证,以满足功效需求。

由于每个人的皮肤都具有差异性,在实现定制的过程中,会不断发现新的皮肤特征和问题。针对新出现的皮肤问题,进行大量配方优化研究,找到最适合的配方,并纳入数据库,数据库及时自动更新。伊斯佳数据库特性如图7-12所示。

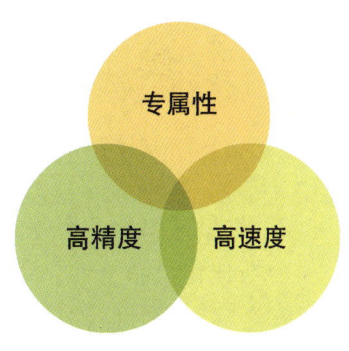

图7-12 伊斯佳数据库特性

7.5.4 柔性制造

长期以来,传统的化妆品生产过程都是从前端备料到成品发货,全过程都是人工完成,存在效率低下、无法对生产过程进行实时监控、对产品性能不能量化处理等问题。伊斯佳大规模个性化定制生产过程中,大量使用智能设备、工业机器人、视觉系统解决传统化妆品生产过程中的痛点,充分体现了模块化、柔性化、可重构等特点。

1. 模块化

1) 伊斯佳化妆品个性化定制产线工艺模块化设计

伊斯佳化妆品个性化制造从原物料到产成品的工艺流程主要包括：原料领用或预处理；个性化生产；包装；成品按订单分拣齐套、良品出仓交付。预处理后的原料，应分类分区存放，便于补给或更换。产品包装设备满足单只或者多只组合的包装要求，增加不同消费者产品外包装的个性化标识。化妆品个性化订单为单只或多只的组合件，设立分拣仓对消费者订单进行分拣齐套。单个订单产成品应按照消费者的分区集中仓储。各部分进行模块布局统一管理。伊斯佳各车间系统管理框架如图 7-13 所示。

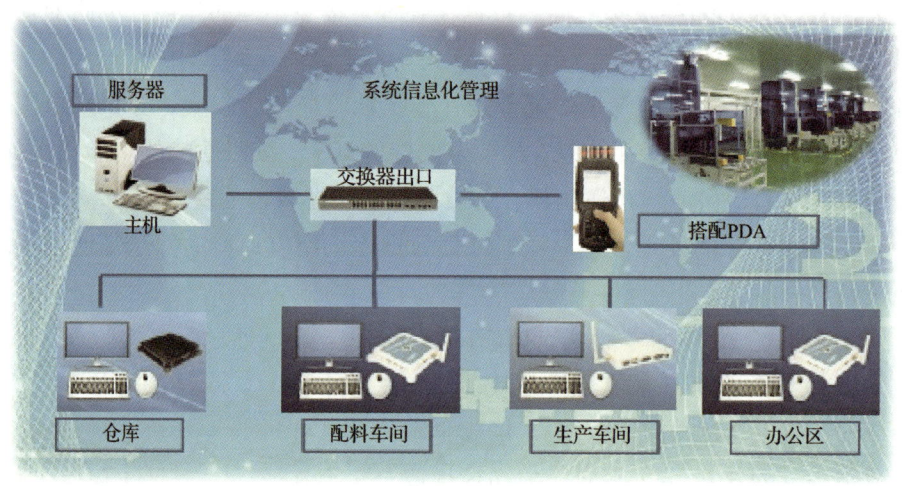

图 7-13　伊斯佳各车间系统管理框架

2) 伊斯佳化妆品个性化定制产线设备应采用模块化设计

伊斯佳化妆品个性化定制产线的运行满足设备清洗、原物料快速更换或补充、制造过程全程可实时监控；化妆品个性化生产设备满足制造的要求，并能识别和执行符合规范要求的数字化配方（包括配料配比和制程工艺）；化妆品个性化生产线的建设能满足不同品项不同工艺的要求，匹配化妆品产品的模块化系列化规划，实现多品种小剂量产品的共线生产，如图 7-14 所示。

3) 伊斯佳化妆品个性化定制产线各部分采用灵活传送设备

配备物流设备，完成化工原料、制造配件、包装材料等在制程中的配送；根据产线适合的产品系列，及时配送相应原物料，确保生产换线快速进行；采用信息化手段对全部在制原物料做实时跟踪，建立配料防错机制和完善的配料记录。

2. 柔性化

伊斯佳化妆品个性化定制产线满足多规格小批量产品生产要求。做到多产线对接兼容，能满足不同品项不同工艺的要求。产线的运行满足设备清洗、原物料快速更换或补充的要求。各工艺步骤可以在多条产线之间进行切换,模组应能进行自动调节或更换。如图 7-15 所示的生产流程,可以根据不同工艺要求各部分柔性生产。

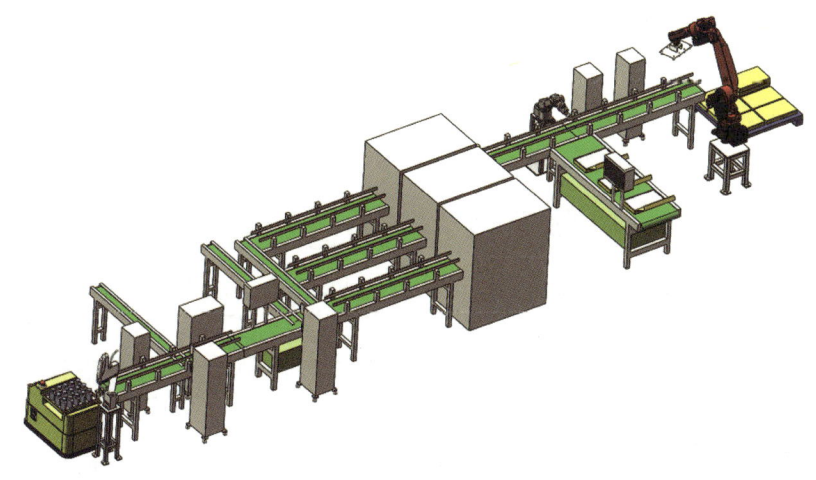

图 7-14　化妆品共线生产

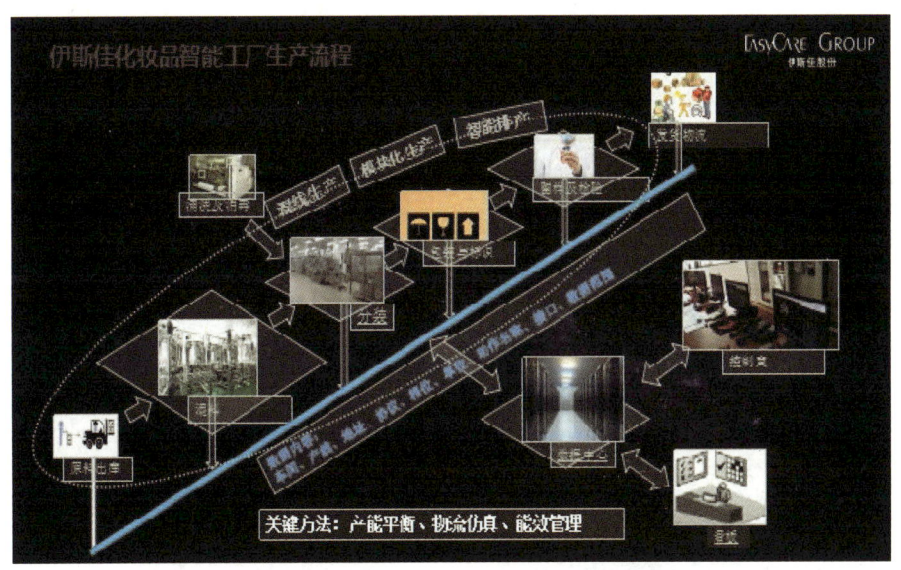

图 7-15　伊斯佳化妆品智能工厂生产流程图

3. 可重构

化妆品个性化定制产线可以根据不同时期的工艺、包装等要求进行重新搭建。产线上模组应能进行自动调节或更换。化妆品个性化定制产线和系统具有扩展性和维护性,通过调整改善产线的性能,使其设计模式和架构更趋合理,提高产线和系统的扩展性和维护性。化妆品个性化定制生产管理应具备持续改进机制。

7.5.5 物料采购

伊斯佳通过建立自有的供应链管理（SCM）系统（见图 7-16），从采购源头开始对供应商管理（包括供应商开发管理、供应商基本信息管理、供应商绩效评价管理及供应商主数据管理等）、采购管理（包括采购需求管理、采购计划管理、询报价管理、采购订单管理、采购跟踪管理及发票管理等）实现物料采购的可溯化、透明化。

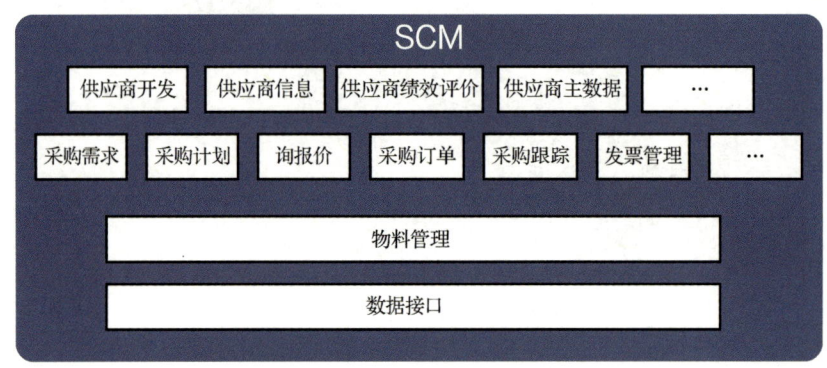

图 7-16　SCM 系统架构图

SCM 通过与企业内部其他系统及开放性供应商平台进行无缝的信息对接（见图 7-17），实现了库存数据实时共享、采购需求自动触发、在线询价报价比价、系统自动分析历史数据确定并生成订单，减少了采购周期，降低了库存水平，同时规范了供应商管理，提高了供应和需求的同步能力，实现物料采购的敏捷化。

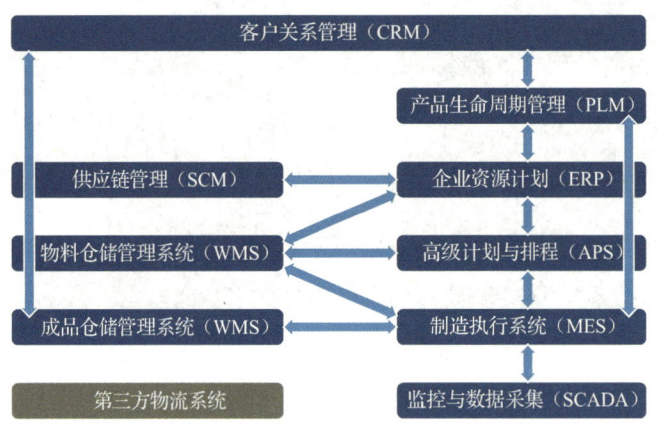

图 7-17　SCM 系统与其他系统关系图

7.5.6 计划排产

伊斯佳通过 APS 系统与 MES 的高度融合，解决个性化产品、多工序、多资源的优化调度问题。以订单分配与时序计划为关键节点，前端衔接销售活动，后端驱动供应链、生产执行的中枢系统。对物料、产能最优分析与匹配，生成准确的交货日期，快速满足用户。同时能根据订单变化做出快速反应，降低对生产执行环节影响。实现个性化订单的排产与执行闭环，形成系统自排产、自反馈、自决策，实现计划排产最优化、均衡化。

主要步骤为先通过物料齐套率检查，再根据产品配方 BOM 与生产单元资源模型分配订单任务；订单分配需满足多约束条件，并按约束的优先级进行排产顺序的优化。同步与查询基础数据库中的班组能力/工艺能力信息，并根据订单的优先级进行滚动时序排产，确定工艺全流程周期时间/订单开始时间/订单结束时间。以甘特图形式显示订单开始与结束时间，并可显示各工序节点的开始与结束时间，最终实现计划排产可视化、最优化、均衡化。APS、MES 与各系统集成方案架构如图 7-18 所示，计划排产部分主要根据 ERP 订单要求对生产订单进行有计划的生产安排，主要影响因素为物料齐套、交期排定、时序排产等。

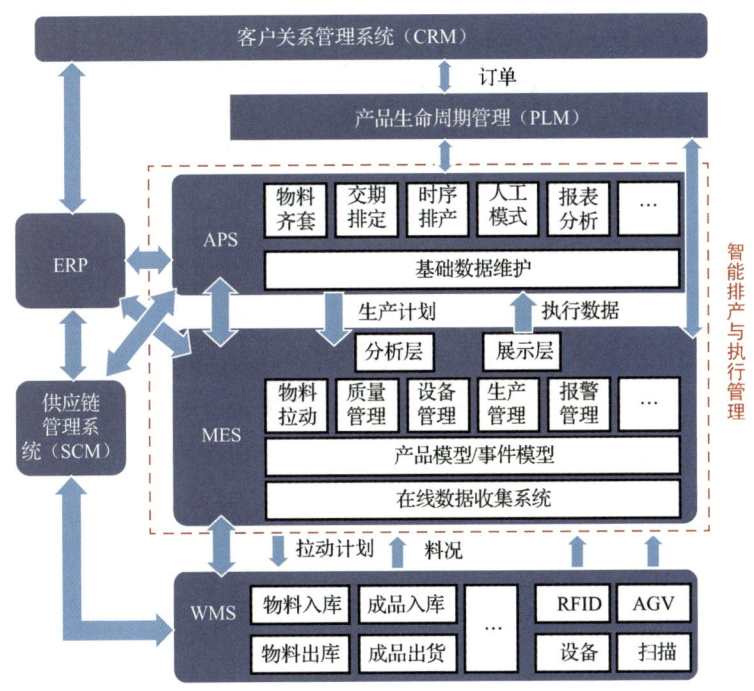

图 7-18　APS、MES 与各系统集成方案架构

7.5.7　物流配送

伊斯佳通过建立自有的成品仓储管理系统（包括成品出入库管理、库位管理、条码管理、第三方物流系统接口、发货单打印模块等），通过与 CRM、ERP、MES 及第三方物流系统的对接，获取用户的地址信息、交付时间及发运信息等，实现成品的入库、上架、出库、分拣、包装和发运管理。

成品交付给用户后，通过 CRM 中的客户体验管理模块获取用户体验数据，完成整个系统的闭环。

交付体验流程如图 7-19 所示。

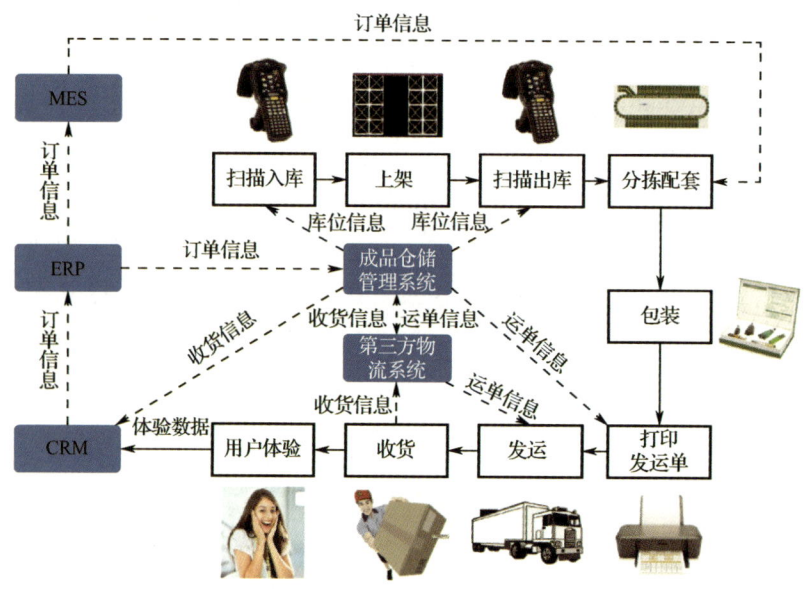

图 7-19　交付体验流程

7.5.8　售后服务

售后服务一般是指商品或服务出售以后所提供的各种服务活动。化妆品行业售后服务方式包括但不限于电话服务、网络服务、专家服务、远程服务、上门服务等，对产品提供全生命周期的跟踪、诊断等服务。针对个性化定制，客户通过伊斯佳门店或线上 App 申请皮肤/头皮头发检测，便会生成唯一码，客户下单后，手机扫描唯一码，可以一单一码，进度全程可视，直至产品生命终结。

伊斯佳定制产品的售后服务要求不得低于企业同类产品服务的有关规定。

1. 线上售后服务

通过客户关系管理系统在线上为会员提供服务评价、技术指导、定期线上或电话回访、检测、产品退换货、处理投诉、解答咨询、再次预约、分享路径、记录查询等服务。

服务评价：会员线上、线下进行购买或享受服务后，通过互联网平台进行对本次购买或服务体验的服务评价，同时获得相应会员积分。

咨询互动：会员购买产品或服务后，可利用在线信息化技术通过移动终端即时与线上客服进行咨询互动。

再次预约：利用在线信息化技术通过移动终端向会员提供服务的预约、产品的续订服务，并及时反馈服务内容及时间，定时对会员做出提醒服务。

传播分享：利用在线信息化技术向会员提供有关促销活动、服务感受、服务推介、邀约等方面的线上传播分享路径，并针对会员不同分享的版块，给予相应的会员积分奖励。

会员档案查询：通过在线信息化技术为会员建立专属会员档案，记录会员的行为轨迹，并为会员提供如下查询服务：检测报告查询；消费记录、服务进度及评价查询；积分及兑换记录、兑换礼品查询；邀约活动查询；会员优惠查询；会员分享记录查询；代金券及使用记录查询；客服互动记录查询等。

投诉处理：通过在线信息化技术为会员提供投诉反馈及解决方案服务，必要时采用视频电话或移动通信等方式进行深度的沟通与协调。

2．线下售后服务

线下通过多种途径征集消费者对定制流程及产品质量的意见，并及时反馈和改进，同时提供多方面的增值服务，协助会员进行预约、会员积分兑换等服务。

线下评价：会员线下购买或享受服务后，在店内可通过与店长、顾问交流服务感受或通过移动端进行服务评价，同时获得相应会员积分。

消费者反馈信息收集：店长、顾问、美容服务人员线下通过与到店会员的沟通与服务，收集会员的各方面反馈信息，汇总到管理系统，对会员档案及店务管理、服务流程进行智能升级。

消费者投诉处理：店长、顾问、美容服务人员线下按照店务管理流程接待会员投诉，及时了解情况，给出解决方案，对不能及时解决的投诉，确定问题解决负责人及问题解决最终时间，明确告知会员，并在投诉处理过程中实时跟踪与沟通。

增值服务：在为会员提供已购买的服务同时，不断根据会员需求、环境及问题的解决，为会员提供多方面的增值服务，增加会员的体验感与忠诚度，为后续消费做铺垫。

再次预约：会员对本次服务现场做出评价后，为会员提供下次服务预约提醒，并协助会员在管理系统中进行登记。

积分兑换：线下为会员提供会员积分店内兑换礼品的发放，或通过各种方式兑换礼品派送服务。

7.6 化妆品行业大规模个性化定制标准化现状与需求

7.6.1 标准化现状

化妆品生产行业的主管部门包括卫生行政部门、食品药品监督管理部门、质量监督部门和工商行政管理部门等。化妆品生产行业的管理主要体现在一些综合法规和标准上，其中综合法规类包括《化妆品卫生规范》(2007年版)、《化妆品卫生监督条例》、《化妆品卫生监督条例实施细则》等；有关化妆品的标准包括卫生标准，涉及化妆品分类、标签、包装和储藏的综合类标准，产品标准，检验方法标准4大类。卫生标准如GB 7916—1987《化妆品卫生标准》；综合类标准如GB 529613—1995《消费者使用说明 化妆品通用标签》、GB/T 18670—2002《化妆品分类》、JJF 1070—2005《定量包装商品净含量计量检验规则》、QB/T 1685—2006《化妆品产品包装外观要求》、SB/T 10181—1993《化妆品商品储藏技术》等；产品标准如QB/T 2284—1997《发乳》、QB/T 2286—1997《润肤乳液》、QB/T 1645—2004《洗面奶（膏）》等；检验方法标准如QB/T 1684—2006《化妆品检测规则》、GB/T 13531.1—2000《化妆品通用检验方法 pH值的测定》、GB/T 135311.3—1995《化妆品通用试验方法——浊度的测定》、GB 791811—1987《化妆品微生物标准检验方法总则》等。

化妆品行业近几年主要发布的标准是关于产品和检验方法的相关标准。2018年2月6日，国家质量监督检验检疫总局、国家标准化管理委员会发布中华人民共和国国家标准公告（2018年第2号），批准发布《化妆品中10美白祛斑剂的测定高效液相色谱法》《牙膏磨擦值检测方法》《口腔清洁护理用品分类和术语》等35项化妆品行业相关国家标准。现阶段化妆品行业关于化妆品功效宣称和评估方法在广泛征求意见，预建立相关标准。

7.6.2　标准化需求

目前有关化妆品的标准主要集中在卫生标准，涉及化妆品分类、标签、包装和储藏的综合类标准，产品标准，检验方法标准4大类。随着消费升级，大规模个性化定制是发展趋势，但目前还未形成化妆品行业大规模个性化定制相关标准。只有建立化妆品大规模个性化定制相关标准，才能为化妆品行业大规模定制制造企业的转型升级提供标准并进行流程指导。

实现化妆品个性化定制需要打通皮肤检测—智能配方—智能生产的全链条，需要建立：

（1）化妆品个性化定制通用技术规范：规定化妆品大规模个性化定制的定义、分类、程序及通用技术要求等；急需解决化妆品备案、检测、留样等问题。

（2）皮肤分类标准化：对不同的皮肤状况进行定义，对皮肤特征指标实施标准化。

（3）个性化化妆品快速质检标准：规定在保证时效的情况下，化妆品快速质检的方法及操作过程。

（4）化妆品定制服务标准：规定针对不同渠道定制化妆品消费者的服务流程。

（5）大规模个性化定制生产标准等：规定化妆品个性化定制生产全过程要求，包括各部分要求、数据要求、关键方法等方面。

7.7 案例示范意义

伊斯佳化妆品大规模个性化定制业务以消费者需求驱动，依据专业的皮肤/头皮头发检测报告，搭建个性化专属皮肤/头皮头发问题解决方案，全程信息化可追溯，模块化智能生产，在线即时智能检测，智能物流将信息、运输、仓储、库存、装卸搬运，以及包装等物流活动综合起来集成式管理，以定期在线远程跟踪服务等方式实现。

伊斯佳化妆品大规模个性化定制的智能工厂建设，依托皮肤智能检测设备收集消费者皮肤健康大数据，内部迭代皮肤/头皮头发健康护理、产品及配方大数据库，针对每个消费者不同的问题需求，提供个性化的专属配方；同时，每个消费者都会有单独的皮肤健康档案，客户关系管理系统将永久记录顾客使用信息及使用效果，实时掌握顾客每阶段的皮肤/头皮头发信息，为消费者提供个性化的全生命周期解决方案。

7.7.1 需求交互——无缝化、透明化、可视化

各年龄段的消费者通过微信、网站、App、线下等方式填写专业的皮肤/头皮头发问卷，企业通过问卷初步了解消费者皮肤/头皮头发状况以及对化妆品的定制需求。利用无创检测工具及设备对消费者皮肤/头皮头发进行检测，由受过专业培训的人员对皮肤/头皮头发的检测结果进行诊断分析，将皮肤/头皮头发问题数据化管理，按照不同的年龄，不同的症状建立皮肤/头皮头发模型数据库。

7.7.2 设计研发

收集、分析来自国内外原料的功效特性及使用方法，经实验验证后，按照原料的功能属性进行分类处理，建立原料特性数据库；收集、分析来自国内外行业的最新资讯，结合原料特性及产品特性，经实验验证后，建立完善工艺特性数据库；研究平台通过多次重复实验，将皮肤/头皮头发模型数据库与原料特性数据库、工艺特性数据库有效对接，开发智能配方数据库，利用大数据对测试和诊断结果进行分析，自动筛选，生成匹配的最佳数字化配方。并在业务开展过程中不断发现新的皮肤/头皮头发特征和问题，针对新出现的问题，进行大量配方优化研究，找到最适合的配方，纳入数据库，及时自动更新数据库。

7.7.3 智能制造

通过产品数据管理系统,在消费者进行皮肤/头皮头发诊断后,根据结果自动生成数字配方,相应的配方代码发送到智能制造车间后台,智能化妆品生产线根据接受的配方代码进行个性化化妆品生产、罐装和检验。

7.7.4 智能物流

根据用户订单信息分拣与外包装,利用现代物流,快速将产品送至消费者手中,消费者通过扫描唯一编码,即可实现物流信息全程可视。

7.7.5 即时服务

每套产品具备唯一编码,即产品的"出身证明",并且只有定制者本人才能有效解读编码上的信息。消费者从下单到收取定制产品的过程中,可追溯每一步,实时了解定制进度。在后期的产品使用过程中,专业客服人员进行辅导和跟踪服务。产品使用完后,再次对皮肤/头皮头发进行专业的分析检测,并根据客户新的皮肤/头皮头发状态进行配方调整。

在大规模个性化定制的经营模式下,伊斯佳和用户的联系更加紧密,去中间商化和重造中间商的营销体系,会使伊斯佳经营中的各环节库存降到最低;研发部署大规模的机器人和化妆品制造行业专用智能装备,优化生产工艺,实现单只个性化生产的同时,变革企业人力资源使用模式,完成机器换人的转型;依托对用户持续跟踪的大数据库和持续增强的产品工艺数据库,加快产品研发效率的同时,建立化妆品配方数字化标识的行业规范,建设配方按照原料及工艺分类自动生成的智能研发平台。

伊斯佳以 C2M 模式为驱动的大规模个性化定制智能工厂的实现,将以消费者需求为源点,对化妆品制造行业整个供应链的资源进行整合,实现从皮肤/头皮头发数据模型开发到个性配方的全流程研究、分析,突破技术难关,提高行业技术竞争力,提高国内化妆品行业竞争力,形成化妆品新格局。

7.8 下一步工作计划

7.8.1 皮肤检测方法的迭代

进一步优化皮肤检测方法,采取多种检测方法和手段结合,从表观层级—细胞层级—基因层级建立更细化和精准的评判指标。目前行业内没有形成统一的检测手段和方法，使用最普及的检测方法是光学检测，但目前基于图像分析和算法的光学检测对于如皮肤皱纹等指标的分析还不够精准，下一步需要进一步优化皮肤纹理特征的检测方法。

特征提取是指对研究对象固有的、本质的及重要的特征属性进行测量并将结果数值化，或将对象分解并符号化，形成特征矢量或符号串、关系图的过程。

纹理可以分为两类：一类是反复出现、方向性明确的结构性纹理；另一类是随机性纹理，主要通过统计特征表现。使用的算法有图像局部区域的自相关函数、灰度共生矩阵、灰度游程等基于统计的方法，也可以分析研究组成纹理的基元和排列规则的结构方法。

图片区域要将重点分区，分别进行人脸特征点检测，并划分出待检测区域，例如眼角区，三角区等。为了检测眼角纹、斑点、毛孔、光老化等不同特征，需要研究不同的特征提取策略。举其中一个例子，比如眼角纹可以在选定区域后采用Canny边缘检测，检测到大多数眼角纹都是直线，故采用统计概率霍夫变换获取出眼角纹并统计出眼角纹的数量，因此针对不同的因素需要设计不同的算法进行检测。

7.8.2 皮肤、配方数据库迭代

产品、配方、工艺数据库的建立以极致的标准化为前提，并且使用合理的编码规则、数据结构化方法，形成独特的数学模型和数据档案模型，形成用户、研发、制造数据库。

根据消费者的实际问题、护理需求、所处的环境和生活状态等，形成关键核心产品库和功能解决方案库，衍生出各个有针对性的个性配方数据和治疗方案数据。再以产品品类、产品功能定位、配方体系、配方架构、原料组合等维度，对数据进行分割重整。收集使用评价和打分归类，对配方数据和治疗方案数据进行修正和再次定位，或衍生新数据。

7.8.3 优化算法

人工神经网络是指从计算机设计角度对人脑处理方式进行模拟所设计的一种运算模型，由大量的节点（或称神经元）之间相互连接构成，进行多层运算，使机器获得分类、检测的能力。通过卷积神经网络，对图片进行特征提取、分类并诊断。

对所得的皮肤纹理与细胞照片进行尽可能准确的分类，并进行数据集标记，对数据进行数据增强；设计一个合理的神经网络结构；通过深度卷积神经网络对图片进行特征提取，并在提取到的特征上继续提取特征，以提取肉眼所不能观察到的特征；最后汇总所得特征到全链接层上并进行分类或者回归。通过调整训练策略，并优化训练

出合适的模型,得到等于甚至高于人类专家判断的正确率、特异性与敏感性。

7.8.4 模式输出

伊斯佳率先在化妆品行业内探索大规模个性化定制模式,不论在硬件设备还是软件开发上都积累了大量的经验,该模式成熟后,可为传统工业制造企业输出专家顾问团,通过调研、诊断、提供解决方案、指导迭代升级等方式进行制造企业智能升级服务输出。

案例 8

炊具行业大规模个性化定制新模式

——爱仕达股份有限公司

8.1 大规模个性化定制案例基本情况

炊具与人们生活息息相关,随着社会的发展和生活水平的不断提高,消费者对于炊具的要求也在不断提高,包括材质、设计、颜色、安全性等方方面面。传统的炊具制造业对人工的依赖程度高,生产工艺的严苛要求给生产带来了相当大的难度,随着人工成本的快速上升,传统落后的初级生产模式给企业带来了巨大的生存压力,我国炊具创造企业竞争力与美国、德国、日本等国家的同类企业相比具有一定差距。

针对个性化、定制化、高端化的产品需求,现代化的制造工厂需要打通炊具产品研、试、产全流程,集成各个环节的智能化管控平台,实施客户需求的定制化管理、原材料选型的柔性管理、库存的柔性管理、生产工艺路线选择的柔性管理、生产装备的柔性管理,以及与柔性管理相匹配的计划、生产、物流、交付等信息化系统模块,实现对客户个性化产品需求从研发到交付的全过程柔性化管控和最敏捷反应。

爱仕达股份有限公司(以下简称"爱仕达")创建于1978年,凭借强大的研发和制造能力,爱仕达已经成为世界炊具行业最大的生产基地之一,产品品质得到世界炊具行业的一致认可,并与50多家世界知名炊具品牌建立了长期的战略合作关系。经过最近几年的转型升级,爱仕达打造成了一家经营智能炊具、智能家电、智慧家居和工业机器人的国际化的高科技制造企业,拥有多个知名国际品牌。近年来,爱仕达看到传统制造模式的不足,同时,因自身产业升级对机器人和智能制造有着迫切的需求,爱仕达打造了首个炊具行业的智能制造工厂(见图8-1),对质量提升、成本下降、库存周转、效率提升等有着显著效果,并运用目前最先进的工业互联网、云计算、大数据等技术,对企业经营进行持续性的改善。同时,爱仕达构建和提高了机器人研发、制造和应用的核心竞争能力,布局了爱仕达智能制造生态圈,秉持合作共赢的理念,以生态圈为平台,打造炊具行业大规模个性化定制的模式转型。

图8-1　爱仕达智能制造工厂

8.2　大规模个性化定制系统结构介绍

爱仕达炊具大规模个性化定制系统针对炊具个性化定制的需求,以互联网技术为手段,创新商业模式和流程,引入用户全程参与,同时,用户与设计师互动,打造线上用户参与中心、线上设计师管理中心。爱仕达利用五金炊具超级BOM平台,通过采用可重构模块化智能制造技术体系,实现高效的规模化五金炊具定制的目标,满足全球不同用户对五金炊具的个性化需求;同时利用工业化效率和手段快速打造个性化商品,构建爱仕达营销新生态。爱仕达炊具大规模个性化定制系统整体架构如图 8-2 所示。

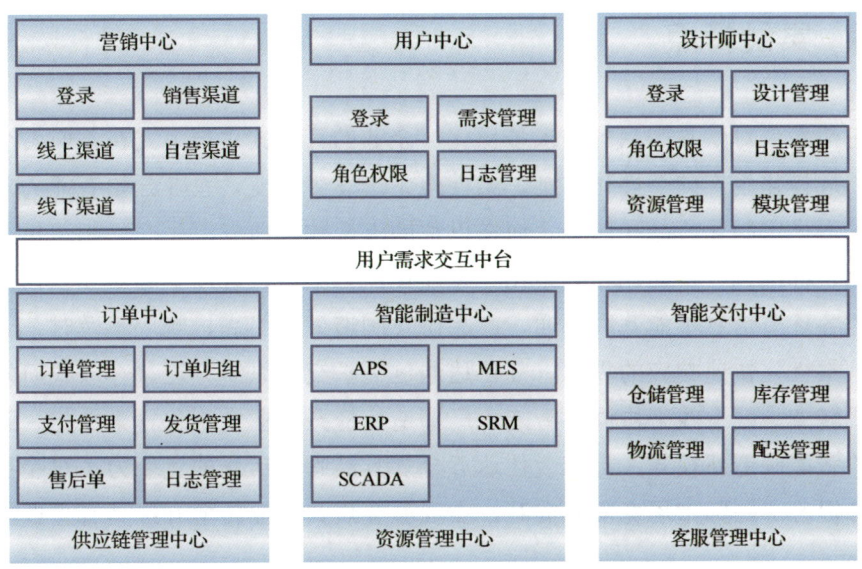

图 8-2　爱仕达炊具大规模个性化定制系统整体架构

8.3　大规模个性化定制系统关键绩效指标

传统炊具行业属于劳动密集型、资源消耗型,以及有一定劳动强度和环境影响的行业。近年来由于原材料价格大幅波动,人力成本持续增长等多重不稳定因素,金属炊具行业的竞争优势正在逐渐消失,发展势头明显减弱。提升企业持续发展动力和核心竞争力,唯一出路就是向产品高端化、装备智能化、管理精细化、生产组织网络协同化的智能制造方向转型,由低端制造向敏捷、柔性化、定制化、可视化高端制造转型。

爱仕达率先在炊具行业建立了智能制造新模式,助推轻工行业在智能化、信息化方面的发展,持续增强中国在轻工行业制造的全球竞争力。目前五金制品的关键绩效指标通常包括新品研发周期、生产效率、产品合格率、库存周转率等,五金炊具大规模个性化定制系统的实施对这些指标都有明显提升,主要如下:

(1) 研发周期较传统模式降低 30%以上。
(2) 产品不良率较传统模式降低 20%以上。
(3) 库存周转率较传统模式提高 25%以上。

（4）生产效率较传统模式提高了20%以上。

通过研发加速、生产周期缩短、交付周期缩短，能够有效实现降本增效及提升客户的消费体验。

8.4 案例特点

随着消费者对炊具产品的需求多样化，企业的订单式生产方式在不断转变，开始从传统的规模化生产向个性化定制、柔性化生产发生转变，企业开始有能力对多元化用户需求提供定制化产品和服务。而在以往的五金炊具研发、生产、制造体系中，由于模块化、标准化、自动化、数字化、智能化能力不足，各环节相对孤立，产品生命周期中的各环节信息不能互联互通，产品研发制造效率不高、响应不及时，无法满足定制化、柔性化快速响应的需求。爱仕达通过需求交互系统打造、开放式研发设计、营销模式转变、线上线下协同、智能工厂打造，提升企业定制化、柔性化、互联化、服务化的智能制造新模式，提升爱仕达五金炊具品牌在市场的竞争力，对企业品质提升、品牌提升、国际市场竞争力提升，实现五金炊具产业转型升级具有重要的意义和作用。

五金炊具行业大规模个性化定制流程包括如下几个重要节点。

1. 用户的需求交互

高速网络和自动化工厂也是个性化定制服务兴起的原因之一。为了缩减成本，大规模定制常常会将定制的组件与大规模生产结合起来，并在生产接近尾声时添加个性化定制的元素。利用高效且节省成本的方式，在标准化生产的产品上精准植入用户个性化的定制元素，其实就是"智能工厂"。用户根据自己的需求，通过云平台、经销商、渠道商、电子商城等提出个性化定制需求，平台接收订单，并将订单转化为产品功能参数和服务需求，通过后台数据终端系统，将订单下达到个性化定制功能的智能产线进行生产。

2. 开放式设计研发

通过线上设计平台，用户可以按照爱仕达提供的标准化模块共同参与设计，并通过设计平台与设计师一起优化产品。用户与设计师在产品设计阶段可以进行充分的互动。五金炊具行业，用户参与设计的方式有以下几种：用户直接参与产品标准模组的设计；全球设计招标、内部结构工程师及设计师落地、再由用户参与测评确定，形成用户到用户的设计闭环；局部个性化定制设计；在线上基于标准模组进行设计竞赛、组织用户与设计师进行互动,基于 AI 进行设计方案的评选,提高用户设计参与度。

3. 物料供应

实现大规模个性化定制业务,要求企业首先解决的关键问题就是如何对用户的定制需求进行精准的获取并做出快速反应。由于物料供应是跨部门、跨组织的过程,任何一个阶段的延迟都会影响全流程的效率,特别是流程中还包含了企业自身难以控制的供货商。因此,研究大规模定制模式下的物料供应策略具有很大的现实意义。可由产品经理组织技术、市场、财务、生产、质量等角色,评估规划产品的技术可行性、可制造性、质量、成本、交期等。

4. 生产排程

生产排程是指将生产任务分配至生产资源的过程。在考虑能力和设备的前提下,在物料数量一定的情况下,安排各生产任务的生产顺序,优化生产顺序,优化选择生产设备,可减少等待时间,平衡各机器和工人的生产负荷,从而优化产能,提高生产效率,缩短生产周期。后台订单传到工厂或者智能产线后,综合数量、交期、优先级、产能等约束输出生产计划,即可创建生产排程。

5. 智能生产

柔性制造考验的是生产线和供应链的反应速度。一方面是系统适应外部环境变化的能力,可用系统满足新产品要求的程度来衡量;另一方面是系统适应内部变化的能力,可用在有干扰(如机器出现故障)情况下系统的生产率与无干扰情况下的生产率期望值之比来衡量。"柔性"是相对于"刚性"而言的,传统的"刚性"自动化生产线主要实现单一品种的大批量生产。在设计和生产计划执行的过程中,通过云服务平台及时将生产进度反馈给客户,客户也可以通过云服务平台与企业交流,提出自己的建议,云服务平台可根据客户的建议对生产计划进行一定的调整。

6. 物流配送

个性化定制产品完成生产后进行成品入库,并通过 AGV 自动进入立体仓储系统。个性化定制的每个产品都带有用户的订单信息,通过扫描比对,适配不同的配送方式并由机器人完成出库和配送。

7. 售后服务

个性化定制产品的售后服务根据用户的设定来实现,依据各种渠道对资源进行收集、整理和分类,向用户提供和推荐相关信息,以满足用户的需求。从整体上说,个性化服务打破了传统的被动服务模式，能够充分利用各种资源优势，主动开展以满足用户个性化需求为目的的全方位服务。在用户使用产品过程中，通过电话、邮件、线上线下技术服务支持等方式收集用户使用数据和建议，驱动产品的迭代。

8.5　炊具行业大规模个性化定制实施步骤

8.5.1　需求交互

客户通过云平台、经销商、渠道商、电子商城等提出定制需求，平台接受客户订单，并将订单转化为产品功能参数和服务需求。

目前，爱仕达研制的炊具行业大规模个性化定制系统面向集团或企业大客户订单需求。客户可根据其国家生活习惯、定制要求等下单定制生产。客户可根据研发标准配件库选择自己需要定制的炊具产品类型，系统会根据其所选择的炊具产品类型提供各种标准零件库供客户定制自己的产品，并形成三维效果模型，供客户评估修改。如果客户在标准零件库基础上没有设计出自己合适的产品，也可以邀请设计师一起参与新品设计，新品设计完成之后，后台研发人员会对订单进行评估，以明确是否符合工厂制造工艺并生成成本信息，供客户选择。

8.5.2　设计研发

在设计上，建立基于平台开发的选配研制方式，实现超级 BOM 管理模式。爱仕达五金炊具超级 BOM 管理模式如图 8-3 所示。公司内部搭建标准化模组，实现标准化五金炊具标准模组库，预先定义好各模块之间的装配关系，通过选配快速生成单品 BOM，简单手动调整后即可使用。爱仕达五金炊具产品选配平台流程如图 8-4 所示。

同时，通过在设备侧构建软件定义的自适应可重构智能管理系统，对设备信息、生产过程信息进行采集、分析、计算，对工艺和设备任务进行优化调度，较大幅度地提升计算效率、提升设备和系统响应速度。以个性化定制的零部件装配为背景，通过系统构型规划、模块的接口标准化、功能模块的精确定位及移动对接技术，解决了生产系统机械结构的模块化、可重构问题模块化的生产模式；通过工业 SDN 技术，实现了通信资源自适应分配，解决了工业网络无线化、可重构的问题；通过研究语义化数字工厂建模与动态服务组合技术，实现了工序、工步、设备模型自动组合，从而驱动工艺流程、任务调度和生产结构的自适应重构。爱仕达大规模个性化定制 PLM 管理系统如图 8-5 所示。

案例 8　炊具行业大规模个性化定制新模式 | 165

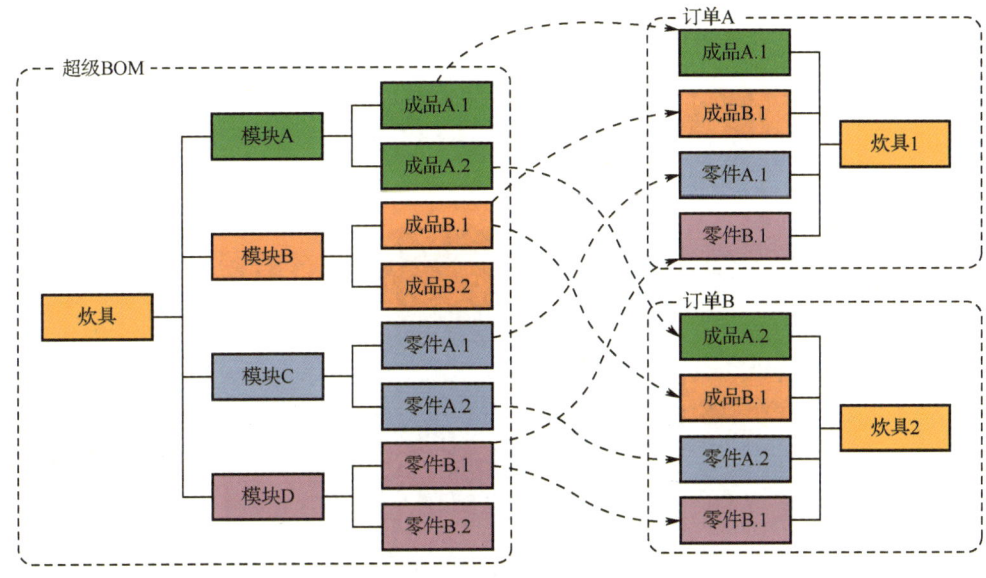

图 8-3　五金炊具超级 BOM 管理模式

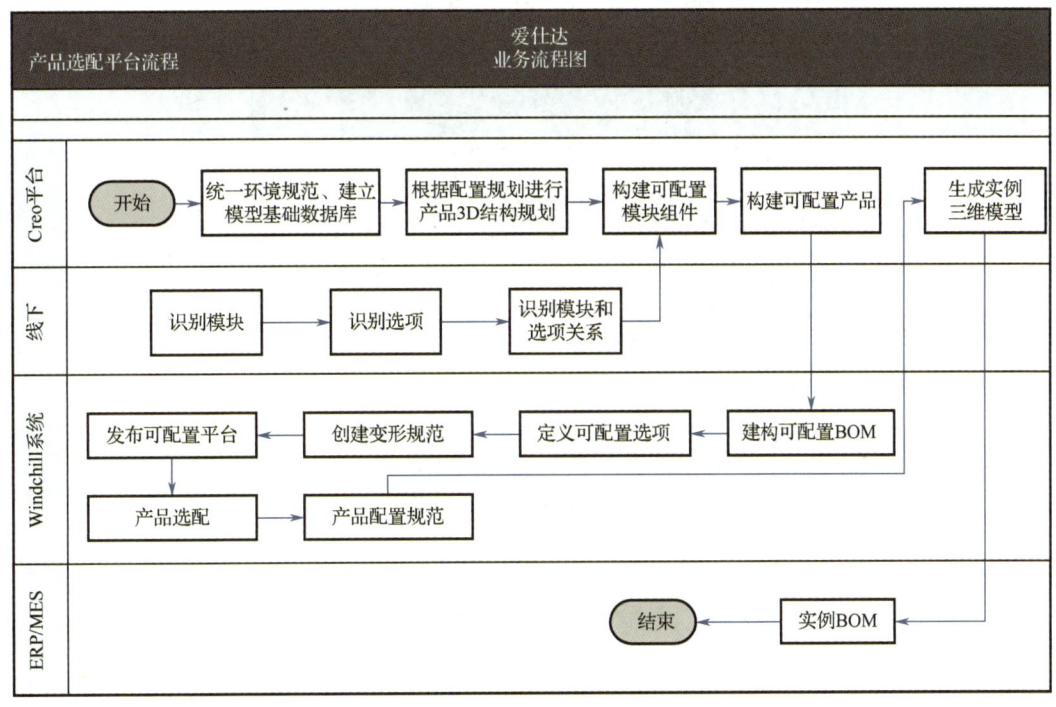

图 8-4　五金炊具产品选配平台流程

图 8-5 爱仕达大规模个性化定制 PLM 管理系统

8.5.3 物料采购

炊具行业大规模个性化定制的采购节点主要功能设计针对供应商准入、价格管理、合同管理、供应协作、对账管理、质量管理协作、JIT 物料供应协作、供应商绩效各个

案例 8 炊具行业大规模个性化定制新模式

模块功能,保障大规模个性化定制业务的物料需求能精准获取并做出快速反应。和传统的采购最大的区别在于触发机制,采购系统和其他模块并联,系统之间的联动设计可保证柔性订单的最大交付效率。爱仕达大规模个性化定制柔性采购系统如图 8-6 所示。

图 8-6 爱仕达大规模个性化定制柔性采购系统

爱仕达基于智能制造的供应链响应系统,根据市场需求的反应速度,将生产型物料同供应商之间的协同从传统的线下方式过渡到线上互联网供应商门户平台,计划、订单、收发货、对账、退货等统一实现线上表单化管理、条码化管理,实现线上闭环跟踪。

8.5.4 生产排程

生产排程是指将生产任务分配至生产资源的过程。一般业界的 ERP 能整合企业的资源,但欠缺排程的功能,APS(高级计划系统)则拥有"决策支援"的能力,可以随异常状况如缺料、停机、插单、数量调整、工期调整、加班设定等而调整。

8.5.5 柔性制造

在设计和生产计划执行的过程中,可通过工控云服务平台及时将生产进度反馈给客户,客户也可以通过云服务平台与企业交流,提出自己的建议。云服务平台可根据客户的建议对生产计划进行一定的调整。

在爱仕达智能工厂中,有各种规格的应用了钱江机器人的产线,其中不粘锅的 C2M 产线是大规模个性化定制新模式产线的代表。爱仕达不粘锅 C2M 个性化定制智能产线如图 8-7 所示。

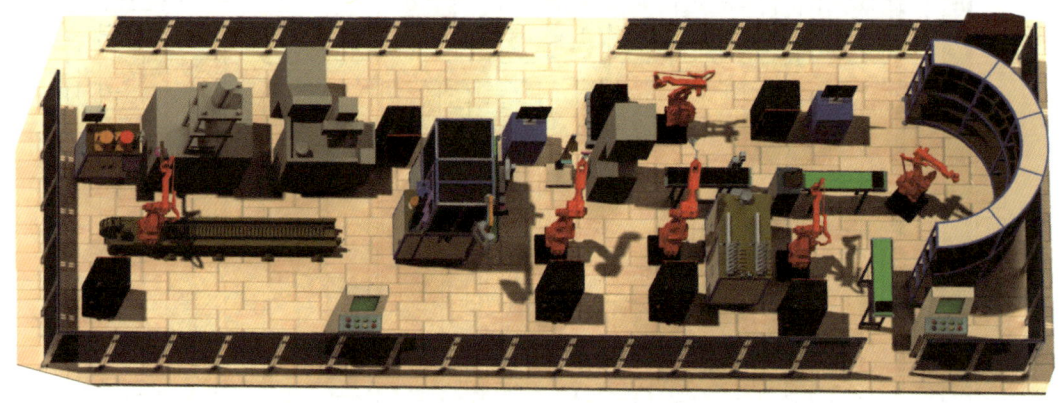

图 8-7　爱仕达不粘锅 C2M 个性化定制智能产线

爱仕达不粘锅 C2M 产线用到了多台钱江机器人,3 套自主研发的视觉系统,2 套具有自主知识产权的免胎具冲孔系统及全自动手柄锅身铆合系统,2 台激光打标系统,可实现全智能无人化生产和柔性定制,整个生产过程如下:

(1)用户扫描,登录 App 界面,输送自己需要的颜色及定制化的字符后下单(也可以在淘宝或者其他电商平台定制化下单),选定自取地点或者快递到家。

（2）爱仕达电商后台系统接到用户下单，生成订单，并传达生产命令（自动传达到相应的产线）。

（3）机器人根据用户下单选择的颜色，进行机器人上片、双张检测、拉伸成型油压机等工序，完成圆片到成型的工艺过程。

（4）接下来经过车床车边、外底部凹度检测、冲孔工序，视觉系统对锅底部 LOGO 进行比对检测，机器人第 6 轴进行角度补偿，进行冲孔。

（5）冲完孔后，PLC 自动发信号给 MES，请求打印字段，MES 接到请求后发送字符给激光打码机，激光打码机接到信号后开始打印，打印完成后发信息给 MES，同时发送信息给 PLC，完成扫码确认，并匹配好相应的手柄，PLC 发送信号给彩盒打码机，在彩盒上打印相应字符。

（6）锅身和手柄完成铆合动作，并通过机器人搬运至中转台。完成成品入彩盒的动作，并通过 AGV 自动进入立体仓储系统。

（7）用户到指定地方扫码取产品，机器人完成出库，用户带走自己的商品，或者快递员通过网络平台发送过来的二维码取出产品，将产品送至用户，整个过程完成。

爱仕达不粘锅 C2M 个性化定制下单流程和示意如图 8-8 和图 8-9 所示。

图 8-8　爱仕达不粘锅 C2M 个性化定制下单流程

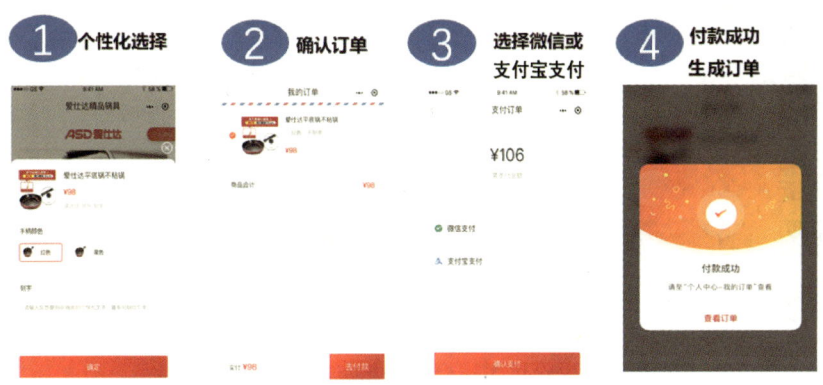

图 8-9　爱仕达不粘锅 C2M 个性化定制下单示意

爱仕达不粘锅 C2M 个性化定制生产流程如图 8-10 所示。

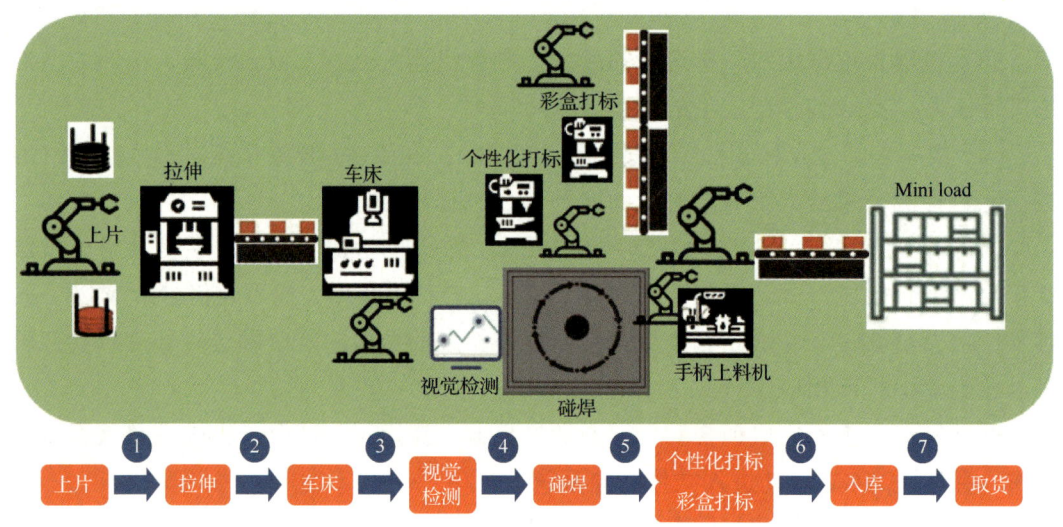

图 8-10 爱仕达不粘锅 C2M 个性化定制生产流程

爱仕达不粘锅 C2M 个性化定制生产通过完整的 MES 平台执行。MES 可以为企业提供包括制造数据管理、计划排产管理、生产调度管理、库存管理、质量管理、人力资源管理、工作中心/设备管理、工具工装管理、采购管理、成本管理、项目看板管理、生产过程控制、底层数据集成分析、上层数据集成分解等管理模块，为企业打造一个扎实、可靠、全面、可行的制造协同管理平台。爱仕达大规模个性化定制 MES 功能模块如图 8-11 所示。

执行监控	计划执行监控	生产过程监控	质量监控	设备监控	安灯监控
业务报表	执行计划	生产过程	物流管理	质量管理	设备管理	安灯管理
	排产约束	生产派工	条码/RFID	质量标准	设备台账	设备安灯
		指令打印	规划定义	质量采集	维护保养	物流安灯
	计划排产	过程采集	入厂物流	过料检验	备品备件	异常安灯
		生产完工	厂内物流	过程检验	设备采集	
		产品包装		成品检验	设备监控	防错安灯
	计划跟踪	产品入库	成品物流	分析与追溯	载具管理	
主数据	工厂主数据	产品主数据	工艺主数据	物流主数据	人员主数据	日历
技术平台	数据中心	用户管理	角色管理	权限管理	系统监控管理	工作流中心

图 8-11 爱仕达大规模个性化定制 MES 功能模块

爱仕达 MES 采用强大的数据采集引擎，整合数据采集渠道（RFID、条码设备、PLC、Sensor、IPC、PC 等），覆盖整个工厂制造现场，保证海量现场数据的实时、准确、全面的采集；同时打造工厂生产管理系统数据采集基础平台，具备良好的扩展性；采用先进的 RFID、条码与移动计算技术，打造从原材料供应、生产、销售物流闭环的条码系统，具有全面完整的产品追踪追溯功能；系统同时具备生产状况监视、库存管理与看板管理等功能。爱仕达搭建的个性化定制的工厂信息门户，通过 Web 浏览器，可随时掌握生产现场实时信息，包括工艺参数监测、制程品质管理、问题追溯分析、物料配给跟踪、库存管理，并进行生产排程，以及管理设备维护、成本管理核算等。

爱仕达大规模个性化定制 MES 具有如下特征：

（1）平台化：成熟的软件平台，专业的产品团队持续对产品平台进行升级完善；基于成熟平台定制、扩展业务。

（2）组件化：对常用功能进行了组件化封装，以缩短项目实施周期、降低项目实施风险。

（3）开放式：基于 SOA 的开放式架构，可以灵活适应流程的动态调整。

（4）虚实结合的现场展示：借助物联网、大数据、数字孪生等技术，可以实时获取设备的加工数据，分析、监控设备的加工状态，动态地对现场业务场景进行分析并下达指令。

8.5.6 物流配送

仓储在企业的整个供应链中起着至关重要的作用，如果不能保证正确的进货和库存控制及发货，将会导致管理费用的增加，服务质量难以得到保证，从而影响企业的竞争力。传统简单、静态的仓储管理已无法保证企业各种资源的高效利用。如今的仓库作业和库存控制作业已十分复杂化、多样化，尤其在大规模定制的模式下，柔性的需求大大增加，爱仕达的仓储管理系统对仓储各环节实施全过程控制管理，并可对货物进行货位、批次、保质期、配送等实现条形码标签序列号管理，对收货、发货、补货、集货、送货等各个环节进行规范化作业，实时追踪。还可以根据客户需求制作多种合理的统计报表。

爱仕达炊具仓库管理系统如图 8-12 所示。仓库管理系统是通过入库业务、出库业务、仓库调拨、库存调拨和虚仓管理等功能，综合批次管理、物料对应、库存盘点、质检管理和即时库存管理等功能的管理系统，有效控制并跟踪仓库业务的物流和成本管理全过程，实现完善的企业仓储信息管理。该系统可以独立执行库存操作，与其他系统的单据和凭证等结合使用，可提供更为全面的企业业务流程和财务管理信息。

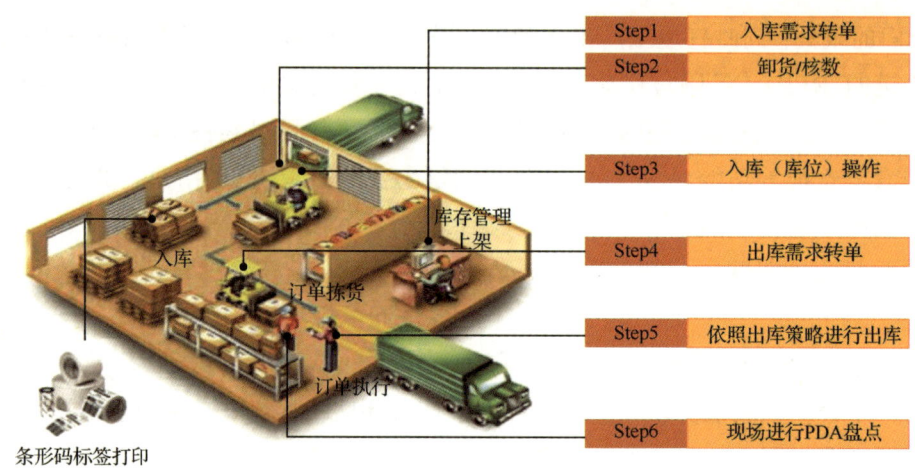

图 8-12 爱仕达炊具仓库管理系统

8.5.7 售后服务

在用户使用产品过程中,需要收集用户使用数据和建议,以驱动产品的迭代,这可以通过爱仕达炊具行业物联网系统完成。物联网是将各种信息传感设备与互联网结合起来而形成的一个巨大网络,实现在任何时间、任何地点,人、机、物的互联互通。爱仕达为了适应炊具行业大规模个性化定制的要求,建立了自己的物联网平台,以满足不同客户的个性化定制要求和售后服务。

8.6 炊具行业大规模个性化定制标准化现状与需求

8.6.1 标准化现状

大规模个性化定制生产模式在全球炊具行业还没有成熟的模式、没有成型的标准,因此缺少可比性及可借鉴性。爱仕达借助其在信息化和智能化的优势资源及互联网应用方面的领先优势,在探讨炊具行业的大规模个性化定制生产模式中,已经具备了同行业领先因素。在炊具大规模个性化定制领域,爱仕达已经与钱江机器人公司联手起草炊具行业的大规模个性化定制标准。爱仕达分别围绕炊具行业大规模个性化定制、工业云平台建设、智能制造执行系统进行用户体验标准建设,以互联网、大数据技术为支撑,满足消费者个性化、碎片化的需求。

爱仕达通过对用户全流程个性化体验需求的满足,提升产业柔性化、数字化及智能化水平,为全球制造业向大规模个性化定制转型提供了参考性的标准,在炊具行业中起领先带头作用。目前,在全球范围内,还没有成型的炊具定制化标准可供借鉴,炊具产品的大规模定制生产模式也还没有十分成熟和成功的应用案例。随着定制炊具的不断发展，传统模式效率低、成本高、周期长、售后服务不方便等缺陷和问题愈发突出，为更好地促进定制炊具行业的发展，确保在定制炊具产品质量安全方面提供标准化支撑与保障作用，急需启动相关标准的研制工作。

8.6.2 标准化需求

目前，国内外对于炊具行业的大规模个性化定制生产适用的条件和要求没有系统研究，对于企业是否适用大规模个性化定制以及定制产品的质量评价等，没有量化的评价指标体系。炊具行业大规模个性化定制一方面不论从企业层面、行业监管层面还是消费者层面，个性化定制模式下的炊具产品制造、标准支撑、产品质量控制等都没有相应标准；另一方面从机制上都还近于空白，使得炊具行业大规模个性化定制在发展过程中面临多重考验。因此，在个性化定制炊具领域急需相关标准的引领，并在炊具产业发展中起到应有的作用，避免作为新兴产业因为无规则竞争或是概念泛滥而受到影响。例如，当前市场上已经出现了具有定制概念的产品，如具有铁板烧功能的不粘锅、具有石锅功能的不粘锅等，对这类组合功能的炊具产品，其安全、性能评价方法在国家标准层面都没有明确的规定，因此，这类产品品质的市场认同度不高，这也在一定程度上制约了新产品的发展和大规模定制新模式的有效实施。

8.7 案例示范意义

大规模个性化定制模式是一种高效灵活的生产模式。在炊具行业实施大规模个性化定制模式，推动企业从生产方式到开放模式的变革，使企业实现优化工艺流程、降低生产成本、促进劳动效率和生产效益的提升。

大规模个性化定制可推动产业链有效协作与整合。应推广个性化定制智能制造技术在装备制造行业的应用，推动产业链在研发、设计、生产、制造等环节的无缝合作，为进一步提高产业链协作效率打下基础。

实施大规模个性化定制模式，可促进企业从生产型组织向服务型组织的转变，通过运用物联网、大数据、云计算等智能制造关键技术，不断催生远程运维、智能云服务等新的商业模式和服务形态，全面提升企业创新能力和服务能力。

大规模个性化定制模式可推动产品的在线协同开发和云制造。可实现信息共享，整合企业间优势资源，在各产业链环节实施协同创新，推动个性化定制制造资源和制造能力的优化配置，以提高劳动生产率、提升产品质量。

8.8 下一步工作计划

下一步将在已有平台和系统基础上深入推进五金炊具大规模个性化定制模式,依托爱仕达炊具工厂智能制造全流程体系的不断完善,以工业互联网为基础,建设全流程数据融合体系,将爱仕达打造成为以工业互联网技术为依托,具有新型商业模式的,以数据为驱动和决策的,实现高度灵活、智能、高效运营的新型智能化科技企业。